传媒蓝皮书

中国传媒融合创新研究报告

RESEARCH REPORT ON THE INTEGRATION AND INNOVATION OF CHINESE MEDIA INDUSTRY

(2021—2022)

主　编／黄晓新　刘建华　卢剑锋

图书在版编目（CIP）数据

中国传媒融合创新研究报告.2021—2022 / 黄晓新,
刘建华,卢剑锋主编. -- 北京：中国书籍出版社,2022.8
ISBN 978-7-5068-9058-8

Ⅰ.①中… Ⅱ.①黄… ②刘… ③卢… Ⅲ.①传播媒
介—研究报告—中国—2021-2022 Ⅳ.①G206.2

中国版本图书馆CIP数据核字(2022)第108658号

中国传媒融合创新研究报告.2021—2022

黄晓新　刘建华　卢剑锋　主　编

责任编辑	庞　元
责任印制	孙马飞　马　芝
封面设计	楠竹文化
出版发行	中国书籍出版社
地　　址	北京市丰台区三路居路97号（邮编：100073）
电　　话	（010）52257143（总编室）　　（010）52257140（发行部）
电子邮箱	eo@chinabp.com.cn
经　　销	全国新华书店
印　　刷	英格拉姆印刷(固安)有限公司
开　　本	787毫米×1092毫米　1/16
印　　张	22.5
字　　数	390千字
版　　次	2022年8月第1版　2022年8月第1次印刷
书　　号	ISBN 978-7-5068-9058-8
定　　价	128.00元

版权所有　翻印必究

中国传媒融合创新研究报告（2021-2022）出品方

中国新闻出版研究院传媒研究所
中国人民大学书报资料中心
江西省南昌市东湖区融媒体中心
青岛市崂山区融媒体中心
四川省成都市双流区融媒体中心
广东省高州市融媒体中心
云南省陆良县融媒体中心
北京市东城区融媒体中心

中国传媒融合创新研究报告（2021-2022）课题组

课题组组长	刘建华	卢剑锋	张文飞	
课题组副组长	房宪鹏	杨晓芳	李文竹	
课题组成员	闵思龙	刘　盼	杨驰原	刘向鸿	王爱伟
	王继志	谭庆茂	王卉莲	邹　波	黄逸秋
	逯　薇	苏唯玮	薛　创	王　虹	鲁艳敏
	方　贺	韩国梁	朱松林	时宏远	杨青山
	贺梦依	闫伟华	郝天韵	蔡海龙	秦宗财
	胡沈明				

中国传媒融合创新研究报告（2021—2022）编委会

编委会主任　黄晓新　中国新闻出版研究院党委书记、副院长
编　　　委（按姓氏笔画为序）
　　　　　　马　莉　宁夏广播电视台主任编辑
　　　　　　马宪颖　北京市大兴区融媒体中心党组书记、主任
　　　　　　王宣海　江西日报社经营管理办公室、江西报业传媒集团总经理办公室主任，江西大江传媒网络股份有限公司董事长
　　　　　　史长城　河北省香河县融媒体中心主任
　　　　　　田维林　河南省项城市融媒体中心主任
　　　　　　叶乐峰　光明日报客户端主编
　　　　　　卢剑锋　中国新闻出版研究院传媒研究所副研究员
　　　　　　刘　敏　云南警官学院教授、博士
　　　　　　刘建华　中国新闻出版研究院传媒研究所执行所长、研究员、博士
　　　　　　陈旭管　中国传媒科技杂志社编辑
　　　　　　陈　萱　扬州大学新闻与传媒学院硕士研究生
　　　　　　李　炜　西藏民族大学新闻与传播学院教授、博士
　　　　　　李娇慧　深圳大学传播学院硕士研究生
　　　　　　佟海融　北京市海淀区融媒体中心主任
　　　　　　汪俊灵　四川省仁寿县融媒体中心主任
　　　　　　杨雨龙　南充日报社社长

张　坤	中国青年报社党委书记
张　玮	中国食品安全报副总编辑，河北传媒学院媒介融合与经营管理研究所所长
张　旸	中国科协创新战略研究院博士后、博士
张钰华	山东大学新闻传播学院硕士研究生
林诚悦	福建东南网传媒股份有限公司管理中心主任助理
段艳文	中国新闻技术工作者联合会副秘书长，北京师范大学出版科学研究院特聘专家
郝天韵	中国新闻出版广电报记者
俞　凡	山东大学新闻传播学院教授、博士生导师
郭全中	中央民族大学新闻与传播学院教授
郭新茹	南京师范大学新闻与传播学院副教授、博士
栾轶玫	中国人民大学新闻学院教授，新闻与社会发展研究中心研究员
秦宗财	扬州大学新闻与传媒学院教授、博士
徐　麟	四川省成都市双流区融媒体中心原主任
徐　谭	光明日报客户端副主编
黄小刚	贵州民族大学副教授、博士
彭柏青	黑龙江省海伦市融媒体中心主任
彭　莹	北京城市学院讲师、博士
曾武华	福建日报社编委会委员，福建东南网传媒股份有限公司董事长、总编辑
鲍丹禾	现代教育报副总编辑、博士
谭庆茂	广东省高州市融媒体中心主任
韩国梁	四川省成都市双流区融媒体中心执行主任

主编简介

黄晓新

男，湖北洪湖人。现任中国新闻出版研究院党委书记、副院长，中国编辑学会副会长。武汉大学图书情报学院硕士研究生毕业，曾在福建师范大学历史系任教。历任国家新闻出版总署印刷复制管理司副司长、反非法和违禁出版物司副司长，中国音像协会光盘工作委员会副理事长，挂职任新疆维吾尔自治区新闻出版广电（版权）局党组成员、副局长（正厅长级）。参与组织实施并主编大型历史文献丛书《新疆文库》出版重点工程，策划、主编《白话全本史记》《漫画传统蒙学丛书》《文化市场实务全书》《新疆历史古籍提要》《最新国别传媒产业研究报告译丛》和《中国传媒融合创新研究报告》《中国传媒社会责任研究报告》《中国印刷业研究报告》系列蓝皮书等。著有《阅读社会学》（人民出版社2019年版）。主持中央文资办重大项目"中国新闻出版多语种语料库研究"等多项国家、省部级课题，在有关专业期刊发表论文50余篇，多篇论文被《新华文摘》和人大复印报刊资料全文转载，主要从事新闻出版管理与阅读社会学研究。

刘建华

男，江西莲花人。中国新闻出版研究院传媒研究所执行所长、研究员。中国社会科学院哲学所博士后，中国人民大学传媒经济学博士。高校毕业生就业协会宣传与全媒体人才培养工作委员会副理事长，中国记协新媒体委员会专家委员，中央国家机关书法家协会会员，中华诗词学会会员。著有《舆情消长与边疆社会稳定》《对外文化贸易研究》《传媒国际贸易与文化差异规避》等书30余部，《一本书学会新闻采写》（8部）丛书主编，在核心期刊发表论文120余篇。主持"舆情消长与边疆民族地区稳定研究"国家社科基金等70余项课题。论文被《新华文摘》、人大复印报刊资料《新闻与传播》等媒体多次全文转载，主要从事新闻传播理论、媒体融合、书法符号传播、传媒经济与文化产业研究。

卢剑锋

女，山西大同人，中国新闻出版研究院传媒研究所副研究员。担任《中国传媒融合创新研究》系列蓝皮书主编之一，《中国传媒社会责任研究报告（2015～2016）》副主编，主要从事传媒管理、新媒体应用研究。

前　言

"中国传媒融合创新研究"课题是中央级公益性科研院所基本科研业务费专项资金资助项目，是中国新闻出版研究院的重要研究课题，《中国传媒融合创新研究报告（2021—2022）》是该课题的研究成果。2017—2021年，中国新闻出版研究院已先后推出《中国传媒融合创新研究（2015—2016）》《中国报业融合创新研究报告（2016—2017）》《中国传媒融合创新研究报告（2018—2019）》《中国传媒融合创新研究报告（2019—2020）》《中国传媒融合创新研究报告（2020—2021）》系列蓝皮书，得到政府、业界与学界的一致肯定与好评。今年继续推出的《中国传媒融合创新研究报告（2021—2022）》，是全面反映最新中国传媒融合创新理论和实践的传媒蓝皮书。本书第一部分总报告概述了2021年1月以来中国传媒业融合创新实践的最新现状，深入剖析中国传媒融合创新的新机遇，并明确指出中国传媒融合创新的新入口；第二部分分报告对国内传媒融合创新案例科学归类和评价，分为内容融合创新篇、渠道融合创新篇、平台融合创新篇、产品融合创新篇、经营管理融合创新篇五个部分，每部分选择自2021年1月以来，在融合创新上表现突出的媒体进行案例解剖，分析问题，总结经验，旨在为我国传媒业融合实践的深入创新和发展提供借鉴；第三部分为"专论：县级融媒体中心研究"。

本书的研究对象是2021年传媒业融合创新，所说的"融合创新"是指因追求传统媒体和新兴媒体融合发展而形成的创新，与其他原因所形成的创新有着根本不同，这是本报告研究的立足点和出发点，也是本报告差异化研究的价值所在。

我们非常希望能以这套丛书为起点，与业界精英和专家学者建立广泛而深入的合作，推动中国传媒的融合创新与历史转型，为行业发展提供智库服务。

在此，对参与本书撰写的各位专家所付出的辛勤劳动和大力支持表示诚挚的谢意。同时，此书也是我们全体主创人员对党的二十大的一种特别的学术献礼。

《中国传媒融合创新研究》课题组

2022 年 7 月 18 日

目 录

总报告

中国传媒融合创新的新机遇和新入口……………………………（3）
  第一节　中国传媒融合创新的现状 ………………………………（3）
  第二节　中国传媒融合创新的新机遇 ……………………………（9）
  第三节　中国传媒融合创新的新入口 ……………………………（20）

内容融合创新篇

第一章　光明日报客户端：汇聚思想文化精粹　打造融合传播平台……（31）
  第一节　平台构建立足思想文化定位 ……………………………（31）
  第二节　融合生产凸显知识分子视角 ……………………………（33）
  第三节　议题设置符合知识分子关切 ……………………………（35）
  第四节　未来展望 …………………………………………………（37）
第二章　河北日报报业集团：互联网思维下内容创新背后的融合发展路径（38）
  第一节　河北日报报业集团概述 …………………………………（38）

第二节　河北日报报业集团融合创新 …………………………（39）

　　第三节　河北日报报业集团内容融合创新背后的不足与对策 …（47）

第三章　看看新闻 Knews：以优势融合　以融合突围 ……………（49）

　　第一节　看看新闻 Knews 的概况 ………………………………（49）

　　第二节　看看新闻 Knews 的内容特质 …………………………（50）

　　第三节　看看新闻 Knews 融合创新的经验和成效 ……………（56）

第四章　快手短视频平台融合创新研究………………………………（61）

　　第一节　快手短视频平台的传播特点 …………………………（62）

　　第二节　传统媒体与快手的融合发展探索 ……………………（64）

　　第三节　快手的媒体融合发展新思路 …………………………（67）

　　第四节　快手融合发展中的问题和解决方法 …………………（70）

渠道融合创新篇

第五章　《深圳商报》融合创新发展研究……………………………（75）

　　第一节　《深圳商报》的融合成果 ………………………………（75）

　　第二节　"纸上做新"——数字报的创立 ………………………（76）

　　第三节　"媒体做活"——多终端战略 …………………………（77）

　　第四节　《深圳商报》开拓全媒体版图的策略 …………………（79）

第六章　"天眼新闻"客户端融合创新实践及启示…………………（84）

　　第一节　"天眼新闻"客户端的基本概况 ………………………（84）

　　第二节　"天眼新闻"客户端的融合创新特色 …………………（86）

　　第三节　"天眼新闻"客户端融合创新的启示意义 ……………（91）

第七章　大连新闻传媒集团媒体融合创新之路………………………（94）

　　第一节　大连新闻传媒集团构成与现状 ………………………（94）

第二节　大连新闻传媒集团媒体融合创新发展 …………………（97）
第三节　大连新闻传媒集团媒体融合的难点 ……………………（102）
第四节　大连新闻传媒集团媒体融合的突破 ……………………（104）

平台融合创新篇

第八章　大众报业集团：自主研发激活媒体深度融合发展新动能……（109）
　第一节　"齐鲁智慧媒体云"建设的基本情况 …………………（110）
　第二节　"齐鲁智慧媒体云"的融合探索 ………………………（111）
　第三节　"齐鲁智慧媒体云"建设的挑战与出路 ………………（115）

第九章　"大江网（中国江西网）+信息日报"开启新兴媒体主导传统媒体深度融合发展新模式……………………………………………（119）
　第一节　总书记点题　江西日报社媒体深度融合探新路 ………（119）
　第二节　人才融合　采编流程再造注入发展动力 ………………（121）
　第三节　理念融合　互联网思维统领媒体融合发展 ……………（122）
　第四节　产品融合　精品频出彰显创新合力 ……………………（123）
　第五节　经营融合　夯实根基壮大网报事业 ……………………（125）

第十章　江阴融媒体中心：基于区域资源垄断的"三智化"转型……（127）
　第一节　县级融媒体中心发展中的难题 …………………………（127）
　第二节　江阴融媒体中心的"三智化"探索 ……………………（129）
　第三节　可以为其他县级融媒体中心借鉴的"道" ……………（135）

第十一章　南充日报社（南充见APP）：市县并联一盘棋　互联互通一张网（137）
　第一节　基本情况 …………………………………………………（137）
　第二节　融合成效 …………………………………………………（139）
　第三节　主要特色 …………………………………………………（142）
　第四节　主要启示 …………………………………………………（146）

第五节　融合发展未来规划 …………………………………………（150）

产品融合创新篇

第十二章　《扬子晚报》紫牛新闻客户端的融合创新……………（155）
　　第一节　《扬子晚报》及紫牛新闻客户端概况 ………………（155）
　　第二节　紫牛新闻客户端内容特点 ……………………………（156）
　　第三节　"紫牛新闻"媒介融合策略分析 ……………………（160）
　　第四节　未来发展趋势 …………………………………………（164）

第十三章　中青报：全面挺进主战场自我革命推进媒体深度融合……（166）
　　第一节　加强顶层设计 …………………………………………（166）
　　第二节　推进党建业务和人事管理改革 ………………………（167）
　　第三节　"融媒小厨"升级为"融媒云厨" …………………（168）

第十四章　"学习强国"APP 的融合创新之路 ……………………（171）
　　第一节　产生背景与意义 ………………………………………（171）
　　第二节　实践现状与创新成果 …………………………………（173）
　　第三节　面临挑战及路径优化策略分析 ………………………（177）

经营管理融合创新篇

第十五章　中央广播电视总台：资本合作　资源共享　内外共振　多元共赢（185）
　　第一节　"资本合作"打造新型视听行业引领者 ……………（186）
　　第二节　资源共享搭建融媒体传播生态 ………………………（188）

第三节　内外宣共振提升总台国际传播力 …………………（190）
　　第四节　多元共赢助推总台媒体深度融合 …………………（192）

第十六章　北京日报报业集团的媒体融合之路……………………（197）
　　第一节　报业集团的融合进程 ………………………………（197）
　　第二节　《北京日报》微信矩阵的融合进程 …………………（202）
　　第三节　融合启示与发展建议 ………………………………（205）

第十七章　三亚传媒影视集团融合发展实践探索…………………（208）
　　第一节　筑牢"三大基底"，构建融合发展良好态势 ………（209）
　　第二节　依靠区位优势，提升对外融合传播影响力 ………（212）
　　第三节　利用技术赋能，不断提升内容产品黏性 …………（214）
　　第四节　开拓市场蓝海，打造媒体融合发展"新航母" ……（217）
　　第五节　迈步深度融合，大胆探索发展新路 ………………（220）

第十八章　东南网：融合语境下打造全媒体一体化服务供应商……（222）
　　第一节　发展历程 ……………………………………………（222）
　　第二节　融合带来的问题 ……………………………………（223）
　　第三节　创新融合发展的探索 ………………………………（224）
　　第四节　对未来发展方向的几点思考 ………………………（230）

专论：县级融媒体中心研究

第十九章　县级融媒体中心舆论引导力建设的特征及趋势…………（235）
　　第一节　县级融媒体中心舆论引导的宏观特征 ……………（235）
　　第二节　县级融媒体中心舆论引导的微观特征 ……………（239）
　　第三节　县级融媒体中心舆论引导的传播特征 ……………（243）
　　第四节　县级融媒体中心舆论引导力建设趋势前瞻 ………（246）

第二十章 黑龙江省海伦市融媒体中心基层舆论引导能力建设研究报告（249）

  第一节 发展亮点 …………………………………………（250）

  第二节 舆论引导实证研究 ……………………………（254）

  第三节 舆论引导面临的问题与困境 …………………（255）

  第四节 提高融媒体中心舆论引导能力的路径与方法 …（256）

第二十一章 河北省香河县融媒体中心基层舆论引导能力建设研究报告（258）

  第一节 融媒体中心基本情况 ……………………………（258）

  第二节 融媒体中心发展的亮点和启示 …………………（260）

  第三节 融媒体中心提升舆论引导能力的有益探索 ……（264）

  第四节 融媒体中心舆论引导面临的问题 ………………（266）

  第五节 提高融媒体中心舆论引导能力的路径与方法 …（267）

第二十二章 北京市海淀区融媒体中心基层舆论引导能力建设研究报告（270）

  第一节 海淀区融媒体中心概况 …………………………（270）

  第二节 守正创新探索媒体融合海淀模式 ………………（271）

  第三节 海淀区融媒体中心舆论引导实证研究 …………（274）

  第四节 县级融媒体中心舆论引导面临的问题与困境 …（278）

  第五节 提高融媒体中心舆论引导能力的路径与方法 …（279）

第二十三章 北京市大兴区融媒体中心基层舆论引导能力建设研究报告（281）

  第一节 大兴区融媒体中心基本情况 ……………………（281）

  第二节 融媒体中心发展亮点 ……………………………（282）

  第三节 融媒体中心舆论引导实证研究 …………………（284）

  第四节 融媒体中心舆论引导面临的问题与困境 ………（289）

  第五节 提高融媒体中心舆论引导能力的路径与方法 …（290）

第二十四章 河南省项城市融媒体中心舆论引导能力建设研究报告…（292）

  第一节 基本情况 …………………………………………（292）

  第二节 改革创新推进媒体深度融合 ……………………（293）

  第三节 把握正确舆论导向 提高舆论引导能力 ……（299）

第四节　舆论引导面临的问题与困境 …………………………（301）
　　第五节　提高融媒体中心舆论引导能力的路径与方法 …………（302）

第二十五章　四川省成都市双流融媒体中心舆论引导能力建设研究报告（303）
　　第一节　成都市双流区融媒体中心基本情况 ……………………（304）
　　第二节　成都市双流区融媒体中心发展亮点 ……………………（305）
　　第三节　成都市双流区融媒体中心舆论引导实证研究 …………（309）
　　第四节　成都市双流区融媒体中心舆论引导面临的问题与困境 …（313）
　　第五节　提高融媒体中心舆论引导能力的路径与方法 …………（314）

第二十六章　四川省仁寿县融媒体中心舆论引导能力建设研究报告 …（316）
　　第一节　基本情况 …………………………………………………（316）
　　第二节　改革创新促发展 …………………………………………（317）
　　第三节　舆论引导力增强 …………………………………………（319）
　　第四节　问题与困境 ………………………………………………（321）
　　第五节　路径与方法 ………………………………………………（322）

第二十七章　广东省高州市融媒体中心舆论引导能力建设研究报告 …（324）
　　第一节　融媒体中心基本情况 ……………………………………（324）
　　第二节　融合改革不停步，力量重组生活力 ……………………（328）
　　第三节　舆论引导实证研究 ………………………………………（331）
　　第四节　融媒体中心舆论引导面临的问题与困境 ………………（334）
　　第五节　提高融媒体中心舆论引导能力的路径与方法 …………（335）

参考文献 ……………………………………………………………（337）

总报告

中国传媒融合创新的新机遇和新入口

黄晓新　刘建华　卢剑锋[①]

2021年是中国共产党诞辰一百周年，也是"十四五"开局之年。如今的媒体融合早已不只是媒体单位的事情，也是各地党委政府、各行各业全社会参与的系统工程，同时媒体也成为推进国家治理体系和治理能力现代化的重要力量。习近平总书记指出："媒体融合发展不仅仅是新闻单位的事，要把我们掌握的社会思想文化公共资源、社会治理大数据、政策制定权的制度优势转化为巩固壮大主流思想舆论的综合优势。"2021年是"十四五"元年，也是媒体融合全面发力、构建体系、提质增效的决胜之年。媒体融合已然进入新阶段，对传媒业态治理的优化和创新也在持续探索。

第一节　中国传媒融合创新的现状

一、顶层设计助力融合攻坚，新冠肺炎疫情更是加速了传媒业的深入融合转型

2020年9月，中共中央办公厅、国务院办公厅印发《关于加快推进媒体深度融合发展的意见》，提出深化体制机制改革，加大全媒体人才培养力度，推动主力军"以互联网思维优化资源配置"。之后，国家广播电视总局发布《关于加快推进广播电视媒体深度融合发展的意见》。2020年11月3日，新华网

[①] 黄晓新，中国新闻出版研究院党委书记、副院长；刘建华，中国新闻出版研究院传媒研究所执行所长、研究员；卢剑锋，中国新闻出版研究院传媒研究所副研究员。

发布了《中共中央关于制定国民经济和社会发展第十四个五年规划和二〇三五年远景目标的建议》，《建议》中对于媒体融合也做出了重要部署。将媒体融合写进"十四五"规划，充分表明了中央对媒体深度融合的高度重视。各级各地媒体也纷纷探索落实推进媒体融合纵深发展。

此外，新冠肺炎疫情带来了受众对媒体的空前关注。一方面是由于疫情，受众居家时间增多，对最新疫情等信息的需求直线上涨，带来了电视等传统媒体到达率的明显增长，也带来了视频和直播等新媒体新应用的空前火爆。另一方面，由于疫情的影响，中老年群体对互联网的使用习惯得以迅速养成。据中国互联网络信息中心 CNNIC 的统计数据显示，截至 2020 年 6 月，我国 50 岁以上的中老年网民在总体网民中的占比激增到 22.8%，达 2.14 亿人，而 2020 年 3 月这个数据还只有 1.53 亿。可见，互联网已经不可逆转地成为舆论主战场，传统媒体必须从战略高度布局这一舆论主阵地。而关注和深耕新兴受众中老年群体的需求，在老龄化社会的今天，或会发掘出新的蓝海。

二、建党百年、"十四五"开局、党史宣传教育等重大选题掀起融媒体主题报道策划热潮

2021 年 2 月 10 日，中宣部办公厅印发通知，就做好 2021 年主题出版工作作出部署，明确选题重点方向。2021 年是中国共产党成立 100 周年，是实施"十四五"规划、开启全国建设社会主义现代化国家新征程的第一年，做好主题出版工作意义重大。2021 年主题出版选题重点有以下五个方向：一是立足新形势新要求，推动习近平新时代中国特色社会主义思想出版传播向纵深发展；二是聚焦主题主线，大力营造共庆百年华诞、共创历史伟业的浓厚氛围；三是把握育新机、开新局的主基调，激发干部群众奋斗"十四五"、奋进新征程的强大精神力量；四是立足培育时代新人、弘扬时代新风，深化社会主义核心价值观宣传阐释；五是向世界展示真实立体全面的中国，为我国社会主义现代化建设营造良好外部环境。2021 年 5 月 25 日，中共中央办公厅印发《关于在全社会开展党史、新中国史、改革开放史、社会主义发展史宣传教育的通知》，对在中国共产党成立 100 周年之际开展"四史"宣传教育作出安排部署。《通知》明确，要以学习宣传贯彻习近平新时代中国特色社会主义思想为主线，准确把

握这一重要思想的理论逻辑、历史逻辑、实践逻辑，深入领会这一重要思想的历史地位和重大意义，不断增进政治认同、思想认同、理论认同、情感认同。《通知》指出，要组织好各项宣传教育活动。一是开展读书学史活动；二是组织基层宣讲活动；三是开展学习体验活动；四是开展致敬革命先烈活动；五是开展学习先进模范活动；六是开展红色家风传承活动；七是开展全民国防教育活动；八是组织群众性文化活动。

2021，各级各类媒体围绕这些重大时代主题，积极发挥融媒体的创造性，系统化开展形式多样、内容丰富的主题宣传教育活动，讲好中国共产党的故事和新时代中国特色社会主义故事，充分宣传展示中国共产党百年来的光辉历程、伟大成就和现实图景。在媒体浓墨重彩记录与传播的过程中，媒体也会获得巨大的社会效益和发展动能，媒体融合也得到进一步纵深发展。

三、媒体深度融合与国家治理体系现代化更加紧密结合

2021年7月，国家广电总局印发《关于开展智慧广电服务乡村振兴专项行动的通知》，部署在广播电视和网络视听全行业开展智慧广电服务乡村振兴专项行动。《通知》提出，从加强乡村振兴宣传引领、聚焦乡村振兴题材作品创作传播、深化智慧广电消费帮扶、拓展智慧广电人才教育帮扶、推进智慧广电公共服务等五方面开展智慧广电服务乡村振兴专项行动，要求全国各级广播电视和网络视听机构发挥行业优势，开展好各项帮扶工作，推进巩固拓展脱贫攻坚成果同乡村振兴有效衔接。

党的十八届三中全会首次提出"推进政府治理体系和治理能力现代化"，党的十九届四中全会提出"到2035年，各方面制度更加完善，基本实现国家治理体系和治理能力现代化"，"十四五"时期是政府治理体系和治理能力现代化的关键期，媒体参与社会治理具有其先天优势，可以得到政府数据等资源和其他社会资源的支持。处在融合转型中的各级媒体，需要清醒认识自身在国家治理体系中的位置，以便在平台化时代确立新的行业身份。其中，头部媒体将有更多机会介入公共问题和治理体系。特别是在智慧城市建设和公共文化构建方面，媒体既可以做内容供应商、数据分析商、方案提供商，也可以作为第三方的统筹者和管理者，发挥信息聚合、数据分析、精准发送的技术能力，尤

其是县级融媒体中心拥有"服务群众最后一公里"的优势，可以紧密联系党委政府、协调多元治理主体、组织动员社会公众，重新配置公共信息服务资源和社会运行资源，有效参与基层社会治理。

四、5G 商用，流量提升会引发新的应用增长

2021 年 7 月 5 日，工业和信息化部、中央网络安全和信息化委员会办公室、国家发展和改革委员会、教育部、财政部、住房和城乡建设部、文化和旅游部、国家卫生健康委员会、国务院国有资产监督管理委员会、国家能源局等十部门联合印发《5G 应用"扬帆"行动计划（2021—2023 年）》，明确到 2023 年，我国 5G 应用发展水平显著提升，综合实力持续增强。7 月，为加快推动我国 IPv6 从"通路"走向"通车"，从"能用"走向"好用"，工业和信息化部联合中央网信办发布《IPv6 流量提升三年专项行动计划（2021—2023 年）》。该计划以 IPv6 流量提升为主要目标，以提升用户体验、营造 IPv6 良好发展环境为出发点，坚持发展与安全并举，聚焦问题、分类施策，从基础设施、应用生态、终端设备、安全保障四个方面提出 13 项工作任务。该计划的发布，标志着我国 IPv6 发展经过网络就绪、端到端贯通等关键阶段后，正式步入"流量提升"时代。

任何成功的新型主流媒体，包括商业互联网平台媒体，其发展的底层逻辑一定离不开技术赋能。随着重点领域 5G 应用的深度和广度的不断拓展，技术产业和标准体系逐步健全，网络、平台、安全等基础能力不断提升，信息技术 IT、通信技术 CT、运营技术 OT 深度融合，新生态和新应用将会涌现。

五、包括直播在内的短视频应用风头正劲，持续增长

2020 年 6 月，短视频以人均单日 110 分钟的使用时长赶超了即时通讯，成为市场规模占比最高的互联网应用。2021 年 2 月，中国互联网络信息中心 CNNIC 发布第 47 次《中国互联网络发展状况统计报告》显示，截至 2020 年 12 月，我国网络直播用户规模达 6.17 亿，较 2020 年 3 月增长 5703 万，占网民整体的 62.4%。短视频已经吸引了各阶层各年龄段人群的目光，近年来，中老年群体也已经逐渐成为短视频的新受众。短视频既能吸引流量，又能转变传统新闻严

肃的叙事风格，以群众喜闻乐见的方式达到传播的效果。

近年来，短视频领域涌现出了大批优秀创作者，许多爆款短视频甚至风靡海外。广电机构等传统媒体通过自办 MCN 公司或与 MCN 机构合作、主持人直播带货等方式，全方位盘活资源，深挖短视频的功能，不断拓展其价值边界，也推动了媒体融合的全局化和纵深化。传统主流媒体应深刻认识短视频在构建主流舆论格局中的重要地位和作用，坚持守正创新，增强社会责任，巩固壮大主流舆论，同时加强精品创作传播、赋能经济社会发展。同时，短视频和直播产品给传统媒体带来了更多的商机，"视频+电商""直播+电商"为传统媒体提供了新的融媒体营销渠道，打造出新的盈利模式。5G 时代，短视频的发展需要众多下沉市场。短视频、直播这些新兴的信息传播方式，与电商、旅游等产业深度融合，在带动其他产业发展的同时也促进了自身产业的发展。

六、政府频频出台措施规范网络直播，加强网络空间生态治理

网络直播已经成为传统媒体融合转型的突破口，网络直播可以帮助传统媒体有效盘活各种资源，拓展服务模式，实现多方共赢，是传统媒体对媒体融合创新的有效探索。但在网络直播的野蛮生长势头之下，直播行业面临缺乏监管带来的诸多乱象。继 2020 年 6 月中国广告协会发布行业自律规范《网络直播营销行为规范》之后，2021 年 2 月，国家互联网信息办公室、全国"扫黄打非"工作小组办公室等七部门联合发布《关于加强网络直播规范管理工作的指导意见》，旨在进一步加强网络直播行业的正面引导和规范管理，重点规范网络打赏行为，推进主播账号分类分级管理，提升直播平台文化品位，促进网络直播行业高质量发展。《意见》强调，网络直播平台要建立健全直播账号分类分级规范管理制度、直播打赏服务管理规则和直播带货管理制度，要针对不同类别级别的网络主播账号在单场受赏总额、直播热度等方面合理设限，要对单个虚拟消费品、单次打赏额度合理设置上限，对单日打赏额度累计触发相应阈值的用户进行消费提醒，必要时设置打赏冷静期和延时到账期。4 月，国家互联网信息办公室、公安部、商务部、文化和旅游部、国家税务总局、国家市场监督管理总局、国家广播电视总局七部门联合发布《网络直播营销管理办法（试行）》，旨在规范网络市场秩序，维护人民群众合法权益，促进新业态健康有序发展，

营造清朗网络空间。《办法》要求，直播营销平台应当建立健全账号及直播营销功能注册注销、信息安全管理、营销行为规范、未成年人保护、消费者权益保护、个人信息保护、网络和数据安全管理等机制、措施，并对直播营销平台相关安全评估、备案许可、技术保障、平台规则、身份认证和动态核验、高风险和违法违规行为识别处置、新技术和跳转服务风险防范、构成商业广告的付费导流服务等作出详细规定。这些规范的出台，有利于遏制网络直播乱象，规范网络直播营销活动，促进行业健康发展。2021年9月，中共中央办公厅、国务院办公厅印发《关于加强网络文明建设的意见》。

这些规范的出台，最终目的都是全面推进文明办网、文明用网、文明上网、文明兴网，使人民群众网上精神文化生活日益健康丰富，网民网络素养不断提升，网络平台主体责任和行业自律有效落实，网络空间法治化深入推进，治理效能实现新提升，实现网络生态日益向好，使得网络空间更加清朗。

七、互联网网络安全日益受到重视

确保互联网网络安全是深化媒体融合的基础和前提。2021年3月，国家互联网信息办公室、工业和信息化部、公安部、国家市场监督管理总局四部门联合发布《常见类型移动互联网应用程序必要个人信息范围规定》，旨在落实《中华人民共和国网络安全法》关于个人信息收集合法、正当、必要的原则，规范移动互联网应用程序个人信息收集行为，保障公民个人信息安全。明确了地图导航、网络约车、即时通信、网络购物等39类常见类型移动应用程序的必要个人信息范围，要求其运营者不得因用户不同意提供非必要个人信息，而拒绝用户使用APP的基本功能服务。5月，国家互联网应急中心CNCERT编写并发布《2020年我国互联网网络安全态势综述》报告，该报告通过多个维度和丰富的宏观安全监测数据统计分析，总结了2020年我国互联网网络安全状况，预测了2021年网络安全热点，梳理了网络安全监测数据，可见，互联网网络安全已日益受到重视。

第二节　中国传媒融合创新的新机遇

一、政策机遇：多项政策为传统主流媒体保驾护航

传媒是党和人民的喉舌，在党媒的发展过程中，从来没离开过中央和政府出台的各项政策的保护。数字技术、网络技术、移动技术、智能技术背景下，面对新兴媒体的严重挑战，传统媒体面临生死存亡之际，2014年8月，习近平总书记在中央全面深化改革领导小组第四次会议上提出"推动传统媒体和新兴媒体融合发展""强化互联网思维"，2015年3月，中央适时出台《关于推动传统媒体和新兴媒体融合发展的指导意见》，融合发展实际上就是要给传统媒体转型发展提供时间和机会。2018年8月，在全国宣传思想工作会议上，习近平总书记强调"要扎实抓好县级融媒体中心建设，更好引导群众、服务群众"，11月，中央全面深化改革委员会第五次会议审议通过了《关于加强县级融媒体中心建设的意见》，出台这些政策就是致力打通信息传播最后一公里，协调好大脑中枢与神经末梢的问题。当时，在县域各种微信公众号和微博等新媒体的冲击下，全国2800多家县级广播电视台及部分报刊，与其说是主流大众传播媒体，不如说是政府部门的组织传播媒体，仅限于宣传报道当地政府主要领导的工作动态，通过点播电视剧、做专题片等所获收入维持生存，作为党和人民喉舌主流媒体的功能大大萎缩。在媒体融合政策的推动下，传统媒体融合力度日益加大，各种新技术的软硬件也换装到位，新兴媒体建设也蔚成大军，"一体策划、一次采编、多种生成、多端发布"的生产流程再造也宣告成功，融媒体人才也不断充实完善。然而，一个严峻的问题是：大多有很强传播力、影响力、引导力的媒体产品并不是来自这些新型主流媒体，而是被商业媒体占尽风头，一些重大新闻并不是第一时间从新型主流媒体获得，我们的意识形态领导权和主流价值观的塑造受到一定的挑战。这其实就是内容问题，我们的内容生产还不尽如人意，需要下大力气改变这个局面，"内容为王"永远是媒体融合发展彰显传播功能的第一原则和第一要务。

为了解决新型主流媒体的内容生产问题，中央适时出台了各项保护性政策。针对商业利益对影视内容生产的渗透，如流量至上、"饭圈"乱象、违法失德

等问题，2021年9月，中宣部印发《关于开展文娱领域综合治理工作的通知》。此前，为了整治"饭圈"乱象，中央部委密集出台了多项政策。2021年8月，中央网信办发布《关于进一步加强"饭圈"乱象治理的通知》；2020年8月，教育部等六部委印发《关于联合开展未成年人网络环境专项治理行动的通知》。不论是专项行动还是综合治理，这些政策始终紧紧扭住了整个文娱领域的"牛鼻子"，即"饭圈"乱象，致力于为新型主流媒体生产健康内容清除恶劣风气。2021年10月8日，国家发改委发布的《市场准入负面清单（2021年版）》（征求意见稿）显示，"非公有资本不得从事新闻采编播发业务。非公有资本不得投资设立和经营新闻机构，包括但不限于通讯社、报刊出版单位、广播电视播出机构、广播电视站以及互联网新闻信息采编发布服务机构等。非公有资本不得经营新闻机构的版面、频率、频道、栏目、公众账号等"。这个政策更是对新型主流媒体的生产疆域构筑了一道十分坚实的防火墙，有利于其产出精品力作，更好地塑造主流价值观，引导受众，维护意识形态安全。10月20日，国家网信办公布最新版《互联网新闻信息稿源单位名单》，该政策是贯彻落实习近平总书记关于互联网内容建设的指示要求的。"新闻信息稿源管理是加强互联网内容建设、规范网络传播秩序的重要抓手，既要大力开'前门'，丰富网上内容供给，为做大做强正能量提供'源头活水'；又要坚决关'后门'，严管违规自采、违规转载等突出问题，从源头拧紧信息传播的'总开关'。"[①]中央出台的这些政策，核心是为新型主流媒体内容生产保驾护航，尤其是主力军全部进入互联网主阵地后，互联网内容建设是决定我们意识形态领导权的关键。习近平总书记高度重视互联网内容建设，强调"正能量是总要求、管得住是硬道理、用得好是真本事"。新型主流媒体只要抓住并用好了这些政策机遇，才能真正成为"四力"媒体，也才能在融合发展大潮中真正成为党和人民需要的主力军。

二、生产机遇：新型主力军阵容强势扩大

习近平总书记经常强调，要推进媒体深度融合发展、打造具有强大影响力和竞争力的新型主流媒体。让新型主流媒体这个主力军全面挺进主战场，是中

---

① 国家网信办公布最新版《互联网新闻信息稿源单位名单》，新华网客户端，2021年10月21日。

央赋予我们的使命，也是时代提出的要求。新型主力军就是能够在线上线下都具有强大传播力、引导力、影响力和公信力的融媒体，准确而言就是指融媒体机构（融媒体中心）。经过近10年的融合转型发展，传统媒体机构已基本转型为融媒体机构（至少有一种新兴媒体的传统媒体组织，都可以称之为融媒体机构），有中央级融媒体中心，如人民日报、中央广播电视总台、光明日报、经济日报等；有省市级融媒体中心，如各省级党报集团，部分市级融媒体机构如绍兴融媒体中心、中卫融媒体中心；有县级融媒体中心，全国2800多个县都建立了融媒体中心。

第一，"非公有资本不得从事新闻采编播发业务"廓清了新型主力军的"一亩三分地"。这个"耕者有其田"的定律告诉我们，要在这个一亩三分地里进行生产劳动，必须是"耕者"身份。没有这个身份证，那就是非耕者，就不能进行类似"一亩三分地"所固有的生产劳动。这样一来，那些对传统主流媒体构成严重威胁的商业媒体就得远离新闻采编播业务。表面看来，似乎是新闻生产的主体在大大压缩，实则不然。商业媒体的退潮，新闻信息生产的喧嚣环境得以净化，真正搞新闻内容生产的主体有了一个安定生产的环境，浮躁的情绪得以平静，能够全心全意地生产出精品力作，不再担心自己的创意被模仿和窃取，社会获得感得以强化，在良性循环中进行新闻产品社会再生产，新型主力军也得以壮大。同时，国家网信办公布的最新版《互联网新闻信息稿源单位名单》，也是新型主力军稳定发展的加持，通过对1358家稿源单位的扶持，使传统主流媒体成为网络空间强有力的内容供给者。这个名单显示，中央新闻网站79家，中央新闻单位38家，行业媒体89家，中央和国家机关、群团组织等政务发布平台80家；其他的分布在31个省市，如北京15家、河北47家、山西45家、江苏66家、浙江51家、四川46家、云南62家、新疆13家、宁夏10家；此外省级政务发布平台31家。这1358家机构，不论是新闻网站还是新闻单位，除了传统媒体本体外，都拥有公众账号（微信和微博）和应用程序（新闻客户端），实行"一体策划、一次采集、多种生成、多端发布"的生产流程，大多为融媒体机构，是名副其实的新型主力军。此次稿源单位名单，首次把公众号和应用程序列入其中，标志新型主流媒体的建成和壮大。

第二，传统主流媒体在近10年的融合转型发展中，构建了全媒体传播矩阵，新媒体传播已成为主流。以报纸为例，为了应对新冠肺炎疫情的挑战，报社加大对新媒体业态的投入，新型主力军在抗击疫情中发挥了重要作用。2020年全国报纸年检数据显示，"全国有1865家报纸举办新媒体，占报纸总量的77.35%，比去年提高3个百分点。各报纸出版单位微信微博等各类公众账号数量为4677个，微信公众号阅读'10万+'文章数量为6万余篇，百万以上粉丝微博账号为223个"[①]。这些新媒体与传统报刊协同生产，构建了成熟的全媒体传播矩阵。

从地域上看，江苏省所有报纸均办了新媒体，浙江、北京、福建等新媒体创办比例也较高。值得注意的是，河南、宁夏等中西部省份也有超过80%的报纸办了新媒体。

表1 各省份报纸出版单位新媒体创办情况

省份	已办新媒体数量	已办新媒体所占比例	省份	已办新媒体数量	已办新媒体所占比例
江苏	131	100.00%	江西	48	73.85%
浙江	100	97.09%	河北	63	71.59%
中央	195	92.86%	天津	22	70.97%
福建	40	88.89%	青海	17	70.83%
北京	31	88.57%	广西	42	70.00%
山东	99	84.62%	辽宁	61	69.32%
重庆	37	84.09%	上海	65	69.15%
河南	94	83.93%	海南	11	68.75%
宁夏	14	82.35%	甘肃	38	67.86%
广东	105	82.03%	安徽	57	67.06%
四川	91	80.53%	湖北	71	66.36%
湖南	56	78.87%	山西	47	66.20%
贵州	28	77.78%	内蒙古	44	64.71%
西藏	20	76.92%	黑龙江	44	64.71%
云南	42	76.36%	吉林	39	57.35%
陕西	59	75.64%	新疆	39	54.93%

资料来源：来自2020年全国报纸年检数据。

2020年，全国报纸所办新媒体客户端数量972个，比2019年增长21个，

---

① 说明：本文数据除特别注明外，均来自2020年全国报纸年检数据。

下载量17.8亿。从各省份的情况来看，大部分报纸创办客户端的比例在10%—40%之间，其中广东、浙江相对较高。值得注意的是，贵州、云南等中西部省份的新媒体客户端创办比例也位居前列。

第三，县级融媒体中心新闻机构身份得以确立，新型主力军翻倍扩容。在传统媒体与新兴媒体融合发展的进程中，县级媒体主要是2800家广播电视台及40来家报纸，数量虽多但体量较小，融合转型发展的阻力也较小，转型为融媒体中心的成本很小，并且能够实现弯道超车，直接成为网络主阵地的新型主流媒体，打通传播最后一公里，发挥重要的新闻宣传和舆论引导作用。2021年7月，人社部办公厅印发《人力资源社会保障部 国家新闻出版署关于深化新闻专业技术人员职称制度改革的指导意见》，正式把县级融媒体中心列入新闻机构，从业人员可以融媒体中心记者身份参加新闻记者考试和参评新闻专业职称。有了全国2800多家融媒体中心这支生力军的加入，党的新型主力军翻倍增长，极大扩充了新闻生产队伍，中国传媒融合创新迎来了巨大的生产机遇。国家网信办公布的最新版《互联网新闻信息稿源单位名单》中，列入了10家县融媒体中心（江苏江阴市、浙江长兴县、福建尤溪县、江西分宜县、河南项城市、湖北赤壁市、湖南浏阳市、四川成都高新区、陕西陈仓区、甘肃玉门市），说明了县级融媒体中心的生产实力优势。

三、技术机遇：新媒体基础技术将进入较长稳定期

技术是人类改造自然和社会的有力手段，每一次革命性的技术创新，都极大提高人类的社会生产力，改善人类的生存条件。从这个意义而言，技术革新应该是进行时，普遍为人们所欢迎。在人类漫长的发展过程中，根本性的技术革新并不频繁，往往要几千年甚至上万年才碰上颠覆性的技术革命，人类的基本生存方式才发生根本性的变化。石器的制作，标志人类文明的开始，人再不会像其他动物一样靠天吃饭，而是用自己的主观能动性去改造自然，获得所需的生活资料。铜铁冶炼技术的出现，标志农耕文明时代的到来，人类社会得以大发展。工作机的出现，尤其是蒸汽机动能的出现，机器大工业时代来临，资本主义经济代替了封建经济和小商品经济。随着电气时代和信息时代的到来，革命性技术创新的周期从千年万年缩短至百年甚至几十年。人们在享受技术带来巨大福利的同时，也被频次很高的技术革新节奏弄得无所适从、焦灼不安，

从容的慢生活被闪电般的快节奏所替代，精神生活日益局促纷杂和随波逐流。

与精神生活相对应的就是信息生产技术，也就是传媒生产技术，这些技术创新迭代的频率可以用月、天、时、分来计算。原子技术、无线波技术、电子技术、数字技术、网络技术、移动技术、智能技术的渐次出现，报刊、电报电话、广播电视、新媒体最终齐聚人们的精神餐厅，供人们自由选用。在一些商业利益和学术利益的推动下，一些传媒弄潮儿和舆论领袖不断地兜售一个又一个新概念，浪费了全社会全行业的大量资源，导致两个严重后果："一是人们如同关在笼子被不断戏弄的老鼠一样，变得麻木不仁，对一切新技术毫无兴趣，处于自我放弃境地，在媒体技术革新的时代浪潮中无所作为；一是人们形成了'快鱼吃慢鱼'的定势，认为'变化是唯一不变的东西'，总期待明天又会出现更好更新的技术，从而实现弯道超车、后来居上，这种'毕其功于一役'的想法最终是依然无所作为。"[①] 通过对近10年技术革新浪潮的观察，我们可以断言，实际上真正革命性的技术就是数字技术、网络技术、移动技术与智能技术，这种技术使得新媒体与传统媒体有了根本上的差异，信息传播从传统媒体大众传播时代经过一个更高阶段螺旋上升后，回到人际传播、圈子传播与大众传播融合叠加的全媒体传播时代。人际传播是人类最有效的传播方式，四种技术跨越了时空界限，可以让地球（甚至外太空）任何角落的人们在同一时空实现人际传播。未来也不会有比人际传播效果更好的方式，除非人类发生了变种，相信过个千年万年恐怕也没有这种可能。这四种基础技术不但是媒介生态的基本生存方式，而且也是人类的基本生存方式，是有别于原子媒介时代、电子媒体时代的数字时代人类生存方式，并将持续较长一段时间，本世纪甚至下几个世纪都是数字技术网络技术移动技术智能技术的天下，未来的技术革新大体上也是这四种技术的延长与深化。我们不必用高深繁杂的数据计算和科学逻辑推演来证明，只要细细回味近10年的媒体技术革新进路，就可以有一个基本判断：微信社交媒体与APP客户端称霸互联网空间十多年，在他们之后再也没有出现能代替他们的媒介形态，足见其所依附的四种技术的稳定性。因此，在未来较长一段时间，政府管理者、学术研究者和从业人员只要紧紧盯住这四种技术所支撑的传媒生产流程，认认真真做好内容融合创新，多出精品佳作，就一定能够

---

① 黄晓新，刘建华等.中国传媒融合创新研究报告（2018—2019）.北京：中国书籍出版社，2019：14.

在媒介技术革新浪潮的激荡中行稳致远，成为党和人民所欢迎的新型主流媒体。

四、社会机遇：疫情把控有序经济社会稳定发展

任何事物的发展都离不开一个稳定的社会环境，传媒行业也不例外。传媒行业作为精神性产业，本质而言它是不创造剩余价值的，它是一种依附性产业，依附其他实体产业而存在。传媒从业人员是通过生产自己的精神产品提供给其他行业从业者，从而获得其他行业让渡过来的剩余价值，得以购买自己及家庭所需的生活资料。所以，从这个意义上而言，但凡社会出现不稳定因素，精神性行业遭受的影响会极为明显，如同蝴蝶效应一般，"一只南美洲亚马逊河流域热带雨林中的蝴蝶，偶尔扇动几下翅膀，可以在两周以后引起美国得克萨斯州的一场龙卷风"。社会不稳定，传媒行业别说融合创新，就连正常的生产也无法进行。

不论是自然界还是人类社会，稳定与变动是一种常态。当然，变动是从积极的角度来看待自然与社会发展问题，从消极角度来看，稳定的反义是无序，无序也是一种变动状态，但往往会浪费社会资源，制约社会发展。稳定的背后是社会秩序，即人们必须遵守的行为规则、道德规范与法律规章，是一种维护社会正常运行和发展的基本条件。一定区域内的社会共同体内部及其与外部关系的正常有序状态即是社会稳定，包括社会心理稳定、社会关系稳定、社会生活稳定、经济稳定与政治稳定。2020年以来，由于新冠肺炎疫情席卷全球，在一些国家时有集中式暴发，严重影响了社会生产和生活，全球经济一路下滑，触底回升的希望之光还很难觅见。中国人民在党和政府领导下所进行的"抗疫"斗争，为世界贡献了极具操作性的"中国模式"，得到了国际社会的肯定与借鉴，但我们的前路依然充满挑战。这段时间，我国经济率先回暖，成为全球较少的经济复苏继续强力挺进的国家之一。当然，尽管2021年第三季度GDP增速放缓，同比为4.9%，环比为0.2%，低于预期，但这都是短期因素导致的，国家正在关注长期因素，以提高经济增长潜力。虽然经济复苏出现放缓，但整个社会处在有序状态。新冠肺炎疫情出现之初，人们的生产生活一度慌乱过，但随着"抗疫"成功经验的增加，疫苗的全民接种，社会保障措施的进一步系统化，即便不定期出现个别城市疫情，人们再也没有慌乱情绪，社会心理极为稳定，社会

关系社会生活也非常稳定，经济稳定和政治稳定更是中国共产党执政治理下的我国重要优势，确保了社会个体和市场主体的健康良性发展，对于媒体融合创新而言，是一个十分宝贵的发展机遇。

五、经营机遇：传统媒体融合发展初具经济成效

十年前，面对新媒体的挑战，报纸广告收入断崖式下滑，传统媒体面临救亡图存的困境。为了应对挑战，在政府和从业者的不懈努力下，融合转型拉开了历史大幕，曾经风头无二的都市报接受了退出信息传播主角的命运。报刊、广播电视、图书出版等传统媒体积极拥抱新媒体，在持续的新媒体投入和充满韧劲的阵地守卫中，终于见到了融合转型成功的曙光。除了新媒体的挑战，全球经济下行之时，又遇上了新冠肺炎疫情，所有行业都遭到了不同程度的重创。与实体行业相比，新闻传媒文化行业却能经受冲击，甚至逆势上扬，除了精神性产业本身的特殊性之外，与传统媒体保持融合发展的定力息息相关。2020年，中国电影票房为202.74亿[①]，通过爱奇艺等新媒体视频平台的点播收入超过票房收入。2021年电影票房收入将超过300亿元，如十月国庆上映的《长津湖》已破53亿。"国家广播电视总局公布的《2020年全国广播电视行业统计公报》中显示，2020年全国互联网音视频节目增量2.2亿小时，网络视听节目和短视频发展迅速，广播电视行业总收入9214.60亿元，其中新媒体广告收入呈增长趋势。"[②]2021年上半年，"全国广播电视创收突破3800亿元，广播电视机构融合发展业务收入406.18亿元，同比增长29.67%。新媒体广告收入91.58亿元，增值业务、集客业务等有线电视融合业务收入101.94亿元，交互式网络电视（IPTV）平台分成收入65.57亿元，互联网电视（OTT）集成服务业务收入37.23亿元，广播电视机构网络视听业务收入109.86亿元。"[③]数字出版方面，据中国新闻出版研究院发布的《2020—2021中国数字出版产业年度报告》显示，"2020年，我国数字出版产业面对突发疫情，逆势上扬，全年产业收入达到

---

① 数据来源于中新经纬，https://baijiahao.baidu.com/s?id=1687611301310232661&wfr=spider&for=pc，2021-10-25。

② 数据来源于知乎，https://zhuanlan.zhihu.com/p/368226117，2021-10-25。

③ 数据来源于人民资讯，https://baijiahao.baidu.com/s?id=1708854877112164274&wfr=spider&for=pc，2021-10-25。

11781.67亿元，比上年增加19.23%"[1]。从国际来看，据美国出版商协会（AAP）发布的《2020年出版业年度报告》显示，"美国图书出版业创造了257.1亿元的总收入，美国出版业收入保持稳定，从2016年开始，基本维持在250亿美元至260亿美元之间。在过去的五年内，美国出版商在线零售渠道收入增长了23.1%，而实体零售渠道收入则下降了31.1%"[2]。

相对而言，报纸的融合发展已走向深入，并且初具经济成效。据2020年全国报纸年检数据显示，2020年，报纸出版单位整体营业收入为576亿，13个省实现同比增长。2020年报业利润总额49亿，比上年增长48%。其中22个省盈利，比去年增加2个省。18个省实现利润的增长，北京、湖南和天津开始扭亏为盈。上海、江苏等省市报业利润持续稳定增长。一些中西部省份也实现了高速增长，如广西利润增长率为133%，贵州为97%。2020年报纸新媒体收入占总收入比例为7.18%，比2019年的30亿元（5.26%）增长2个百分点。2020年度，报纸新媒体投入为20亿元，比上一年的13亿有较大增长。新媒体投入超过100万元的有266家。

表2 各省份新媒体投入大于100万的报纸情况

省份	新媒体投入>100万元的报纸数量	比例	省份	新媒体投入>100万元的报纸数量	比例
海南	5	31.25%	广西	6	10.00%
福建	13	28.89%	江西	6	9.23%
广东	32	25.00%	重庆	4	9.09%
江苏	21	16.03%	贵州	3	8.33%
中央	33	15.71%	陕西	6	7.69%
浙江	16	15.53%	内蒙古	5	7.35%
云南	8	14.55%	甘肃	4	7.14%
湖北	14	13.08%	新疆	5	7.04%
宁夏	2	11.76%	河北	6	6.82%
安徽	10	11.76%	山西	3	4.23%
河南	13	11.61%	吉林	2	2.94%
北京	4	11.43%	辽宁	1	1.14%

[1] 数据来源于《中国出版传媒商报》，https://baijiahao.baidu.com/s?id=1714756267312975257&wfr=spider&for=pc，2021-10-27。

[2] 疫情期间美国出版业收入257.1亿美元 在线、实体零售一升一降.国际出版周报，2021-10-25。

续表

省份	新媒体投入>100万元的报纸数量	比例	省份	新媒体投入>100万元的报纸数量	比例
湖南	8	11.27%	天津	0	0.00%
山东	13	11.11%	西藏	0	0.00%
上海	10	10.64%	青海	0	0.00%
四川	12	10.62%	黑龙江	0	0.00%

资料来源：来自2020年全国报纸年检数据。

2020年，报社新媒体经营收入41亿元，涨幅38%，西部的新疆、甘肃、宁夏、西藏等表现抢眼。产生营收的报社新媒体有610家，有178家占报社的总收入超过10%。同时，在福建、浙江、海南等19个省份中，新媒体收入大于100万元的报纸数量超过10%。

表3 各省份新媒体收入大于100万的报纸情况

省份	新媒体收入>100万的报纸数量	比例	省份	新媒体收入>100万的报纸数量	比例
福建	18	40.00%	北京	4	11.43%
浙江	35	33.98%	贵州	4	11.11%
海南	5	31.25%	河北	9	10.23%
广东	37	28.91%	河南	11	9.82%
广西	13	21.67%	云南	5	9.09%
江苏	28	21.37%	内蒙古	4	5.88%
湖南	15	21.13%	新疆	4	5.63%
重庆	9	20.45%	甘肃	3	5.36%
中央	42	20.00%	辽宁	4	4.55%
湖北	21	19.63%	山西	3	4.23%
江西	11	16.92%	西藏	1	3.85%
四川	19	16.81%	陕西	3	3.85%
山东	17	14.53%	黑龙江	2	2.94%
宁夏	2	11.76%	吉林	1	1.47%
安徽	10	11.76%	天津	0	0.00%
上海	11	11.70%	青海	0	0.00%

资料来源：来自2020年全国报纸年检数据。

六、市场机遇：乡村振兴拓展内容和消费疆域

民族要复兴，乡村必振兴。"乡村是具有自然、社会、经济特征的地域综合体，兼具生产、生活、生态、文化等多重功能，与城镇互促互进、共生共存，共同构成人类活动的主要空间。全面建成小康社会和全面建设社会主义现代化强国，最艰巨最繁重的任务在农村，最广泛最深厚的基础在农村，最大的潜力和后劲也在农村。"[①]2017年10月，在党的十九大报告中，习近平总书记提出乡村振兴战略。2018年9月，中共中央、国务院印发了《乡村振兴战略规划（2018—2022年）》。2021年2月，《中共中央 国务院关于全面推进乡村振兴加快农业农村现代化的意见》，即中央一号文件发布；2月25日，国务院直属机构国家乡村振兴局正式挂牌。2021年3月，中共中央、国务院发布《关于实现巩固拓展脱贫攻坚成果同乡村振兴有效衔接的意见》。2021年4月，十三届全国人大常委会第二十八次会议表决通过《中华人民共和国乡村振兴促进法》。2021年5月，司法部印发了《"乡村振兴 法治同行"活动方案》。所有这些政策，确保了乡村产业、人才、文化、生态和组织振兴的科学有序推进。

乡村振兴为新闻传媒业提供了巨大的内容资源和强劲的消费市场。首先，在人口方面，乡村庞大的人口数量是全媒体生产和消费的新疆域。据第七次全国人口普查结果公布，"居住在城镇的人口为90199万人，占63.89%；居住在乡村的人口为50979万人，占36.11%"[②]。乡村振兴的关键在于人，只有这5亿多人口参与到乡村振兴的实践中，他们的生产和生活故事便会成为新型主流媒体取之不竭的内容富矿，同理，他们对美好精神生活的需要也形成了新闻传媒行业的巨大消费市场，拉动传媒融合创新，改变精神生产不平衡不充分的局面，促进新型主流媒体的做大做强。其次，乡村自然资源将大大扩充新闻传媒生产的核心竞争力。据清华大学地球系统科学系宫鹏研究组研究统计，"2017年，中国城市建成区面积为146102平方公里，城市与农村建成区总面积209950平方公里。按照这一数据，当前我国城市与农村建成区总面积已占国土面积1/48"[③]这也就是说，我国新闻传媒业的生产取材范围也只是在这14万平方公

---

① 中共中央 国务院印发.乡村振兴战略规划（2018—2022年）.新华社，2018-9-26.
② 数据来源于百度百科，https://baike.baidu.com/item/%E5%9F%8E%E4%B9%A1%E4%BA%BA%E5%8F%A3%E6%AF%94%E4%BE%8B/22476259?fr=aladdin，2021-10-26。
③ 数据来源于贤集网，https://www.xianjichina.com/news/details_117037.html，221-10-26。

里上腾挪，而辽阔的国土上不是乡村就是和乡村毗邻的大自然，这些自然风光是慰藉全人类心灵的通适性精神食粮，能够使媒体产品超越文化差异而得到国内外最大多数人的认可。谁能够利用新媒体技术对这些自然资源进行创意生产，谁就拥有强大的市场核心竞争力。最后，乡村文化是传媒内容生产绵绵不绝的活力源泉。千百年来，乡村作为具有多重功能的综合体，在古代中国社会治理中发挥着重要作用，古代中国实际上是乡村的中国。王权稳定最重要的基础就是普天治下的丰衣足食。一方面，要通过乡村获得赋税以维持各级政府机器的正常运转；另一方面，要把朝廷触角深入乡村实现社会、经济、军事和政治稳定。乡村实际上是一个系统有序的自组织，在这个自组织中，乡村文化是其灵魂。通过乡贤文化、氏族文化、宗教文化、民俗文化、主流意识形态文化的有机融合，导引乡村社会有条不紊地生产生活，弘扬优良风气，惩治不良行为，确保乡村社会稳定发展。乡村振兴不是要原样恢复这些旧有文化，而是在习近平总书记"坚持把马克思主义基本原理同中国具体实际相结合、同中华优秀传统文化相结合"的要求下，深入梳理挖掘乡村文化资源，剔除糟粕，存留精华，构建有利于乡村振兴和中华民族复兴的新时代中国特色社会主义乡村文化。这种新型文化将成为乡村社会治理与持续发展的雄厚基石，也是新闻传媒业关注报道乡村社会发展的活力源泉，可以生产出为不同类型乡村社会所欢迎的精品力作，凝心聚力，不懈奋斗，实现精神与物质上的共同富裕。

第三节　中国传媒融合创新的新入口

一、资本：国有资本再造国有媒体

2021年10月，国家发改委发布的《市场准入负面清单（2021年版）》（征求意见稿）中，有一项格外引人注目，禁止准入事项从5个增加为6个，增加了禁止违规开展新闻传媒相关业务，即非公有资本不得从事新闻采编播发业务。这对于正在融合转型的传统媒体而言，似乎是松了一口气，终于可以气定神闲有条不紊地朝新型主流媒体迈进了。在政策、技术、人才、传统资源等要素的加持下，传统媒体融合转型应该有较快的提升，但也有一个问题不得不让媒体操盘者焦虑，即资金问题。资金是一切改革发展的推动剂，没有资本或资本不足，一切设想都将成为空想。传统媒体自身的资本积累无法满足融合改革发展的需要，这就必须想办法吸引同行业及其他产业国有资本的注意，让他们看到巨大的投资回报商机，从而自觉自主自愿地参与到新型主流媒体的建设蓝海中。负面清单禁止非公有资本涉足的领域，也正是充满投资回报机会的富矿。首先在组织机构方面，通讯社、报刊出版单位、广播电视播出机构、广播电视站以及互联网新闻信息采编发布服务机构等都是事关党的意识形态和主流价值观主导地位的实施者，是主力军，任何时候它们都是党之重器、民之重器，须臾不可或缺，值得国有资本去主动帮助和参与。其次在具体结构板块方面，凡是新闻性的版面、频率、频道、栏目、公众账号等，都是直面受众的端口，掌握了它们，就如同掌握了进食的咽喉，国有资本对这些"咽喉"的加持，不论是从社会效益还是经济效益来看，无疑都是巨大利好。最后在具体业务方面，涉及政治、经济、军事、外交、重大社会、文化、科技、卫生、教育、体育以及其他关系政治方向、舆论导向和价值取向等活动、事件的实况直播是最有传播力、引导力、影响力的内容产品形态，也是最容易干预社会公众行动的传播活动，发挥强大的人际传播与大众传播叠加效应，对社会稳定具有不可估量的作用，这些内容产品最需要有强大能力的国有资本去护卫。

  对于国有媒体而言，要通过融合转型再造成为新型主力军，应对接三类国有资本。一是传统传媒行业内图书出版业的资本。图书出版业受新媒体的冲击较小，有稳定的盈利模式，长年的获利能力使其拥有较大的资本积累，一个中等规模的省级出版集团，账上就趴着数十亿的资金，这是报业和广播电视等传统媒体需要去积极合作的"衣食父母"。二是文化产业领域相关行业的资本。包括中央和各级政府机构设立的各类文化产业发展基金，更重要的是文旅集团的资本，文化旅游企业开发的文旅产品需要传媒去传播孵化，这就为国有文旅资本进入传媒领域架设了天然的亲缘渠道。三是一二产业领域的资本。大量的农林牧业产品在生态消费的倒逼下，都希望通过媒介技术无死角地全面呈现该产品从种养、流通、烹制到餐桌的全过程，需要媒体的大力加持，譬如各县级融媒体中心，在这方面已经发挥了强大的传播孵化作用，有利于农业资本流向传统媒体。能源、工矿、电力等第二产业的资本非常雄厚，传媒等精神性生产者的收入本就是通过第二产业让渡的剩余价值，用以购买所需生活资料，在国家政治因素的干预下，第二产业的政治意识将得到加强，对传媒行业的扶持力度必将加大。相信，未来传统媒体从业者只要积极去拥抱这三类资本，必将获得理想的资金投入，定然会在融合转型发展的道路上更加跃进与顺畅。

二、内容：优秀文化催生媒体创意

传媒本质而言是符号交通工具，主要发挥信息传播功能，在众多的信息传播工作中，新闻传播和文化传播是两大主干。新闻信息传播是基本性功能，相当于一个人的相貌，要让人一打眼就喜欢；文化信息传播是基础性功能，相当于一个人的内涵，可以让大家愿意和你深入持续交流。文化对于个体、组织和国家都极端重要。没有文化，这个人就显得很浅薄；没有文化，这个组织就没有凝聚力；没有文化，这个国家就没有合法性存在的前提。习近平总书记提出的四个自信中，文化自信就是基垫和靠山，是前面三个自信的基础性平台。在2021年建党百年的七一讲话中，习近平总书记首次提出"坚持把马克思主义基本原理同中华优秀传统文化相结合"。只有与中华优秀传统文化相结合，一方面，马克思主义能够把中国传统文化中的优秀成分和因子激活，使其呈现勃勃生机，为新时代社会主义建设服务；另一方面，只有通过中国文化的注解，马克思主义才能更好地本土化和民族化，成为融入中国实践的"活的马克思主义"。

对于本就属于文化产业核心组成部分的传媒业而言，中华优秀传统文化、革命文化、社会主义先进文化是其取之不竭用之不尽的活力源泉。首先，媒体专业人员要做学者型记者。只有对某一领域有深入的学习研究，具备学识的广度与思想的深度，才能发现真正有重大价值的新闻，也才能做出有文化意蕴的新闻，从而真正成为人民群众的信息管家、意见领袖与时事顾问。其次，媒体组织机构要做文化体系的创立者。不论哪个级别哪个类型的媒体，都有自己的"一亩三分地"，如人民日报、光明日报是面向全国，南方日报、四川日报是面向全省，成都日报、萍乡日报是面向全市，双流区融媒体中心、分宜县融媒体中心是面向全县（区），这个全国、省、市、县都有不同于他国/省/市/县的区域文化，这就需要各自的媒体肩负起塑造区域文化体系的重任。媒体有充足的社会动员能力，能够整合各种人力、物力和财力，共同塑造一个区域的当代文化体系，如此顺延，一代代媒体及其从业者都在着力塑造当下的区域文化体系，千百年后，回头来看，该区域文化体系的内涵与外延将无比灿烂丰富，而且都各具特色，有着无法替代的文化主体地位。同样，中国航空报、中国纺织报、人民铁道等行业媒体也是如此去塑造各自行业的文化体系，那未来中国文化大生态必将叹为观止。最后，全民记者要用好文化催生媒体创意。新媒体技术使得媒体接近权与传播权大大拓展，全民记者在各区域各行业文化体系的浸润下，积极为媒体提供有文化含量的素材与信息，媒体组织和专业记者可以整合这些广博的新闻资源，迸发无极限的创意，生产出为党和人民所需要的高质量媒体产品。

三、平台：多元党端勇担迭代使命

2021年10月20日，国家网信办公布的最新版《互联网新闻信息稿源单位名单》，首次将公众账号和应用程序纳入其中，标志客户端成为正式新闻媒体。这里的应用程序就是客户端（Client），也称为工作站（Workstation），它是伴随电脑与互联网的出现而诞生的，是指与服务器相对应，为客户提供本地服务的程序。在移动传播智能手机普及的背景下，手机APP软件（APP是Application的简称，即应用软件）是应用最广泛的客户端。手机APP应用软件主要集中在社交社区类软件，由于可以黏附巨量受众，成为极有传播力、引导力、影响力与公信力的平台型媒体，是报纸等传统媒体融合改革发展的第一抓手。"手机客户端作为一种信息平台，可以容纳不同功能的媒介形态，报刊图书、广播电视、新兴媒体等所有媒介都可以在客户端呈现，同时，客户端还可以提供新闻信息之外的服务。通过客户端这个入口，人们可以进行社交互动、办理政务、生活缴费，甚至可以利用它解决所有的生存方式问题。"[1]

客户端是继报刊、广播电视、网站之后的又一党的重要喉舌，并且将会作为新型主力军的主要力量发挥信息传播和舆论引导作用，党端已经成为党媒的重要家庭成员。第一，中央级党媒都创办了党端，有些甚至达数十种之多，人民日报客户端、光明日报客户端、央视新闻客户端、中国青年报客户端都发挥着重要的舆论引导作用。第二，各省级党报集团全面朝党端进军。一是各子报本着移动优先的原则，都创办了自己的客户端；二是有些都市报实行彻底转型，

---

[1] 刘建华. 中国新闻传媒业融合发展十二大现状. 编辑之友，2020（2）.

停办纸媒专做客户端，如澎湃新闻、封面新闻、上游新闻等；三是有些省报集团把党端作为主要方阵来建设，如重庆日报集团打造的党报集群、党网集群、党端集群、党刊集群等为主的"4+2"全媒体传播新格局。第三，各市级党媒以多元化方式朝党端挺进。大多市级日报、电视台都开设自己的党端，把党端作为新媒体转型的重要抓手，还有部分市级党媒在行政力量的推动下，积极整合组建新的媒体机构，即市级融媒体中心，着力打造综合性党端平台，如广东的珠海传媒集团、黑龙江的齐齐哈尔市新闻传媒中心、河北的张家口市新闻中心、浙江的绍兴市融媒体中心等。第四，全国县级融媒体中心全面建设党端，成为新型平台型媒体。2018 年，习近平总书记提出要打通传播最后一公里，建设县级融媒体中心，2020 年基本全部建成，2800 多个县级党端异军突起，发挥重要的新闻加政务服务商务作用，正在朝主流舆论阵地、综合服务平台、社会信息枢纽的目标迈进。《互联网新闻信息稿源单位名单》纳入的分宜、浏阳等 10 个县级融媒体中心就是对县级党端主力军认可的重大标志。多元党端的进一步发展，将会顺利完成党媒意识形态传播与主流价值观塑造迭代接力的历史使命。

四、渠道：移动优先成为第一定律

传播渠道指的是传媒产品的流通问题，即传媒产品从生产者到达消费者所经过的线路。这条线路由各级经销商构成，渠道越长越多，产品市场的扩展可能性越大，但问题是生产者对产品的控制能力和信息反馈的清晰度也就越低，甚至生产者的获利和消费者的福利都会极大降低，影响生产和消费的积极性，所以大多生产者都选择零级渠道。报刊最初的发行渠道是通过邮政派发，由于第三方的路径依赖和分销惰性，报刊生产者获得消费者的反馈既漫长又不准确，于是洛阳日报率先开始了自办发行，在第一时间把报纸送达到读者手中，并且随时带回读者的反馈意见，有利于报纸调整生产策略，实现良性再生产。电影是通过各大全国性院线上映，让观众在电影院及时看到电影。广播最早是通过无线电波抵达听众，后来可以通过有线接收，以确保其信号的稳定，互联网时代可以通过在线收听。电视传输有模拟和数字两种信号，现在以数字信号为主，一般通过地面无线传输、卫星传输、有线电视系统和宽带四种方式接入。在数字技术、网络技术、移动技术和智能技术的发展背景下，传统媒体与新兴媒体融合发展转型，5G 技术的迅猛发展，瞬时传播成为现实，"大鱼吃小鱼"的时代被"快鱼吃慢鱼"代替，移动传播是"快鱼吃慢鱼"的主战场，"移动优先"成为融媒体机构实现有效传播的"第一定律"，这是传媒产品真正的零级渠道，从生产者手中瞬时对消费者实现"入眼入耳入脑"，有时甚至无需经过消费者之手。

对于传媒生产者而言，要充分发挥好移动优先的第一定律，必须做到以下几个方面。一是建立自己能够把控的移动生产传播机制。在传媒生产流程中，"一体策划一次性采集"（注意这个一次性采集不是指只采集一次，而是指在一次采集中能够把当时有关采访客体的所有文字、图片、音频、视频资料都采集回来）到的素材必须全面并富于可塑性，具备移动媒体生产的天然衔接性，有些甚至无需太多人为加工就能通过智能技术瞬间生产出适于移动传播的产品；并且有快速科学的三审三校机制，使传媒产品在第一时间通过移动端传播出来。二是借船出海实现矩阵式移动传播。要借用人民号、新华号、抖音、快手等国有和民营移动传播平台，构建传播矩阵，使自己的声音最大范围抵达到各个层级消费者。三是在内容生产上以适合移动传播的短视频作为第一拳头产品。移动传播的特点是快速、急迫、短暂，这就决定了传播产品的快餐性和易逝性，切忌传播冗长且需要深度思考的产品。当然，随着媒介技术的革新，未来的移动技术与人的意识流实现衔接，移动设备能够在人的意念控制下扩大缩小，形成任意大小的桌面，不同类型的媒介产品也就有了新的消费兼容空间，甚至通过意识流实现影院的观看效果。

五、产品：全媒体传播体系日趋完善

党的十八大以来，习近平总书记在不同场合发表了许多推动媒体融合发展的重要论述，体现了宣传思想工作在党的当前工作中的极端重要性。2013 年被称为媒体融合元年，8 年来，习近平总书记关于推动传统媒体与新兴媒体融合发展的论述，展示出一条清晰的演进轨迹，从你是你我是我，到你中有我我中有你，到你就是我我就是你，到"四全"媒体，最后到全媒体传播体系。2019 年 1 月，习近平总书记在中共中央政治局第十二次集体学习时强调：推动媒体融合发展、建设全媒体成为我们面临的一项紧迫课题，全媒体不断发展，出现了全程媒体、全息媒体、全员媒体、全效媒体。2020 年 6 月，中央全面深化改革委员会第十四次会议审议通过了《关于加快推进媒体深度融合发展的指导意见》，习近平总书记强调：推动媒体融合向纵深发展，要深化体制机制改革，加大全媒体人才培养力度，打造一批具有强大影响力和竞争力的新型主流媒体。

媒体融合发展就是要打造不同层级不同类型不同规模的融媒体中心，这些中心都应该具备全媒体传播的能力，建成全国性的全媒体传播体系。这就需要正确认识几个问题。

第一，从整个传媒大行业来看，新型主力军共同构筑综合性全媒体传播体系。在这个体系中，传统媒体和新兴媒体都有自己的位置和职责，共同为社会主义意识形态塑造与主流价值观传播发挥作用，合力为党和人民服务，构建网上网下一体、内宣外宣联动的主流舆论格局，建立以内容建设为根本、先进技术为支撑、创新管理为保障的全媒体传播体系，牢牢占据舆论引导、思想引领、文化传承、服务人民的传播制高点。

第二，从具体媒体组织机构来看，要生产出多形态与多介质传媒产品，实现线上线下综合传播。所谓多形态主要指的是利用新媒体技术，对文字、图片、音频、视频等几种表达元素进行无极限地组合，满足不同圈子消费者的需求；所谓多介质主要指的是报刊、图书、广播电视、互联网、微信微博等不同介质的媒介形态。融媒中心作为一个个新闻机构，深度融合的结果就像是太阳光一样，看起来是一种颜色，但实际上是由红、橙、黄、绿、蓝、靛、紫七种色光组成。在融媒体这个太阳光之中，涵括了文字、图片、音视频等不同形态和原子、电子、数字等不同介质的各种色光，这些多元媒体介质既是一个结构整体，又有各自独立存在，真正实现融媒体社会生产全过程的一体策划、一次采集、多种生成、多端发布。如此，在移动优先的第一定律下，发挥报刊、图书、广播电视、新媒体等各自的传播优势，实现全媒体传播效果。

第三，从内容传播业务来看，全媒体传播并不是指所有媒体机构所有时候对同一新闻题材都得进行全媒体传播。实际上，全媒体传播只是一种理论要求和能力具备，并不是说每一个媒体机构都得要把报刊、图书、广播电视、网站、微博、微信等各种介质的产品生产出来，而是要根据消费者需求有选择性地生产，当然，新媒体生产是融媒体中心的必备能力。同时，对于甲题材而言，可以进行全媒体传播；对于乙题材而言，用传统媒体传播就可以；对于丙题材而言，只需要进行公众号、客户端新媒体的传播。可以说，在不同媒体机构不同新闻题材不同时间节点等方面，全媒体传播的范围和程度都是不一样的。只有这样，我们才能灵活地进行新闻传媒生产，既可以最大化节约生产成本，又可以达到最佳化传播效果。

六、经营管理：区域协同重构数字传媒经济产业链

数字经济是指通过大数据（数字化的知识与信息）的识别、选择、过滤、存储、使用，引导实现资源的快速优化配置，实现经济高质量发展的经济形态。数字经济的本质是信息经济，主要是作用于其他产业的生产和流通环节，降低社会成本，提高资源优化配置效率，增加产品、企业、产业附加值，推动社会生产力的提高。数字经济不是一种新的实体经济，而是通过数字技术的赋能，使三大产业具有数字属性，在数字铺设的平台上更有效地生产和流通，并促进三大产业融合发展，提升全社会的整体福利。数字传媒经济就是大数据成为传媒生产流通的新型基础设施，数字技术再造了传媒社会生产总过程，传媒资源得到有效配置，生产和流通成本极大降低，消费者个性化精神需要得到充分满足的经济形态。

数字传媒经济的特点：一是便捷性，数字技术对时空的压缩，真正实现了麦克卢汉所说的地球村，瞬时传播成为常态；二是融合性，数字技术、网络技术、智能技术等大数据技术使不同形态不同介质的媒体实现融通，在同一生产流程中可以实现多种生成；三是边际效益递增性，传媒作为创意性产品，本质上就是一种边际成本递减的行业，唯一递增的是复制成本，数字技术使复制成本几乎为零，从而使其累积增值得以大大提高；四是生态性，数字传媒经济既没有铅墨造纸的污染，也没有噪音画乃至辐射的污染，是名副其实的生态经济；五是零中介性，数字技术、网络技术、移动技术和智能技术的发展，版面、频率、频道再也不是稀缺资源，微博微信等自媒体的发展，媒介接近权与传播权大大提高，传媒生产者和消费者之间为零渠道，有时传播者和接受者的身份会不断互换。

2021年10月19日，习近平在中共中央政治局第三十四次集体学习时强调，"互联网、大数据、云计算、人工智能、区块链等技术加速创新，日益融入经济社会发展各领域全过程，数字经济发展速度之快、辐射范围之广、影响程度之深前所未有，正在成为重组全球要素资源、重塑全球经济结构、改变全球竞争格局的关键力量。发展数字经济是把握新一轮科技革命和产业变革新机遇的战略选择。要推动数字经济和实体经济融合发展，把握数字化、网络化、智能化方向，推动制造业、服务业、农业等产业数字化，利用互联网新技术对传统产业进行全方位、全链条的改造，提高全要素生产率，发挥数字技术对经济发展的放大、叠加、倍增作用"[①]。

对于数字传媒经济而言，我们需要把握几个关键。第一，数字传媒经济是天然的信息经济。传媒作为传播信息和知识的载体，本身就是一种信息产业，与数字技术的衔接最为自然也最为顺畅。第二，数字传媒经济全链条的改造基本完成，但要素生产率还有待于提高。在国家与市场的推动下，传统媒体积极转型为融媒体机构，"一体策划、一次采集、多种生成、多端发布"的生产流程基本建成，但是到具体的多元媒介产品生产上，协调性和集约性还不够，不能真正做到最大化发挥生产要素效能。流通环节也存在薄弱之处，媒体机构出于自己掌控生产消费信息的需要，都自建流通平台，各省级云之类的平台渠道没有充分发挥作用，国家层面的数字流通渠道也还未形成。第三，数字传媒经济是包括传统媒体产业在内的信息经济。理论上而言，凡是有数字技术赋能其生产环节和流通环节的传媒行业，都属于数字传媒经济，如门户网站、游戏动漫、互联网平台、微博微信、抖音短视频等新媒体都是数字传媒经济范畴，报刊、图书、广播电视、电影等传统媒体，或者在内容生产上用到数字技术，或者在流通渠道上用到数字技术，这些经过数字技术引导后的传媒也属于数字传媒经济，从这个意义上来说，传统媒体与新媒体融合发展后的不同层级不同类型的融媒体机构，就是数字传媒经济的主要市场主体了。第四，数字传媒经济是区域协同发展的经济。数字技术、网络技术、移动技术、智能技术压缩了空间和时间，移动网络空间为区域间媒体内容协同生产和流通提供了巨大便利，媒体加其他产业（如加旅游、农产品等，这方面安吉融媒体中心做得较成功）可以跨越区域的物理界限，形成自成体系的产业价值链。当然，在区域协同上，融媒体机构应该是分主体、分阶段的均衡联动。先做好本地化融合发展，在形成自身特色的基础上再进行跨区域联动。这样其有自身的文化观、价值观加持后，在跨区域联动过程中才能实现均衡联动，而不是被动接受。在本地化融合发展过程中，应注重经营管理、本地化运营及与区域文化相结合，在此基础上，构建区域协同发展的数字传媒经济产业链。

---

① 习近平.把握数字经济发展趋势和规律 推动我国数字经济健康发展.新华网客户端, https://baijiahao.baidu.com/s?id=17140416023777000011&wfr=spider&for=pc，2021-11-1.

内容融合创新篇

第一章 光明日报客户端：
汇聚思想文化精粹 打造融合传播平台

叶乐峰 徐谭[①]

近年来，以习近平总书记为核心的党中央站在国家治理高度，为信息革命背景下主流媒体的融合发展之路指明了方向。2019年6月16日，光明日报创刊70周年之际，习近平总书记在致光明日报贺信中指出，希望光明日报"坚守思想文化大报的定位""构建全媒体传播格局""传递党中央对广大知识分子的殷切期待和热情关怀，把广大知识分子紧紧团结在党中央周围"。这些指示在全媒体时代赋了光明日报新的使命与新的时代角色。

两年来，光明日报深入贯彻落实习近平总书记贺信重要指示精神，着力推进媒体深度融合，积极适应全媒体变革新趋势，"报网端微号"全媒体传播矩阵全面升级，上线面向知识界的内容数据聚合分发平台"光明号"，打造传播爆款产品和栏目，让知识分子成为"网红"。目前，"思想文化大报"的理念已经由纸上延伸到屏上，全方位构建知识分子掌上精神家园的目标正逐步实现。

第一节 平台构建立足思想文化定位

光明日报打造知识分子掌上精神家园的努力，直接体现在自主平台的迭代革新上。光明日报客户端的前身——创设于2010年的光明云媒，是光明日报第一个移动端新闻信息服务系统。随后，光明日报遵循媒体融合发展新趋势，

---

① 叶乐峰，光明日报客户端主编；徐谭，光明日报客户端副主编。

投入技术和人力，经多次升级改造，最终升级成为光明日报客户端。纵观国内新闻客户端发展历程，技术革新是媒体平台建设过程中的必经阶段。技术革新的早期形态，往往是将印刷版的新闻信息迁移到移动智能终端进行展示。

近年来，扁平化传播越来越受到分众化传播趋势的挑战，平台特色与内容特色越来越一体化。如何让移动智能化平台适配"思想文化大报"定位和服务知识界的功能，成为摆在光明日报媒体深度融合发展道路上的新课题。于是，新版光明日报客户端建设工作应势启动。

2020年4月，光明日报客户端3.0版本上线，大幅提升了客户端使用体验。2021年，随着4.0版本客户端上线，面向知识界的内容数据聚合分发平台"光明号"也正式亮相。光明日报顺应媒体变革趋势，在坚持守正创新，加快构建全媒体传播格局的道路上迈出重要步伐。

一、平台架构凸显"文化味"

技术架构上，光明日报客户端4.0版本采用中台构架客户端服务，配合前端原生开发和公有云服务，确保长期运行的稳定性、安全性，引入了4K超高清直播、短视频等新技术引擎，丰富广大用户阅读体验和互动方式。

功能架构上，光明日报客户端首页底端新增面向知识界的内容数据聚合分发平台"光明号"入口，为科教文卫理领域的机构提供图文、视频、音频、直播等全媒体内容发布和全流程信息管理服务。电子报纸功能上，使用报纸底层数据自主开发，全面升级电子报阅读体验，引入3D仿真翻看电子报技术，达到全国报业领先水平。

内容设置上，光明日报客户端首页底端设置"知识界"入口，用户点击进入可访问"名家""访谈""学者""新锐""人才""追思"等6个子频道，将报社知识分子报道的内容优势延伸到移动端，精准对接移动端读者用户需求。此外，"视听"入口下设"直播""小视频""教科""生态""文艺"等子频道，强化移动性、互动性和专业性。

视觉设计上，适配目前主流设计规范，强调雅正、清秀、书卷之气，强化光明日报客户端辨识度。网友和业界专家评价新版光明日报客户端有"文化味儿""书卷气"。

二、吹响知识文化界"集结号"

"光明号"是光明日报第一个面向全国众多媒体、机构、地方及个人开放的内容创作发布平台,该平台的建立也是光明日报贴近群众、服务群众、大兴"开门办报"之风,强化与受众连接,以开放平台吸引广大用户参与信息生产传播,深化自身媒体融合工作向纵深发展的重要举措,有利于吸纳汇集知识界多元内容生产者的知识和思想。

当前,光明日报客户端正着力通过"光明号"构建面向广大知识界的信息传播平台,以客户端为中心探索多元信息传播渠道,为科教文卫领域的机构提供图文、视频、音频、直播等全媒体内容发布和全流程信息管理服务。

为确保平台内容安全可控,在开展光明号入驻工作过程中,光明日报客户端运营审核团队一直对申请机构高标准、严要求、强把关。自2021年7月30日"光明号"平台上线以来,目前共计已有如清华大学、北京大学、中国音乐家协会、孔子博物馆、文旅中国等66家头部机构入驻平台,总计发布内容4500余条,丰富了客户端思想文化原创优质内容。

从运行效果来看,"光明号"平台为光明日报客户端内容向外延伸,与各方机构保持密切合作提供了机遇和保障。内容聚合分发的优势正逐步显现,"光明号"在知识分子群体的影响力不断提升,调动了知识分子群体参与优质内容生产的积极性和创造力,面向知识文化界的"集结号"已全面吹响。

第二节 融合生产凸显知识分子视角

媒体融合发展要经过三种形态:从开始的"你就是你,我就是我",融合到"你中有我,我中有你",最终达到"你就是我,我就是你"的状态,实现传统媒体和新兴媒体从"相加"到"相融"。中央明确提出,要坚持正确方向,坚持一体发展,坚持移动优先,坚持科学布局,坚持改革创新,推动传统媒体和新兴媒体在体制机制、政策措施、流程管理、人才技术等方面加快融合步伐。

以往报纸生产的"策采编发评"流程难以适应扁平化、分众化的传播趋势,传统上由仅以报纸为终端的生产流程和机构设置，正在转变为以报纸为端口之一的多终端生产方式。在这一过程中，光明日报客户端以频道、栏目对接社评室、智库办、重点报道室、突出贡献知识分子联络办公室，以特色内容的融合生产牵动整体转型，实现了影响力传播力的"双突破"。

全媒体栏目建设方面。光明日报客户端首页底端设置"知识界"入口，主动传递党中央对知识分子的关怀，让有突出贡献的知识分子成为互联网读者中的"网红"。光明日报客户端在文化频道开设"艺坛杂议"等专栏，凝聚文艺编辑部直接间接联系的文艺界知识分子智慧，与互联网读者互动；在科技频道推出"光明生态观察"专栏，下设"媒体观察""专家观察""全民观察""生态影像"等子栏目，一方面"转译"报纸教科新闻版和生态文明版文章，另一方面，驱动移动传播生态下的创新创作，提升了光明生态科普品牌的辨识度，强化了与知识界和广大用户的联系。

全媒体队伍融合方面。在全球抗击新冠肺炎疫情阶段，光明日报打通客户端、社评室、智库办多个部门，推出"光明国际论坛笔会"全媒体报道项目，有世界影响力的学者、政要、国际组织领导人应邀受访，站在共建人类命运共同体的高度，就疫情将如何改变世界发表观点。知识界读者和专家认为，这是抗疫语境下光明日报思想文化担当的集中体现。

技术与内容融合创新方面。为了将媒体融合新技术应用于公众科普，光明日报客户端"光明生态观察"栏目编辑团队策划推出了"慢赏自然"项目，该项目采用5G超高清视频传输技术，将镜头对准珍稀野生动植物及其栖息地、生态文化社区、地理景观地，以时下网友喜爱的慢直播形式，记录自然状态下的美好，展现美丽中国。两年来，已先后开展了"雨燕日记：全球首个北京雨燕5G高清慢直播""青海湖湟鱼洄游光明大直播""探访新疆乌伦古河蒙新河狸的家""珠峰十二时辰"等一系列自然生态慢直播。2021年10月，联合国《生物多样性公约》第十五次缔约方大会（COP15）召开期间，我国正式公布第一批国家公园名单。光明日报客户端在生态科普领域创新综合采用VR、H5、高清直播等技术，推出"慢赏自然｜360°探秘中国国家公园"系列全媒体报道，展现中国国家公园建设成就。其中，沉浸式互动H5《全景VR|沿着大猫的足迹》采用H5和VR技术，以科普探秘方式，带网友走进东北虎豹国家公园，了解东北虎豹保护知识，倾听科研工作者、巡护队员和普通村民的心声。

相关产品和话题在各平台曝光触达人数已超5000万,以新闻深度和知识趣味性赢得广大用户欢迎。接下来,还将对第一批成立的其他几家国家公园持续开展全媒体采访报道。

第三节 议题设置符合知识分子关切

当前,媒体格局、舆论生态、受众对象、传播技术都在发生深刻变化,读者在哪里,受众在哪里,宣传报道的触角就要伸向哪里,宣传思想工作的着力点和落脚点就要放在哪里。

围绕"把广大知识分子紧紧团结在党中央周围"的职责定位,光明日报客户端在栏目建设、议题设置方面不断发力。客户端采编团队通过主动策划、巧设议题,制作推出了一批有影响力的全媒体产品。

及时传递党中央对知识分子的关怀。"光明的故事"是光明日报在移动端精心打造的短视频品牌项目,旨在展现习近平总书记与知识分子的故事,传达总书记对知识分子的关怀。其中,短视频《光明的故事》主人公是习近平总书记、中国核潜艇奠基人黄旭华和眼科专家姚玉峰。因为总书记让座的举动,姚玉峰与黄旭华结缘,并用一台高难度手术,让93岁的黄旭华与光明重逢;因为总书记的重要批示,为铸大国重器毕生奉献的科学家群体,走进了姚玉峰的视野,使得更多的"黄旭华"有机会迎回光明。该项目第一季累计播放量超13亿,随后推出的第二季包含《致敬》《牵挂》《追光》《追梦》《总书记,我又能看书啦》等系列微视频,亦在网上网下引发社会传播热议。

紧密团结扎根祖国大地上的知识分子。几十年来,一代代知识分子主动选择到基层去、到边疆去,让青春之花在祖国最需要的地方绚烂绽放。如今,广袤边塞、偏远基层仍急需人才。习近平总书记在庆祝中国共产党成立100周年大会上深情寄语:"新时代的中国青年要以实现中华民族伟大复兴为己任,增强做中国人的志气、骨气、底气,不负时代,不负韶华,不负党和人民的殷切期望!"为了用知识分子激情燃烧的故事,帮助广大青年学子特别是高校毕业生确定自己的人生坐标,带来启迪,光明日报自2021年7月19日起,开设《奋

斗青春　无悔抉择》全媒体专栏，以深度报道、短视频等形式聚焦扎根基层、边疆的知识分子典型人物，记录他们的青春与奋斗，展示他们的梦想与收获。截至同年 10 月底，已累计推出 19 期报道，相关文章和视频产品在移动端传播量累计近 2 亿。

积极面向知识分子传播党的声音。2021 年，围绕庆祝中国共产党成立 100 周年主题，光明日报客户端上线相关专题，推出系列重磅产品。微视频《启航》围绕建党百年历史中有代表性的红色地点，记录红色城市里发生的感人故事，邀请有代表性的历史人物，以纪录片的形式讲述红色故事，通过群像画面展现平凡人的力量。6 月 30 日视频上线当晚，移动端各平台累计阅读量便已超 1 亿次。制作推出《建党百年英雄谱》《美美与共》《对话 28 岁》《"00 后"的党课》等多部系列微视频。其中，7 月 1 日前后陆续推出的《美美与共》系列微视频共四集，以抗战时期、新中国成立时期、新时代等多个历史时期在国际交流中具有代表性的文艺佳作为切口，采访老中青艺术家，通过他们的亲身讲述，塑造一个胸怀人类命运、重视友好合作的开放政党形象，从文化艺术角度诠释如何"共同构建人类命运共同体"。

关注活跃在新媒体平台上的年轻知识分子。光明日报曾在纪念改革开放 40 周年之时，提出了"新动力人群"概念。指那些与新业态、新技术共生的人群，利用大数据和互联网技术为改革赋能的创造者，以及使用技术杠杆撬动改革难点、重塑社会治理的新型劳动者。光明日报全媒体创作团队据此拍摄制作，推出系列视频《新动力人群说》，聚焦各行各业的青年奋斗故事，兼具国际视野与前沿眼光。该系列累计推出七期，阅读量达 8000 万。

打造融媒体品牌项目方面。光明日报客户端联合突出贡献知识分子联络办公室推出新媒体专栏"光明追思"，及时报道我国突出贡献知识分子的逝世消息，追忆他们的精神品质和爱国情怀，推动营造见贤思齐、追忆名家的社会舆论氛围。该栏目已成为移动互联网内容生态中的头部产品，截至 2021 年 10 月底，"光明追思"全网阅读量超 5 亿，已做到光明首发、全网转发。

第四节　未来展望

未来，光明日报客户端将始终遵循习近平总书记致光明日报创刊70周年贺信重要指示精神，落实党中央对主流媒体推进深度融合发展的各项要求，努力把"正能量是总要求、管得住是硬道理、用得好是真本事"重要原则落在实处。

在平台建设方面，"光明号"平台将广泛邀请思想文化领域企事业单位、社会团体及专家学者入驻，依托光明日报客户端传播和技术优势，持续聚合知识界内容，努力将其建设成为科教文卫理等领域的移动新媒体优质聚合平台。

在技术建设方面，光明日报客户端将继续加大技术迭代开发投入，深入构建以客户端为核心的报社融合媒体平台，重点突破传播舆情监控、实时移动采编、数据大屏联动、内容智能审核等媒体融合关键技术，形成超高清视频处理、AI算法、大数据媒体融合技术中台，配合规范化全媒体采编流程、智能化新闻互动场景、一体化活动运营，全力将光明日报客户端打造成知识分子掌上精神家园。

第二章 河北日报报业集团：互联网思维下内容创新背后的融合发展路径

段艳文 陈旭管[①]

党中央推动媒体融合发展以来，全国各报业集团将推进媒体深度融合作为重大改革工程，分别从内容、渠道、平台、经营、管理等方面发力，初见成效。从媒体属性特点来看，河北日报报业集团既是党报，也是区域媒体。如何充分理解互联网思维，在改革大潮中挺立潮头，本文以"互联网思维"为核心，浅析河北日报报业集团的内容融合创新模式，总结融合经验，并结合实际情况探讨目前媒体融合中存在的一些问题，以期为未来报业媒体融合发展提供参考和启示。

第一节 河北日报报业集团概述

河北日报创刊于1949年8月1日，由抗日战争时期创办的《冀南日报》《冀中导报》《冀东日报》合并而成，1948年5月毛泽东主席在西柏坡题写了《河北日报》报头。1964年11月17日，毛泽东主席再次为《河北日报》题写了新报头，并沿用至今。

河北日报报业集团成立于2002年9月28日，是河北省首家新闻传媒集团。集团是自收自支的事业单位，下设54个处级部门，共有在职员工2307人，离

[①] 段艳文，中国新闻技术工作者联合会副秘书长、北京师范大学出版科学研究院特聘专家，主要研究方向：期刊转型与创新、中国期刊史；陈旭管，中国传媒科技杂志社编辑，主要研究方向：传媒融合、新媒体。

退休人员471人。现有《河北日报》《燕赵都市报》《河北农民报》《河北法制报》《书刊报》《医院管理论坛报》《采写编》《杂文月刊》《糖烟酒周刊》《河北旅游》及河北新闻网等六报四刊一个重点网站和河北日报客户端、河北日报官方微信微博、河北手机报。集团旗下华糖云商即《糖烟酒周刊》在2016年11月22日，获批在全国中小企业股份转让系统（简称新三板）挂牌，实现了河北省国有控股文化企业上市的零突破。2018年新闻宣传工作10次获中宣部表扬，中共河北省委书记王东峰5次对报业集团工作批示表扬。

为贯彻中央及河北省委关于推进媒体深度融合、打造新型主流媒体的要求，集团党委全力推进媒体深度融合。2018年拥有自主知识产权的河北日报客户端3.0版全新上线，通过强力推广，下载量达到1300万，注册用户超过512万，跻身全国省级党报新闻客户端第一方阵。目前集团全媒体覆盖用户达4200万，有效占领网上舆论阵地，被中国报业协会授予"中国报业融合发展创新单位"。

人民网发布的《2019年中国媒体融合传播指数报告》显示，《河北日报》在全国报纸融合传播力百强榜上位列第十七名，在省级党报中排名第四；在网站类排名中，河北新闻网位列第十一名，在省级党报新闻网站中排名第二；在微信类排名中，河北日报官方微信位列第三十六名，在省级党报官方微信中排名第二。

第二节 河北日报报业集团融合创新

一、加强顶层设计 正确理解互联网思维

纵观近年来媒体融合实践，从内容、渠道、平台、经营、管理层面笔者观察到：在内容生产层面从建立融媒体中心重塑生产流程到以产品思维建立新闻工作室创新新闻内容产品转变；在渠道层面从网站微博、微信到新闻客户端的建设以及各个平台开设新媒体号进行全网覆盖；在平台层面从最初为门户网站、两微账号平台"免费打工"，到创建自己的移动传播平台；在经营层面从最初依赖广告收入到实现跨行业、跨地域、跨媒体整合资源，探索多种经营策略；

在管理层面探索融合型体制机制，创新人才管理与考核机制，向一体化管理目标迈进。可以看出，媒体融合发展过程中取得了成效，但也存在一些发展误区，其中关键在于顶层设计，在于融合观念和融合思路的变革。习近平总书记多次强调"各级领导干部特别是高级干部要主动适应信息化要求、强化互联网思维，善于学习和运用互联网"。

  什么是互联网思维，如何正确理解互联网思维对媒体融合而言具有重要意义和现实必要性。关于互联网思维的理解，喻国明教授提出"互联网思维的核心逻辑是'互联互通'，互联网带来的最大改变是把过去相对割裂的、局部的、分散的社会资源通过互联互通形成新格局"①。胡正荣提出对传统媒体来说，互联网思维包含三个关键词：用户、开放和分享。②梅宁华提出"互联网思维是最彻底的革命性思维（创新），是最广泛的普惠性思维（共享），是最智慧的技术性思维（智能）"③。从学者对互联网思维的阐释发现，互联网思维是对传统媒体运营逻辑的彻底颠覆。互联网重塑人与人、人与信息的连接方式，消解不同媒介之间的边界感，真实体现"融"的理念。传统媒体对互联网的理解决定了融合路径的选择，对互联网思维的运用决定了融合进程。从互联网到移动互联网再到智能化时代的到来，传统媒体不断探索适应新技术所带来的媒体生态环境的变化，探索融合模式。如何真正全面理解互联网思维，掌握互联网基因的运营逻辑，践行习近平总书记提出的"在内容、渠道、平台、经营、管理等方面的深度融合"。本文希望通过结合河北日报报业集团的内容创新案例，从内容建设角度出发，探索内容创新背后的技术发展逻辑、用户服务模式以及全媒体时代移动传播平台建设上的创新路径。

二、内容层面：技术驱动下的内容生产方式、表现形态、生产效率的变革

  每一次信息技术的发展都会为传媒业带来深刻变化，随着网络化、移动化、智能化的发展，技术革新的速度不断加快，传媒业面临前所未有的机遇与挑战。

---

① 喻国明，姚飞．强化互联网思维推进媒介融合发展．前线，2014（10）：54-56+58．
② 胡正荣．传统媒体与新兴媒体融合的关键与路径．新闻与写作，2015（05）：22-26．
③ 北京市新闻工作者协会，梅宁华，支庭荣．中国媒体融合发展报告（2019）．北京：社会科学文献出版社，2019．

麦克卢汉认为，每一种新技术都产生一种环境，环境不仅是容器，而且是使内容完全改变的过程。①当今时代，内容与技术之间的联系越来越紧密，一方面新技术诞生催生出新的内容生产方式、新的内容表现形态、新的内容表现手法；另一方面在内容建设过程中，新的媒体业务发展需求也在不断催生技术在传媒业中的创新应用。在内容层面如何践行"内容建设为根本，先进技术为支撑"，通过智能化技术实现内容创新，提升内容生产效率，实现信息与用户之间的互联互通。从河北日报报业集团的内容建设路径分析，总结党报媒体在技术助力下的内容融合实践经验。

在内容生产平台建设上，2016年9月，河北日报报业集团建成使用内控型"中央厨房"，整合报社资源形成一支队伍，进行一体化管理、指挥、调度。2020年6月，河北日报报业集团进一步对"中央厨房"进行升级改造，在智媒体中心建设项目中打造适应于5G环境下的音视频生产发布体系。2020年8月为抓好县级融媒体中心建设，解决县级融媒体平台建设中的痛点、难点建成县级媒体融合微服务云平台，快速对接各县级融媒体中心及其分中心，打通报、台、网、号等各个传播渠道，实现一次生产多端传播的媒体一体化管理。快速建设或对接各县级融媒体中心及其分中心，实现内容、服务、数据、用户资源的共享共用。目前该平台已经在承德市双滦区、石家庄市赞皇县、石家庄市正定县、邯郸市融媒体指挥中心等地区投入使用并取得一定成效。河北日报报业集团从"中央厨房"建设过程中整合报社内部资源，到5G环境下，升级技术平台为内容创作赋能，再到通过大数据、云计算等技术，建设微服务云平台，整合全省媒体资源，打通最后一公里，实现全省媒体资源的互联互通，可以看到河北日报报业集团从内部融合到外部融合，不断突破边界，不断创新融合的发展道路。

在内容分发平台建设上，通过一报一网两个平台，明确报纸和互联网的不同定位，做内容供给侧改革，实现双平台之间的优势互补。其中报纸发挥传统媒体的优势，重点打造深度报道与新闻评论。互联网平台以用户思维为核心突出时效性、服务性功能。例如通过河北日报官方网站的"阳光理政""阳光执信"栏目突出政务属性，提供便民服务。在移动互联网方面，以微信公众号和

---

① 李良荣,辛艳艳.从2G到5G：技术驱动下的中国传媒业变革.新闻大学,2020（07）:51—66+123.

微博突出快讯和视频报道，其中公众号突出微服务功能，微博通过"今日报纸"链接至河北日报数字版，打通报纸与新媒体平台的互联互通。新媒体号方面，开设人民号、头条号、抖音号等，同时在自有客户端开设河北号，其中包括"政库""政务号""自媒体号""记者号"，打造具有自身特色的新媒体号。其中自有客户端以"实时、深度、观点"为理念，在"头条""战疫""财经""文娱"等栏目突出时效性，实时更新最新报道；在"观点"栏目中以时评、政论、锐评等方式围绕重大议题与百姓关心热议话题主动设置议题，发挥党报舆论引导力；特设"京津冀"栏目加强地方联动，打造本土特色。总体而言，通过不同平台的传播特点与内容特色相结合提升主流媒体的传播力、引导力、影响力、公信力。据2020年人民网研究院研究发布的《2020全国党报融合传播指数报告》显示，在全国377家党报中河北日报的融合传播力排第10名，同时纸报、网站、微博、微信、自有新闻客户端等传播力均跻身前二十。[1]

在优质内容品牌打造上，河北日报报业集团重拳打造报社优势资源，在互联网平台频频开设评论栏目，以新媒体形式结合传统媒体优势，发挥舆论引导力。2018年开设的"青园锐见"微信公众号是原创类评论账号，以漫画、视频、文字、图片等形式围绕社会热点话题展开评论，内容短小精悍，重在及时引导正确的社会舆论。例如：2021年6月2日云南野象迁移的视频画面突然爆红网络，一时间网友纷纷关注野象迁移的最新动态。6月3日，"青园锐见"微信公众号以《一路"象"北：这一波流量增不得》为题，提出野象迁移爆红网络后的隐忧：象群可以"出圈"，围观不能出格，意在及时引导网民理性关注象群迁移，保护生态文明。2020年推出的原创短视频栏目《值班老总读报》，由河北日报值班副总编辑轮流担任主播，围绕热议话题进行点评，每期视频3分钟左右，视频下方附文字版本，每个视频右侧附音频播放入口，满足用户多元化阅读需求。首期节目上线短短6小时，全网点击量达到70余万。除此之外，河北日报客户端《锐评》专栏、河北新闻网《慷慨歌》评论专栏同时联动打造报、网、端、微全媒体矩阵中的新闻评论特色，发挥传统媒体的新闻评论优势，围绕社会热点、百姓关切主动设置议题，及时通过多元化的表现形式牢牢把握正确的舆论引导，宣传正确的价值取向，引导社会舆论。

---

[1] 人民网.人民网研究院发布《2020全国党报融合传播指数报告》.人民网－传媒频道,2020.12.24. http://media.people.com.cn/n1/2020/1224/c120837-31977898.html.

从河北日报报业集团在内容层面的融合实践特点来看，以"技术＋内容＋用户思维"的模式，积极借助新技术应用整合内外部资源，创新内容产品，以多元化呈现方式满足用户需求。借技术之船，携报社优势本领，为用户奉上多元化的信息大餐。但是在内容运营方面还需要进一步加强用户思维的建设。以"青园锐见"微信公众号的运营为例，目前"青园锐见"微信公众号存在更新时间不固定，更新频率低，且缺乏用户互动等问题。新媒体与传统媒体最大的不同在于新媒体的互联网属性，使其天然的与用户有更加紧密的联系。所以抓住用户痛点，与用户及时互动是新媒体运营的关键。例如：新华社官方微信号"刚刚体"的诞生，因其生动活泼的网友互动留言瞬时间登上热搜，后台留言数据显示接近7万条，在社交媒体上形成刷屏式传播，一篇文章增粉约50万。传统媒体在转型过程中对内容做供给侧改革，首先要打破传统思维，深刻研究互联网基因，吸引用户，建立用户连接。优质内容固然重要，但用户运营也很关键。

三、服务层面：如何做到"坚持以人民为中心的工作导向"为用户服务

2018年8月21日，习近平同志在全国宣传思想工作会议上指出：坚持以人民为中心的创作导向，坚持营造风清气正的网络空间，坚持讲好中国故事、传播好中国声音。河北日报报业集团以"互联网＋"思维，融合内容、政务、电商、技术等优势资源，以用户为中心，舆论为导向，发挥党媒作用，打造服务型媒体。

在内容服务上，发挥党媒优势，突出政务属性，强化服务功能。2010年上线的"阳光理政"通过"互联网＋媒体＋政务"模式为用户提供政务服务。用户可以在官方网站、河北日报新闻客户端、"阳光理政"小程序等多个渠道24小时随时留言。"阳光理政"分为投诉、咨询、建议、求助、感谢信五大类型，可以通过文字、图片形式形式进行留言，2020年新增视频投诉功能，并在特殊时期通过直播访谈的形式为网友答疑解惑。目前"阳光理政"已汇聚省市县乡四级5000多家党政部门和民生热点单位，形成覆盖全省的网络问政体系。

除了在常态化栏目中突出党媒为民，在特殊时期，通过"互联网＋媒体＋

电商"模式解群众燃眉之急。2020年在新冠肺炎疫情期间，河北日报报业集团携手阿里巴巴集团合作推出"战'疫'有我——助农在行动"线上活动。农户可以通过河北新闻网、河北日报客户端、河北日报微信公众号进入活动专区登记相关信息，消费者可以通过天猫正宗原产地、聚划算百亿补贴等入口参与助农活动。河北省赵县谢庄乡董庄村的梨农刘建星通过"战'疫'有我——助农在行动"线上活动平台上传鸭梨信息，被推荐到淘宝聚划算爱心助农平台，上线一天售出28485斤鸭梨。活动进行仅20天时间，共帮助农户售出滞销农产品15万余斤，销售额达180余万元。

整合地方资源，讲好河北故事。通过"互联网+媒体+文旅"打造特色地域文化，突出河北人文风情。2019年5月河北日报报业集团推出《大河之北——河北自然地理解读》系列全媒体报道。2021年4月全媒体读物《大河之北》正式出版发行，全书约40万字、200余幅图片，其中包括总述篇、平原篇、山地高原篇、森林草原篇、河湖水系篇、海洋篇六个章节，从短视频、音频和文字三种方式全面解读河北人文山川之美。

河北日报报业集团在服务层面，通过常态化栏目设置以及在突发事件中积极探索"互联网+"模式，肩负党媒责任，为互联网用户、河北百姓、河北省文旅事业发展发挥媒体优势。

四、技术层面：从技术支撑向技术引领持续迭代升级

5G、大数据、云计算、人工智能等技术的发展驱动传媒业发生深刻变化。过去传统媒体中的技术部门主要发挥保障作用，但从近年来媒体融合实践来看，随着技术发展速度加快，对传媒业的影响不断深入，传统媒体中的技术部门越来越发挥出重要的支撑作用，甚至是引领作用。2020年9月，中共中央办公厅、国务院办公厅印发《关于加快推进媒体深度融合发展的意见》，明确提出"以先进技术引领驱动融合发展"。媒体融合发展是一次以技术创新为引领的媒体变革。

2016年，河北日报报业集团完成全媒体平台建设并正式上线运行，通过业务平台和技术平台双平台，辅以集团全员全媒体采编机制和集团媒体"1+X"联动机制双机制打造适应全媒体发展的生产流程和运行机制。随着移动化、智

能化趋势的发展，河北日报报业集团将两微一端和网站全部纳入全媒体平台系统，通过大数据、人工智能等技术进一步强化新闻策采编发评全流程的改造升级，通过新技术应用驱动内容生产方式和内容表现形态的变革。

但是从河北日报报业集团的技术应用情况来看，大多数新闻报道仍停留在文字、图片、短视频、音频层面，在智能化技术的应用与内容产品的打造上有些欠缺。与商业化平台相比，技术层面的建设仍然是目前传统媒体转型过程中的短板，但也不乏创新案例值得区域性媒体集团学习。例如：浙江日报报业集团的"媒立方"项目将内容数据、流程数据和用户数据全面集中在大数据平台，打通数据层面的互联互通，为内容生产与传播提供数据服务。突出智能化属性的新闻客户端封面新闻积极引入互联网算法，早在2015年就开始自建技术团队自主研发适合主流媒体应用的算法模型，其中包括内容质量、内容分发，内容传播、内容生产四类，赋能新闻生产的各个业务需求。

随着智能化时代的到来，数据越来越成为重要的媒体资源。2021年《中华人民共和国国民经济和社会发展第十四个五年规划和2035年远景目标纲要》中提出要"迎接数字时代，激活数据要素潜能，推进网络强国建设，加快建设数字经济、数字社会、数字政府，以数字化转型整体驱动生产方式、生活方式和治理方式变革"。传统媒体在技术平台建设中要充分意识到数据价值的重要意义，整合数据资产，挖掘数据价值，打造智库型媒体集团。

从传统媒体技术平台建设的优秀案例中可以总结出如下特点，可供传统媒体技术平台建设提供一些参考与启示。一是注重互联网思维与用户思维，以用户为中心，研发设计产品；二是重视自建技术团队与核心技术自主掌控；三是积极引入互联网技术人才，将传统媒体技术人才与具有互联网基因的技术人才进行整合，实现新闻业务与互联网研发相融合，打造适用于主流媒体的技术支撑平台。

五、平台层面：打造自主可控的传播平台

过去多数传统媒体将转型的重心放在生产平台的再造上，形成"中央厨房"、融媒体中心为代表的内容生产平台，而忽略了传播平台的打造。2019年在中共中央政治局举行的第十二次集体学习时，习近平总书记强调：要坚持移动优先

策略，建设好自己的移动传播平台，管好用好商业化、社会化的互联网平台。这为传统主流媒体的传播平台建设指明了方向。传统主流媒体在建设传播平台中，如何做好顶层设计？首先是移动优先，其次是自主可控。

河北日报报业集团以河北日报客户端为重要抓手，实施移动优先战略。2017年4月，上线了拥有自主知识产权的河北日报客户端，2018年8月全新改版的3.0版正式上线，截至2021年7月河北日报客户端已经升级到4.0版本。其中包含头条、战疫、时政、观点等21个频道，开通政库、政务号、自媒体号、记者号等订阅号，集纳河北日报数字报、文字、视频、图片、音频等多种形式的内容报道。其中最具特色的是开设"京津冀"频道，以及用户可以在客户端中自主选择切换区域，了解河北省各地区的新闻。通过"阳光理政""互动""我要爆料"为用户提供政务服务和答疑解惑。河北日报报业集团作为党媒、区域性媒体充分发挥本土化优势，集纳整合内容资源、社会资源、政务资源等打造移动综合服务平台。

过去传统媒体在挺进互联网主阵地中存在一个重大的误区是将自有的原创内容免费供给了商业平台，导致流量、用户的流失。但是从媒体融合发展进程来看，传统媒体不断探索的过程也是对互联网思维不断深化的过程。随着大数据、人工智能技术在传媒领域的应用，越来越多的传统媒体意识到数据资源的重要性，而用户资源、数据资源的开发和利用，关键在于要将用户吸引到自有的主流媒体平台上，只有掌握终端数据，媒体才能更加了解用户痛点，在内容生产中对用户需求、使用习惯、消费场景有更深入的认识。河北日报报业集团创建的新闻客户端除了重点打造本地新闻信息外，还充分发挥自身优势打造具有服务功能的品牌栏目，同时所开设的自媒体号，虽然尚未入驻自媒体，但已经具备开放性意识，主动拥抱用户内容生产。

在平台层面建设上，河北日报新闻客户端通过优质内容、服务意识吸引用户，进而在自有平台上获得流量、用户、数据，再通过大数据、人工智能技术等整合数据资源，进行数据分析，激活数据资源，打造互联互通的移动传播平台，更好地服务用户。

第三节　河北日报报业集团内容融合创新背后的不足与对策

当今传媒格局发生了深刻变化，信息技术带来了颠覆性变革，传统媒体要深刻理解互联网思维，了解用户在哪儿、用户需求是什么，如何包装打造内容产品形态吸引用户等一系列围绕用户展开的媒体信息服务，开启一场自下而上的自我革命。

一、重视技术研发，打造智能媒体

5G、大数据、人工智能、物联网、区块链等新一代信息技术越来越成为传媒业发展中重要的支撑力量之一。从近年来两会报道的创新实践来看，智能化技术的应用越来越成为新闻报道中的有力武器。2021年人民日报社AI编辑部2.0融合云上精编、智能审核、智能海报、多模检索、一键特写五大全新AI能力，结合"5G+边缘计算技术"，共同推动全媒体两会报道提质增效。新华社智能化编辑部推出全球首个5G沉浸式多地跨屏访谈、新立方智能化演播室、升级版AI合成主播科技感十足。中央广播电视总台围绕"5G+4K/8K+AI"战略，广泛运用8K、AI、VR等新技术，创新报道模式，打造新媒体产品矩阵传播，引领新型主流媒体的视听传播。智能化程度将成为未来媒体的核心竞争力。

二、重视品牌打造，开发优质IP

在"酒香也怕巷子深"的互联网时代，优质内容也需要流量加持。如何增强主流媒体的"网感"输出主流价值？观察近年来主流媒体成功"出圈"的案例来看，一是"网红"记者，形成流量IP带动优质内容传播。例如，2020年中央广播电视总台记者王冰冰以甜美的笑容打破了大众对央视记者的刻板印象，突然爆红网络，B站上一条《总台记者王冰冰："快乐小草"，再也不用担心会"秃"了》的环保视频登上B站热搜榜第一名。此后王冰冰主持的新闻节目多次登上热搜，网友纷纷表示"央视掌握了收视密码"。二是用"网言网语"输出主流价值。例如新华社官网微信常常因生动活泼的"网言网语"吸引年轻受众。例如：以"原来你是这样的'太空快递小哥'"为题报道天舟二号发射的科普视频、以"这个网红民俗村'帅不过三秒'说关就关"为题反思白鹿原民俗文化村荒废的原因。从上述案例来看，打造优质内容需要不断探索创新理念，适应互联网变化，为优质内容加注流量砝码。

河北日报报业集团作为省级地方主流媒体，在优势资源整合、用户服务、优质内容打造等方面，在突出本地特色，挖掘本土资源方面具有可借鉴参考之处。总体而言，从河北日报报业集团的媒体融合实践来看，以技术支撑生产优质内容，以优质内容吸引用户，以移动化传播平台留存用户，服务用户，通过技术驱动，实现内容、用户、数据与平台之间的互联互通，把握互联网思维，打造全媒体时代的新型主流媒体。

第三章 看看新闻 Knews：
以优势融合 以融合突围

张旸 [①]

本研究聚焦上海广播电视台融媒体中心的融媒体品牌看看新闻 Knews，以其最具融合特质，也最显示创新元素的内容作为研究重点也是切口，来研究传统广电类媒体如何进行融媒体方向的转型和发展。本研究分析了看看新闻 Knews 的内容特质：一是以时政新闻为根基，极大地发挥优势；二是以融媒体表达为轴，全方位以融媒体思维生产和传播；三是以流量视频为体，有效适应和利用好新媒体元素和渠道。研究认为整体上看看新闻 Knews 的内容生产都颇具创新形态，并符合媒介融合的发展框架，因而走在了传统媒体融媒体转型的前沿，一是从内而外尝试打破媒介间的壁垒，二是从传播范围上尽可能突破受众的圈层，三是从传播效果上一定程度上克服了信息茧房的束缚。

第一节 看看新闻 Knews 的概况

看看新闻 Knews，于 2016 年正式由上海广播电视台融媒体中心全力打造出品，沿用了上海广播电视台原有的新闻网站"看看新闻"的名称，逐渐打磨成为具有标杆性质和前沿水准的原创视频新闻品牌。看看新闻 Knews 新闻客户端已经成为具有鲜明特质和优势，以及具有品牌效力的官方新闻客户端。

[①] 张旸，中国人民大学新闻学院博士生，中国科协创新战略研究院博士后，研究方向：新媒体、数字出版、出版史、科学传播。

截至 2021 年 9 月 1 日，看看新闻 Knews 的微博粉丝量已超过 1500 万，获得了超过 7000 万的转评赞，视频累计播放量超过 40 亿；抖音客户端的粉丝数超过 1300 万，发布视频作品超 1.5 万，获赞超过 4700 万。从一定程度上可以说，看看新闻 Knews 作为依托传统广电媒体的融媒体品牌，不仅在各地方广播电视台的融媒体转型中脱颖而出，其平台的影响力和受众的认可度在整个新媒体领域也占有重要的一席之地。

看看新闻 Knews 值得学习和研究的融合发展路径，其实是全方位、全过程、全界面的，既包括以全方位适应媒介融合为目的的组织平台架构改革重组，也包括以全过程实现媒介融合为导向的生产传播各项资源优化配置，还包括以全界面推进媒介融合为牵引的思维行动模式方面的破旧立新，等等。而内核中的各种激烈碰撞，最终会通过融合成果凸显出来，具有融合特质和创新元素的内容就是其中显示度最高，或者是最容易识别的成果。但也正是看看新闻 Knews 颇具创新形态和符合融合框架的内容，在促动支撑内容表现的各个部件、各个环节不断调整和改进。换句话说，内容上的融合创新既是高度融合的结果，也是推进融合的动能。

第二节　看看新闻 Knews 的内容特质

媒介整体生态不再是线性可循的自然演进，而是随着新技术的更替以及信息社会的进程跳跃式、发散式的发展，对于传统媒体而言，融合是业态转型驱动下的必由之路，也是互联网时代的生存之道。看看新闻 Knews 是上海广播电视台融媒体中心的力作，它在对自己的说明中就清晰强调——"新闻是它的核心，视频是它的特性，直播是它的亮点"。从整体上来看，内容上的融合创新作为看看新闻 Knews 赢得市场竞争的关键所在，它所呈现出的种种特质，都呼应了它深层融合的思路和力度。

一、以时政新闻为本

就像有的学者所言，中国电视行业的融合"是创新与坚守的辩证发展过程"[1]。简单说，创新意味着求变，坚守意味着不变，但无论变与不变都是为了在新的媒介环境和市场竞争中谋求自身位置和可持续性发展，创新是为了追求核心价值发挥的变，坚守是为了放大优势力量的不变，其本质目标是一致的。

传统官方媒体的根基就是新闻，不是新媒体语境中泛在的、广义的信息和资讯，是传统意义上对新近发生事实的及时、准确、专业的报道。对于看看新闻 Knews 而言，既从自身官方媒体这一属性定位出发，也从市场化的角度进行了深度思考，坚守住新闻这一根基，也就是守住了基本优势和核心竞争力。在眼花缭乱的互联网网站和功能繁多的移动客户端中，看看新闻 Knews 的界面表现始终聚焦新闻，无论是网页页面还是移动客户端显示的板块设置、滚动头条，以及热榜，都呈现出主流媒体对待新闻的严肃态度和传播新闻的专业姿态。

看看新闻 Knews 的国际报道视野开阔、立场鲜明、观点犀利、素材丰富。例如，2021 年看看新闻 Knews 持续关注阿富汗局势，既第一时间报道当地时局、各方表态和相关动作，还迅速传递中国政府的官方立场和回应，也及时翻译并解读外媒的最新消息，提供历史背景信息以及互联网各类线索进行补充，由此形成了备受关注的"阿富汗局势骤变"专题，并依旧不断更新最近消息。此外，看看新闻 Knews 还向新媒体端延续了东方卫视的国际时评栏目《环球交叉点》，在网站和移动客户端都设立了"交叉点"板块，以视频方式对国际热点进行分析和探讨，使得扎实、多维的国际新闻成为看看新闻 Knews 的一个强势项目。

看看新闻 Knews 对于国内要闻的报道求准、求精、求新，形成了较为显著的特色，并且依然在锐意创新。例如，围绕三星堆的最新考古进展，看看新闻 Knews 一则对三星堆的发布会做现场报道，二则持续性发布三星堆的考古新发现，三则深入采访了解三星堆的考古工作，四则拓展策划"三星堆的新猜想"专题，探寻三星堆所蕴含的古蜀文化。此外，看看新闻 Knews 作为上海本土孕育的融媒体品牌，极为注重对上海的侧重性报道，在有关三星堆的新闻中还专门就考古工作中的上海力量进行了报道。

---

[1] 廖祥忠. 从媒体融合到融合媒体：电视人的抉择与进路. 现代传播－中国传媒大学学报, 2020, (01)：1-7.

看看新闻 Knews 对于上海本地新闻的各类报道更是细致全面，既着眼于上海发展的顶层设计，例如上海"十四五"规划对于综合性节点城市的设立，还有提升上海城市软实力等；又落脚于上海社会的方方面面，包括在上海举办的各层次会议，上海市各类民生近况等。上海两会期间，看看新闻 Knews 更是两会新闻报道和两会精神传达的主力。

就像有的学者所言"如果没有高质量的新闻信息，全媒体也就没有了内核，即使形态上融合了，也会是没有灵魂的空壳，或者只是谋取利益的工具"[①]。从总体来说，看看新闻 Knews 在根本上坚持了主流媒体融合发展转型的初心，以新闻为本，以新闻为根基。

二、以融媒体表达为轴

当看看新闻 Knews 面向整体的媒介市场而言，仅仅依靠传统优势资源并不能实现最终的突围，尤其是在移动互联网完全颠覆了人们获取信息的习惯，甚至完全渗透进日常社会的方方面面时，如何找准发力方向并把握好改革尺度是所有传统媒体面向新媒介市场转型的困境所在。而看看新闻 Knews 在一定程度上做到了将"硬"新闻"软"落地，其新闻内容自然而然地嵌入受众的日常信息接收和媒介使用当中，也就必然赢得了受众和市场。看似不经意的嵌入其实是以精心设计的新闻表达为途径的，而设计来自于对新闻表达的解构，克服了传统媒体在融媒体转向中的两个主要痛点。

其一，看看新闻 Knews 的内容生产并不是完全新媒体朝向的，而是融媒体朝向。区别在于，融媒体意味着传统渠道和新媒体渠道是平等的，新闻生产制作单位是一体的，从采到播的各个环节工作是联通的，服务于一个品牌的意识也是共同的。在此基础上，上海广播电视台融媒体中心真正做到了融媒生产，作为新闻生产制作平台，如其所言做到了"你中有我，我中有你""你就是我，我就是你"。看看新闻 Knews 团队主要由东方卫视新闻团队和上海电视台新闻团队组成，而看看新闻 Knews 团队原创的新闻内容分别在三种渠道发布，东方卫视的新闻节目基本由其生产制作，IPTV、手机电视和 BesTV 互联网电视三大平台设有其新闻专区，看看新闻客户端更是其聚合传播和品牌塑造的核心平台。

---

① 陈昌凤.以全媒体战略构建新时代传播体系.新闻战线，2020，（05）：37-38.

由此，融合本身成为新闻生产的向心力，传统模式和新媒体模式过分割裂的局面得以改善，更能保证合适的内容流向适合的屏幕，相互补充和促进，同时加固了看看新闻 Knews 这一品牌的知名度和影响力。

其二，看看新闻 Knews 的内容呈现兼具主流媒体话语姿态和市场化融媒体思维。官方新闻媒体在新媒体环境中的生存和发展其实从根源上是水土不服的，无论从传播向度，还是从传受关系，乃至话语权和媒介活跃性等角度来看，看看新闻 Knews 必然面临官媒属性和市场化新媒体表现的调和，也面临生产过程中时政新闻的严肃性与新媒体语境泛娱乐化的矛盾。看看新闻 Knews 的处理方式是顺应新闻传播规律，了解和尊重观众、用户的真实需求，不落传统时政新闻生产窠臼，也不盲目追逐互联网狂欢，因其格局开阔、立场端正、态度明确、数据精准、报道及时，彰显了老牌主流媒体的权威性、专业度和国际化，也因其生动、丰富、人性化、多元化的综合媒介语言，显示出高度的市场适应性和友好的用户体验感。

看看新闻 Knews 以融媒体表达为目标，内容途径呈多元化，同时内容也被立体化建构。例如，2021 年关于"神舟十二号"载人飞船送 3 位航天员进入空间站的报道，既有大小屏同步进行的现场直播，特别专题策划，以及常态化的视频新闻报道，也有高度配套的各类新媒体产品——图文消息、短视频、H5 等，形式上丰富多样，大小屏联动互补，可以说做到了全景化、立体化呈现。内容上既包括从载人飞船的发射升空、交会对接空间站到航天员入驻空间站的过程性直观报道，也包含航天员背后故事的讲述，以及还有由航天播报经验丰富和航天知识积累深厚的主播臧熙，在客户端以"臧 xixi 说航天"为系列解答载人飞船和空间站的相关知识，内容层次分明、角度全面，不失专业水准，也不乏趣味性和互动性。

传统媒体在媒介融合的大势中转型和立足，不是要实现自身的全能化，而是要适应新媒介技术发展的多元化，也就是能够包容各种技术手段，能够对接各类媒介产品，能够形态上做到多媒体生产和传输，概念上贯彻真正的融媒体思维。所以，真正意义上的融媒体思维所构建的表达是看看新闻 Knews 能够保持应有姿态，发挥自身优势，且得到充分认可的轴心。

三、以"流量"视频为体

短视频、直播等新的以流量为导向的视频是看看新闻 Knews 的输出载体，并以此形成了自身特色，既在传统媒体的新媒体品牌中成为佼佼者，也在众多以短视频和直播为主打的移动平台中享有重要的话语权。这是市场注意力趋势下的顺势而为，但是顺势并不意味着随波逐流，而是借势而为。

短视频已经成为近年来发展势头最猛，用户拓展速率最快的网络信息载体。依据中国广视索福瑞媒介研究发布的《2020年短视频用户价值研究报告》，10岁及以上网民观看短视频的占比约为91.2%，总体规模已经上升至大约7.92亿人。诸多主流媒体都期望借助短视频的火爆，选择各大短视频平台进行新闻内容的发布，并激烈抢占平台头部位置，这已经成为主流媒体进行媒介融合的重要环节甚至必经之路。看看新闻 Knews 与此不尽相同的是，更倚重自身品牌和自有平台，将看看新闻客户端打造成以短视频和直播为特色的新闻平台，所以其品牌的新媒体表现与整体融媒体品牌塑造是同步一致的。独立自主的客户端对于内容生产和传播而言，意味着更高的自由度和更大的发挥空间，虽然存在平台整体的覆盖面和影响力的制约，但能够不唯"流量"是从，进行更优质的内容产出。同样根据索福瑞的数据，2020年，上海广播电视台蝉联省级台新闻融合传播指数榜榜首，并且在所有省级台中贡献了近五分之一的短视频流量，而看看新闻 Knews 就占其中七成。

看看新闻 Knews 的视频制作班底是经验丰富、积累深厚的东方卫视和上海电视台的新闻团队，所以视频制作本身是极为专业和熟练的。与此同时，上海广播电视台融媒体中心为了"真正为短视频生产注入互联网基因"[1]，还自主研发了新的内容生产和管理系统，并以此为框架培养最适合的融媒体队伍。基于这两个重要方面，看看新闻 Knews 不仅保持着较高质量的短视频水准，且具备了能够吸引受众的短视频要素和符合新媒体传播规律的特点。

首先是视角下沉，与东方卫视播出的更偏向权威性、更代表官方立场的时政新闻不同的是，客户端发布的短视频是从更生活化、更利于受众接受的角度切入同样的主题。前面提到国际新闻是看看新闻 Knews 的强势板块之一，阿富

---

[1] 聂鑫焱."做活棋眼"：以短视频推动融合发展——以上海广播电视台"看看新闻 Knews"为例. 传媒，2021，（04）：26-27，29.

汗局势报道的短视频中，有一条独家报道热度颇高，即"阿富汗生活秩序开始恢复，市民：大家不怕塔利班了"，通过阿富汗街头青年的实拍呈现美军全部撤离当天阿富汗喀布尔的实际状况，生活化的场景，鲜活的个体，让受众能够更直观感受到阿富汗当地的真实情况。

其次是标题颇具"引流"性，但不"标题党"。例如，看看新闻Knews的独家短视频——"这家企业何来底气，竟将罚它的行政部门告上法庭"，成功吸引了点击阅读成为热门视频，短视频内容清晰、逻辑顺畅、采访扎实，既突出了法律法规的公平公正，也凸显了食品安全的监管严格。

最后是短视频发布更具人性化设计。从短视频整体结构来看，不论是使用自采视频，还是采用已有视频进行编辑，都注意画面语言的清晰、合理和顺畅，在更简洁和口语化的基础上，合理突出个性。从客户端的短视频发布来看，短视频下辅以图文能够兼顾各类阅读习惯，扩大传播效果。

直播也是"流量"视频的突出形态之一，而看看新闻Knews的直播正是其一大亮点，这同样是在以资深电视媒体为依托的优势基础上不断创新突破所形成的。现在提到直播第一反应往往是网络直播，但其实直播原本是电视作为强势主流媒体时最具独特吸引力的一大特征，信息密度之大、专业要求之高、应急情况之复杂，使得现场直播成为电视人必须面临又压力重重的高难度考验。然而，进入新媒体时代，"大屏"直播与"小屏"直播存在着极大差异，不仅是传播形态上的差异，更多的是传受关系和互动习惯上的差异。看看新闻Knews克服了传播者视角和引领者角色，以拟沉浸式视角和对话者角色来完成各类大型活动、重要事件、时事热点的直播报道。另外，看看新闻Knews依靠独一无二的资源优势，打造了独特的24小时上海景观直播——"上海这一刻：陆家嘴"和"上海这一刻：魔都眼"，东方明珠、黄浦江、外滩等代表上海的景象都通过位置极佳、清晰度极高的直播被看见，也成为看看新闻Knews的常态招牌。

像上海广播电视台融媒体中心副主任、看看新闻总编辑陶秋石所言，新闻价值与传播价值并非等价关系，有新闻价值的未必能够被广泛传播，而传播流量大的也未必有新闻价值，主流媒体的融合转型，就是要尽量把交集做大，一来不能故步自封，二来不可坠入"流量陷阱"[①]。

第三节　看看新闻 Knews 融合创新的经验和成效

看看新闻 Knews 自 2016 年正式开启以来，以较快速度完成了自身的升级和优化，不管是整个媒介市场给予的反应，还是整个社会环境提供的反馈，都说明其产生了正面的影响力和积极的作用力。这种影响和作用其实已经不再是停留在表面的受众规模、点击率和互动频次等媒介场域中备受重视的数据上，而是在媒介发展的历史节点上，作为具有融合转型代表性的传统主流媒体产生的深层效应。

当然，这种效应不是由一家媒体、一个平台或者一个集团单独所带来的，但具有前沿性、代表性的媒介品牌往往扮演着先锋队的作用，既在一个阶段取得了成果性胜利，也是为未来发展的方向、趋势和可能性投石问路。看看新闻 Knews 在内容融合创新上的有效尝试确实在媒介融合发展的议题中提供了一些参考答案和前沿思考，尤其是针对打破壁垒、挣脱束缚有着一定的价值和意义。

一、媒介间的破壁共通

媒介融合从根本上可以被认为是信息革命的产物。随着计算机和通信技术的发展，原本界限清晰、各司其职的各形态媒介边界逐渐模糊，领地逐渐融合，由此，媒介融合的概念作为一个趋势现象，也是一个目标命题被提出。国外有学者从媒介的历史演进与内涵解析的角度出发，认为"媒介融合可以被理解为一种交流与传播实践跨越不同的物质技术和社会机构的开放式迁移"[②]。也可以认为，就媒介本身的发展方向而言，实现媒介间壁垒的消融，实现无障碍的连接和共通是媒介融合要达成的其中一个理想性的结果。看看新闻 Knews 正是

[①] 陶秋石.传统电视新闻如何在移动端取得突破——以看看新闻 Knews 为例.视听界，2021，（04）：26-27，34.

[②] 克劳斯·布鲁恩·延森.媒介融合：网络传播、大众传播和人际传播的三重维度.上海：复旦大学出版社，2014：17.

在朝破壁共通的方向迈进，也取得了阶段性的成效。

媒介壁垒的存在很大程度上并不是技术性壁垒，而是社会文化壁垒，尤其是对于传统主流媒体而言，在融合转型的过程中"文化性障碍表现得越来越突出"[1]。看看新闻 Knews 是以上海广播电视台为依托和基础的融媒体品牌，传统的广电文化和主流媒体气质是一脉相承的，但其不仅较好地消解了媒介文化"基因"里携带的壁垒，还让内容能够在媒介间无障碍地流动起来。

首先，看看新闻 Knews 较好地建立了媒介无界限的概念，从思维上打破了固有的观念壁垒。一是从原本强势的传播主体的位置走下来，从而适应整体的传受对等化、媒介扁平化等特征的新媒介生态，也就能开放、包容地自我重塑和打破界限。二是没有将无界限认定为无差别，既能够清晰认知各类媒介的固有特性，也能深切了解自身的优势所在，不至于在转型发展中失去差异性和辨识度而淹没于浩瀚的新媒体大潮。

其次，看看新闻 Knews 在平台内部实现了一体互通。受众和用户对于上海广播电视台和看看新闻 Knews 已经具有了一体性的认知，既将对东方卫视等老牌电视台的收看习惯和信任好感延续至移动客户端等新媒体平台，也将对看看新闻 Knews 小屏的新常态化使用和满足投射至大屏，一方面是能够互相引流，另一方面也在内部建立了破壁互通的一体格局，大小屏互补共赢。

此外，看看新闻 Knews 让不同媒介成为内容的共同载体，为内容传输和信息交互服务，最大程度实现了内容可流动。一是从生产上打破了传统的形式限制，之前也提到，多样化使得内容更多元化，也就更具灵活性。二是从素材上开源，只要能够更准确、更有效地表达，就应该更开阔、更广泛、更无界地合理规范利用各类资源。三是让内容能够在更多的平台和渠道中流通，主动建立社交媒体、短视频等平台账户，让内容有更多的分发途径和分享机会。

"媒介即讯息"，媒介融合意味着内容也被新的媒介形态重构，反言之，内容上的融合和流动也能够极大程度说明媒介的无界和互通。看看新闻 Knews 以内容为突破口，跨越文化障碍，由内及外打破媒介壁垒，为传统媒体以媒介融合为导向的转型提供了思路和模板。

---

[1] 彭兰. 数字时代新闻生态的"破壁"与重构. 现代出版，2021，（03）：17—25.

二、传播端的破圈共振

社会结构决定了社会关系，社会关系形成了各种社会圈层，所以说圈层在任何社会阶段都是显在和必然的，但互联网和信息技术确实赋予了社会圈层新的内涵和边界，"在关系、文化、技术三种力量的共同作用下，人们会被各种不同的圈子所'圈住'"[①]，社会圈层也愈发精细化和碎片化，而身处各个小圈层的个体同时拥有了更丰富的媒介选择权。

这对于进行普遍性大众传播的传统媒体而言，不仅意味着所面对的受众不再拥有能够归纳出的较为统一的群像，而是属于一个一个不同属性、不同层级的圈子，还意味着身处不同圈层的受众不再是被动的信息接收者，而是凭借自身的圈层特质和兴趣所系选择媒介和过滤信息。所以，想要吸引更多的受众，想要达到理想中的覆盖范围，传统媒体必须要"出圈"。

看看新闻Knews是将原本的受众转化为目标用户，并且嵌入媒体生产体系中，将原本线性的传统媒体生产传播流程，转化为非线性的、立体的、以"用户动机为中心"的生产传播体系，同时适应不同传播介质[②]，从而在内容上实现破圈式的突破，产生更泛在的影响力和更广阔的覆盖面。

首先是通过巩固优势和强化板块，锁定最核心和黏性最强的目标受众。前面一直提到，时政新闻是看看新闻Knews的优势所在，也是核心竞争力，而由优势带来的受众是最具有品牌忠诚度的受众，其中大部分是原本东方卫视、上海电视台等带来的高黏性受众。因而，看看新闻Knews坚持准确、及时、客观地报道时政新闻，严谨、高频、有效地提供国际、国内和本地新闻资讯，以此建立了较为牢固的核心用户群。

其次是通过寻找到普遍关注点和共同兴趣点，吸引和发掘更多潜在受众。看看新闻Knews在报道中擅于找到适当切口进入受众的视域。一是时间上巧妙规划，短视频发布频率高的阶段为受众普遍使用手机较为密集的时间段，热点消息和话题滚动性推送和持续关注，让受众有较大机会和可能关注到看看新闻Knews。二是技术上巧妙处理，通过各种表现形式和话语手段，将枯燥、无趣、深奥或易被忽视的事件进行解构，既寻找到能够引起广泛兴趣的话题点，又深

[①] 彭兰. 网络的圈子化：关系、文化、技术维度下的类聚与群分. 编辑之友，2019，(11)：5-12.
[②] 苟凯东. 模型与路径：媒介融合的多元价值系统. 当代传播，2019，(01)：83-84.

入浅出地进行重组叙述。三是范围上巧妙扩大，不宥于传统方向和严肃角度，从受众的角度理解需求，并不时分析反馈，拓宽报道面和新闻点。

还有是内容适度交叉和大小屏合理引流，将融媒体一体化转化为受众群一体化。看看新闻 Knews 的传统媒体渠道和新媒体渠道所面向的受众圈层是复杂交织的，因而其并没有进行过度用户分层和针对性传播，而是尽量通过内容交叉组合实现普遍吸引力、较强可读性，"硬"内容"软"化，市井内容又升级为深刻的社会问题等。与此同时，看看新闻 Knews 在内容分发上很好地平衡了大屏共享式的收看和小屏个人化的阅读，并常态化互相引流和共建品牌，使得内容生产上的融合真正将分属不同圈层的受众变为较为统一的用户群。

三、受众群的破茧共情

随着信息技术的进步和普及，通过算法进行个性化推荐进一步固化了用户对周遭的特定认知，强化了刻板印象，也就减弱了用户的广泛求知欲，从而形成了"信息茧房"[①]。"信息茧房"不是单纯的信息被阻隔，而是更进一步的思维被固化，所以即使信息覆盖也不意味着信息被接收，更不意味着内容被准确理解和被正确消化。

大屏时代的受众被传统媒体的议程所设置，受新闻"把关人"深度影响；小屏时期的用户被"信息茧房"所限制，被算法和大数据无形支配。即便是同一议题，不同的受众所接触到的信息角度和内容偏向度都存在巨大的差异。

对于主流的传统媒体而言，无论是在大众媒体高高在上的时期，还是在今天大众媒体呈现出一定颓势的互联网时代，总是必须面向最广泛的受众群体，尤其是对中国主流的传统官方媒体而言，还承担着"喉舌"和引领意识形态等责任。看看新闻 Knews 在破茧上做出了积极尝试也取得了一定的成效，认识到对于信息获取和认知而言，抵达是第一步；引起共鸣、引发思考是第二步。上一节所述的"破圈"，更多的意义就是做到信息最广泛的抵达，而引发共鸣、引发思考的"破茧"是看看新闻 Knews 更进一步的成效。

首先是全方位、多角度的信息浇灌，呈现出事物的一体多面，其一是让受

---

① Bücher T. Want to be on the Top? Algorithmic power and the threat of invisibility on Facebook. New Media & Society, 2012, 14（07）：1164-1180. 转引自：迟聪慧. 西方"信息茧房"相关研究综述及思考. 青年记者，2021，（06）：120-122.

众能够找到合适的入口，是符合自身知识储备和理解能力的切入点，其二是给观众更清晰、更丰富的认知和思考的素材，引导其做出理性的判断。在受众群已经广泛建立的基础上，提供兼具下沉视角和宽广格局，兼具多元化和纵深性的信息，是看看新闻Knews破茧的关键。

其次是互动式、沉浸式的观念渗透，让受众在不知觉地跟随中受到潜移默化的影响。看看新闻Knews的本地新闻牢牢抓住了上海本地及周边地区的关注焦点，既解决实际问题，积极反馈民情，也将本地举办的高层次会议和活动亲民化，吸引全民参与、全民关注；国内外重大新闻善于通过大小屏同时直播等方式让受众身临其境，产生强烈的直观感受。整体作用下，受众无形中对看看新闻Knews产生依赖和信任，各种观念渗透也就顺理成章。

另外是平等化、启发式的思维引导。看看新闻Knews能够将受众放置在平等对话的位置，尊重其真实感受，也探寻其内在逻辑，在基础事实报道的基础上，通过多维度、多样化的背景介绍，以及有理有据且易引发共鸣的评论，让受众在启发中将概念消化，也将观点内化。

总而言之，看看新闻Knews通过数年的摸索，在面向打造融媒体品牌的进路中，在以内容为突破进行不断融合创新的发展中，以最大化优势特质来应对激烈竞争，并产生了积极良好的成效。

第四章　快手短视频平台融合创新研究

鲍丹禾[①]

2021年8月27日，中国互联网络信息中心（CNNIC）在京发布的第48次《中国互联网络发展状况统计报告》显示，截至2021年6月，我国网民规模达10.11亿，较2020年12月增长2175万，互联网普及率达71.6%。十亿用户接入互联网，形成了全球最为庞大、最有活力的数字社会。该报告特别显示，截至2021年6月，我国网络视频（含短视频）用户规模达9.44亿，较2020年12月增长1707万，占网民整体的93.4%。其中短视频用户规模为8.88亿，较2020年12月增长1440万，占网民整体的87.8%。

短视频是近年来十分常见的内容传播方式。虽然对于短视频尚未有一个准确的定义，但顾名思义，它是相对于传统长视频而言的。如果要下一个定义，可以这样认为，短视频是生产方式主要以智能移动设备拍摄为主，以移动客户端为主要传播平台，融合了音视频与文字等丰富的表达方式，在时间上远低于长视频的原创视频内容。

短视频的崛起虽是近几年的现象，但是却滥觞于本世纪初期。2004年，乐视网、土豆网等以用户上传内容为主的UGC视频分享网站陆续出现，这些网站成为PC时代的短视频重要平台。2012年，随着快手科技旗下的"GIF快手"转型为短视频社区，催生了第一个正式意义的短视频平台。与此同时，智能化移动终端大行其道，对PC端造成了巨大冲击。整个社会的传播风向开始转变。到了2016年，短视频发展迎来一个"风口期"。抖音、梨视频等纷纷上线，人们的社交平台发生明显变化，网民发现，通过短视频，可以更加直观、更加便捷地参与社交，不仅可以展示自己，也可以提高关注度，甚至以可视化方式

[①] 鲍丹禾，现代教育报副总编辑，高级编辑；毕业于中国传媒大学，新闻学博士，艺术学博士后；主要研究方向为媒体融合、文化产业等。

进行直播销售活动。

在短视频蓬勃发展的同时，正是传统媒体为寻找新的发展道路而摸索的时候。在新的发展时期，媒体融合是大势所趋。习近平总书记高度重视媒体融合发展，强调要研究把握现代新闻传播规律和新兴媒体发展规律，运用互联网思维，推动传统媒体和新兴媒体融合发展，构建立体多样、融合发展的现代传播体系。

在此背景下，传统媒体将融合转型视为破冰之举。众多传统媒体瞄准短视频这一新航道，着力打造"短视频+直播"的两翼齐飞的路径，开始逐步迎来新的发展契机。以《新闻联播》在快手上实现大小屏同步直播为代表，在快手进行直播的媒体越来越多。不仅广电媒体，一些日报、都市报、专业报也进驻快手，"10万+"的报纸账号和百万级、千万级的广电账号层出不穷。

快手与传统媒体的融合，对于传统媒体而言，进入了一片未曾到达过的蓝海，重新焕发生机；对于快手而言，有了传统媒体权威性和公信力的加持，更加助力了其技术和平台优势的发挥。二者相辅相成，互为补充，构建了新的媒体传播格局。

第一节　快手短视频平台的传播特点

作为一家短视频社交平台，快手的标语是"记录世界，记录你"。日常化的记录和分享成为快手最明显的特色。从平台的用户来看，十分接地气，主打UGC生产模式的特点让每一个普通人都可以在快手上自由展示；快手的页面功能设置简洁，方便用户操作。竖屏式的显示，"关注、发现、同城"等几个一目了然的功能设置，其目的都在于尽力方便用户使用。目前，快手还设置了"动态、消息"等辅助性功能，目的在于满足用户需求，增加用户黏度。

一、传播主体：平民化

自快手诞生那一天起，定位就是面向社会中所有人，正因如此，这一平台给了很多没有话语权或没有自我展示机会的普通人一个非常珍贵的表达机会。早些年的统计数据显示，快手用户中相当比例是国内三四线及以下的城市和农村人群。近年，随着快手运营模式的调整，一二线城市的用户数量明显增加。也就是说，快手的用户范围在逐步扩大，从用户的学历、收入等分布情况看，平台用户是典型的草根型用户，代表了最普通的中国人。

快手用算法技术进行热门作品分发，保证了只要是高质量作品就可能被更多的人看到。每一个普通用户都是内容创作者、传播者和接受者。

二、传播内容：泛娱乐化

快手报告显示，其内容分类包括：搞笑类（段子表演类）、美食类、技能展示类、日常生活类、教程类、风景类等多项，总体而言，呈现娱乐的泛化特点。

快手平台的早期短视频，充满了感官上的猎奇性。后来随着监管力度的加大和平台自身的重视，低俗的内容大幅度削减，现在虽然内容种类繁多，但泛娱乐化特点明显。举例说明，在段子表演类内容中，当一种内容获得大量的点赞、关注或评论等反馈后，势必带来同类内容的模仿生产，这种模仿性生产就是典型的泛娱乐化现象。泛娱乐化并非贬义，从另一个角度看，正因为用户的平民化和内容的泛娱乐化，才有利于平台的传播力和影响力的扩大。

三、传播渠道：自主化

快手平台的传播渠道是十分丰富的，包括平台社区内的人际传播渠道、第三方媒体平台的人际传播渠道、线上线下联动的人际传播渠道。

用户可以在关注、发现、同城等主选项区进行点赞、评论、关注、收藏等一系列操作，以此实现社区内传播；用户也可以通过QQ好友、微信好友、新浪微博等多种第三方媒体平台进行传播，扩大传播范围，强化传播效果；还可以线上线下联动。比如拥有众多"粉丝"的用户，不仅可以在线上进行展示，也可以开展线下活动，增加彼此间的深层沟通。

四、传播动机：多样化

每一个在快手平台制作和传播作品的用户，其传播动机并不一样，可以大体归纳为记录生活、消遣娱乐、获取经济利益等几种，表现出多样化的特点。

有些用户纯粹为了记录自己生活的日常，如一些民间手工艺人，他们通过展示自己的日常，获取存在感以及与社会上他人的关联；有些用户通过平台展示来释放压力，缓解疲劳，实现"消遣"的需求。在快速生活节奏下，人们希望通过碎片化时间让身心得以放松；除了上述动机，用户还可以在快手实现获取经济利益需求的目的。对内容生产者的虚拟礼物打赏是初级的获利手段，从2018年开始日益为大众所接受的"社交＋电商"的运营方式，建立起人与人之间的一种强链接关系，这种直播带货，使得平台方、卖货方、买货方都互惠互利，合作共赢。

正是基于以上这些突出的传播特点，快手才吸引了众多传统媒体开展平台的融媒体新路径探索。他们发现，短视频占据了大量普通人的碎片化时间，这些以往被忽略的碎片化时间正是传播的重要战场；同时，平民化的主体特点又使得传统媒体的传播触角可以大幅度延伸，实现远距离、大范围抵达。更为重要的是，传统媒体原有的市场份额已经被大量蚕食，而联手快手这样的新型社交化短视频平台，或许是传统媒体重新找回市场、获取相应经济收益的理想途径。

第二节　传统媒体与快手的融合发展探索

2019年开始，从中央到地方，众多媒体纷纷入驻快手。截至目前，入驻的媒体已经达到2000多家。

快手是一家高科技企业，以技术驱动为特色，拥有高水平的大数据分析和人工智能技术，所以在视频生产、用户理解、技术保障、互动体验等方面，经验丰富。这也是众多传统媒体与快手合作的重要原因。传统媒体之所以积极与快手合作，主要原因在于以下几个方面。

一、更快速——紧跟舆论热点传播信息

人们的阅读方式已经发生根本性变化，尤其是年轻人，对于信息的获取更多是通过移动终端。传统媒体与快手的合作，可以第一时间将信息以直播的方式呈现，满足用户及时掌握资讯的需求。

新华社快手号在报道全国运动会男子100米跑决赛苏炳添夺冠的片段时，就是采用直播方式，呈现了选手激烈比拼的瞬间，让用户快速获得新闻的视觉信息。

二、更创新——形式多样利于舆论引导

短视频的直观性和冲击力是许多纸质传统媒体所无法比拟的。其不仅以视频形式，而且以字幕、音乐、特效、混剪等非线性编辑技术的综合呈现，使作品形式更为多样。表达方式也是一种观点显现，有利于舆论引导。

人民日报快手号在2021年9月4日推出一条《八年老兵退伍，回家一幕令人泪目》，点赞量超过253万。短视频只展现了一个场景：一位老兵退伍回家，对村口买菜的父母喊"爸、妈"，母亲奔跑过来，哭着抱住他。在字幕、配乐、特写镜头的烘托下，这个貌似简单的镜头显得无比感人。

短视频不仅传达了母子相聚的场景，也传递出子弟兵保家卫国、普通百姓舍小家为大家的情怀，饱含正能量。

三、更权威——释疑解惑利于扩大影响

快手短视频在助力传统媒体的权威性、公信力方面具有重大作用。一些主流传统媒体的公信力是长期以来形成的，一经与快手这样的短视频平台结合，由于快捷化、多样化，其权威性可以更好地体现。

在新冠肺炎疫情肆虐的时候，人民日报快手号为了消除群众的忧虑，请有关专家进行答疑解惑，并且选取其中富含信息量的片段在快手号展现。这些做法让群众对人民日报的依赖感进一步增强。

四、更优质——拉近用户利于增加黏性

有温度、有思想的作品才是优质的作品。将优质作品输送到移动端、视频端，是传统媒体重建注意力优势的重要路径。唯有如此，才能更好地增加用户黏性，将优质作品扩大传播范围。

在对神舟十二号飞船三位航天员返回地面的报道中，人民日报、新华社和央视等主流媒体的快手号都进行了报道，用户可以看到航天员出舱的状态，体悟中国航天事业的高水平发展。

在很多时候，传统媒体在反映时代精神的典型人物、典型事例的素材选择上，也尽力做到优质。如人民日报快手号作品《这个C位就该是他的！》，表现了一位交警六年来守护一所学校的孩子们上学放学，在拍摄毕业照的时候，学校要把中间位置给他坐的感人瞬间。对这些素材的选择、把握和制作，保证了人民日报推出优质作品，黏住用户。

五、更受益——直面用户利于传播变现

快手的"短视频+直播"的方式正是近年来的一种新型营销方式，许多传统媒体也加入到这一行列中，通过这种方式实现销售的传播变现。这种全新的传播销售模式和电视购物有相似之处，却又不完全一样，它是传统媒体与快手在内容创作和渠道传播等领域的深入探讨与合作，让大量的普通UGC用户成为节目主体，宣传和销售同步进行，具有行业的开创性意义。

值得一提的是，快手在与传统媒体的合作中，尤其注重正能量的传播。近年来，在庆祝新中国成立70周年、脱贫攻坚战等重大选题报道中，双方的合作产生了聚合性的传播效果。

以新中国成立70周年主题宣传为例。在中央网信办和北京市网信办的指导下，快手得到央视独家信号资源的投放支持。央视大屏和快手小屏互为倚重，在阅兵直播、联欢直播时连续70小时直播不断，为观众奉献了精彩内容。累计总观看人数突破10亿。

同一个选题，快手与人民日报的合作也一样效果显著。双方在内容和技术层面深入合作，快手不仅参与了人民日报短视频聚合平台"人民日报+"的前期技术研发工作，还支持了报社《复兴大道70号》长图在新媒体平台的发布。长图展现了新中国70年发展历程中的重大事件、任务、建筑等元素，点击量过亿，成为传播爆款。

由于快手的原创短视频库存量庞大，累计超过100亿条，内容丰富多彩，所以这样的库存量给传统媒体提供了寻找素材和选题的机会。在内容合作方面，

主要有以下一些做法。一是流量扶持。快手以其优质资源助推优质内容，吸引广大用户的关注。二是征集话题。联合传统媒体，尤其是主流传统媒体，征集主题，开展正能量内容合作。三是邀请大V参加活动。对于一些和传统媒体共同策划的重要活动，邀请网络知名大V参与其中，利用他们的私域流量提升活动影响力。比如在一些扶贫的电商活动中，效果十分明显。四是内容深度合作。快手向传统媒体提供优质报道素材和精编视频，进行内容输出。此外，还有共同制作海报、H5等合作。这些做法对传统媒体在内容采集和生产能力方面都具有显著的增强效果。

第三节　快手的媒体融合发展新思路

2021年5月7日至8日，首届中国国际消费品博览会（简称"消博会"）在海南自由贸易港举办。在这场国际性活动的媒体传播过程中，"嗨转"模式引人注目。这里的"嗨转"，就是传统媒体的大屏和移动终端上短视频的小屏相结合，共同以直播方式推介消博会上琳琅满目的商品，使这些商品迅速传到全国各地。

"嗨转海南——快手大V带你云逛消博会"的合作双方是海南广播电视总台和快手科技。这次政务服务商务相融的"大小屏融合+直播带货"模式既实现了信息传播的最大化，又让人们足不出户就可以游览消博会、购买自己喜欢的产品。

在快手短视频传播的助力下，海南广播电视总台利用自身优势，从活动前期探秘到活动期间的产品展示，再到深度采访和商业变现，都打破了传统的线下逛展方式。通过小屏的全方位、多样化传播的深度参与，8万平方米的展馆几乎被逛遍。人们可以随时随地获取信息，购买中意的物品，整个过程更具沉浸感。

大小屏联动，最大的受益者还是传统媒体。传统媒体人利用自身长期积累的资源优势，结合快手短视频平台的即时性和互通性，发掘出强大的自我价值。海南台主持人通过与快手各位大V的连麦互动，直播间热度迅速提升，粉丝量明显增长，商业变现能力也被极大地激发出来。

"嗨转海南"是广电转型MCN（多频道网络）的一个重要案例，它证明了：将传统广电的内容、形式和短视频直播结合并赋能，可以成为传统媒体融合转型的重要路径。快手媒体MCN目前已经有近70家，MCN旗下粉丝数百万级以上的账号50多个，规模最大的旗下账号超过400个。当然，MCN并不是广电行业的专享，报业同样可以做。通过建设新媒体中心、电商中心和短视频团队，构建全媒体生态，明确账号定位，运用恰当的运营技巧，一样可以有良好的预期。

2019年7月，快手推出"媒体号快up计划"，充分利用其在内容、流量、商业水平等方面的强大优势给予传统媒体支持，实现融合发展、提升传统媒体影响力的目标。2020年6月，快手又推出"快up"融媒计划2.0版，计划一年内至少引入100个媒体MCN，通过更优惠的扶持政策和更理想的招商机制，全面提升媒体合作水平。未来，快手的媒体融合思路在于三化：精细化、体系化、本地化。

首先，精细化。快手上的内容极为丰富，是传统媒体工作人员寻找选题、素材的理想来源，如果传统媒体及早介入，善于利用快手的这些资源，是完全有可能打造出内容IP的。

海燕是内蒙古广播电视台的知名记者，她的关注民生的电视节目在当地很有影响力。当她和快手联合之后，这种影响力呈几何级倍增。她是快手第一位百万粉丝记者主播，目前粉丝已经超过400万。海燕在快手上的寻人系列短视频是她账号最有特点的一项内容——这就是精细化，她发布求助者信息，寻求线索，在帮助求助者找到人之后又发布团圆的信息。

2020年8月起，海燕在快手上开展助人寻亲。最早的缘起是山东的双胞胎姐妹花到包头寻找父母，正想尝试与快手结合的海燕在得到这个新闻线索后，开始尝试短视频寻亲。没想到，短短几个小时过去，就有超过500万人看了她发的视频。有意思的是，随着视频的传播，姐妹花80多岁的老父亲也点开了这条视频，于是别离39年的父女终于团聚。到2021年6月为止，10个月时间里，海燕帮助26个家庭实现团圆。

海燕的操作方式基本是在其电视节目中发布寻亲信息的同时，在快手上也发布短视频并进行直播，站内的媒体及主播也会跟进、转发，这样大小屏相辅相成，电视观众与手机用户共同参与，传播效果就会在短时间内扩大，寻亲的声势明显比单纯的电视传播要大得多。

"寻亲"已经成为记者海燕的一个社会标签，代表着社会正能量和向善的精神追求。通过"短视频+直播"的方式，寻亲工作更加具象、更有成效。目前，已经有越来越多的记者、主持人入驻快手。这其中既有知名的媒体人，也有不少地方上的媒体人，他们利用自身的话语权优势，让快手媒体号、记者号、主持人号有了更广阔的发声渠道。同时，快手平台覆盖面广、互动性强的显著特点让这种媒体融合的精细化成为可能。

其次，体系化。传统媒体的记者、主持人在快手上开账号之后，如何持续性发展才是根本问题。只有从内容生产到渠道传播开展深入合作，多角度全方位成体系地铺展开，才能使媒体融合更有效。

2020年8月28日，由快手与湖南经视联手打造的《看见快生活》开播，这是一次新的尝试。这档节目不同于过往大屏节目的小屏输出，具有创新点。在节目的形式和内容方面，做出了重大改变，让大量的普通UGC用户成为节目的主体；在商业变现方面，广电媒体和快手联合招商，打开了融合状态下品牌广告传播的新空间。

《看见快生活》以平台上的用户故事为主要内容，在展示趣生活的同时，主持人还会和快手达人连麦互动，并且将时尚好物推荐给大家。节目在大屏上播出90分钟后，还会在小屏上续播90分钟，这种大小屏相连、电视和网络相连的做法尚属首创。

这一"电视+电商+直播"的新模式一经诞生，就受到观众和用户青睐。节目全网曝光量经常1亿+，总观看人数也经常是2000万+。

快手遍布全国的大量用户为湖南经视这一地方频道起到了助力其扩大国内影响力的作用，同时，广电行业长期以来积累的内容生产力和信息公信力仍然是稀缺资源，当这种稀缺资源与奉行共享、平等的高质量平台相对接，必然产生巨大势能，有利于产品营销。

湖南经视与快手的合作，与上文所说的记者海燕与快手的合作不同。机构的合作更全面、更复杂，也更能系统化、体系化。

再次，本地化。对于数量众多的传统媒体而言，除了中央级媒体，多数是地方媒体。地方媒体需要利用自身优势，和快手合作后，聚焦本地用户，深耕本地内容，加强贴近性和服务性，才更有可能产生实效。从已有的合作来看，地方媒体在内容生产方面，越垂直效果越好。比如有的专做房产方面的内容，有的专做汽车方面的内容，也有的专做公益类的内容。

山东广播电视台《生活帮》节目主持人阿速开设了快手号"帮主阿速"，目前粉丝量已经超过480万，这是快手第一个聚焦"帮忙"的媒体主播，民生方面五花八门的帮助，让阿速颇具知名度。

在融合过程中加强本地化，同时做深垂类，才会实现更理想的商业变现。快手为媒体号提供了电商、直播打赏、联合招商、知识付费、磁力聚星五大变现渠道，快手磁力聚星平台是为达人打造的全面的营销手段，通过为优质创作者和内容提供流量激励，挖掘媒体号更多的商业价值。

融合过程中无论是精细化、体系化，还是本地化，最关键的改变其实在于传受关系的改变。在新技术驱动下，个性化推荐、分发机制都是前所未有的。"短视频+直播"的核心业态颠覆了以往的互联网业态，对内容原创、运营和变现水平都是极为有力的提升。传受关系的改变势必带来产业发展的变革，以直播带货为例，产品的生产者与消费者之间的距离被尽可能缩短，省略了中间环节的加价，对受众而言是获益的。

第四节　快手融合发展中的问题和解决方法

从用户的数量看，快手已经是月活10亿的平台，是名副其实的短视频头部平台。2021年2月5日，快手在香港上市，成为"短视频第一股"，迎来新的发展契机。

从目前快手和传统媒体的合作看，依然存在不少问题。

一、内容品质需提高

由于快手的UGC用户生产内容的特点，大量内容的涌现，导致品质会出现参差不齐的情况。尽管传统媒体在内容生产和把关方面有优势，但作为短视频平台，自身也应该注意提高内容质量，并发挥"把关人"的角色，坚决抵制低俗的不良信息，以防污染网络环境。快手可以从技术把关和内容把关两方面共同发力，从源头着手，尽力保证品质不掉线。

即使是和传统媒体及其记者、主持人或者报人合作，相对而言，传统媒体有一定的品质保证，却仍然难免在合作中存在一些内容质量不高的现象。在融合发展的过程中，这种"把关"任务不是轻了，而是更加复杂，更加艰巨。

二、创新意识需加强

快手尽管内容丰富，但是与其他平台相类似的内容太多，也就是说内容的同质化问题比较突出。

快手一方面需要鼓励内容生产者更加有创意，不要人云亦云，一味模仿。在渠道和内容对人们的注意力选择起关键作用的当下，没有创意的内容和表现方式只会让受众产生审美疲劳，并逐渐被抛弃。所以，用户的创新意识必须加强。同时，快手自身也要探索垂直领域的细分，产生更多的内容维度。

从上文所提到的湖南经视《看见快生活》的案例，可以看出快手和传统媒体一起，已经在尝试新的探索，但这种探索还不够丰富，不够多元，未来还有更大的拓展空间。

这种创新是全方位的，包括内容、技术、营销方式、商业模式等，其目的是以此吸引更多用户，增加用户黏性。快手在发展过程中，用户数一直略微落后于排位第一的抖音短视频平台，所以更应通过创新进行追赶。

三、用户服务需到位

从短视频产业的发展看，有一个较为普遍的现象，那就是对内容生产的着力偏多，而在用户服务方面做得不够。这容易导致付费产品后续服务跟不上、广告植入无序、用户收视体验不佳等现象发生。如果忽视这些问题，极容易造成用户评价不高的负面情况。所以，作为平台方，快手一定要重视用户服务。

以广告植入问题为例，首先，应该严格审查所推销产品是否渠道正规、品质合格，这是最起码的要求；其次，调整植入的频率和形式，以免引起受众反感；再次，还需对产品的售后有跟进，保持良好沟通，树立品牌形象。

在融合发展过程中，作为快手的合作方，传统媒体应该注意几个方面。一是传播观念的更新。尤其是以文图为主的报业，缺乏音视频操作的基础，对于多媒体符号的运用是有所欠缺的。在融合中，需要迅速接受新的传播方式并逐步适应。二是组织机构的更新。目前很多传统媒体往往将摄影部转换为融媒体部，这种组织形式是远远不够的；最好的方式是进行增量改革，建立一个全新的融合发展部门。三是考核方式的创新。传统考评方式已基本成熟，但是融合发展之后怎样考评更趋合理尚在探索中。

总之，快手与传统媒体的融合发展，对于双方既是机遇也是挑战。随着改革进入深水区，这种融合只有向纵深发展，才能破解一系列新的议题，实现"跨行业视频化"的大发展。传统媒体需要在借力中不断螺旋式上升，快手也需要在助力中描画新的蓝图。只有通力合作，坚持创新，才能构建起新时代融合发展的大格局。

渠道融合创新篇

第五章 《深圳商报》融合创新发展研究

李炜 李娇慧[①]

在推进媒介融合的进程中,《深圳商报》不断强化互联网思维,促进内容和产品融合、渠道融合和用户关系融合,引领了财经都市类报纸的创新发展。本文通过分析《深圳商报》媒体集群的构成、定位与功能,对《深圳商报》开拓全媒体版图的战略进行解读,认为在推动媒体融合向纵深发展的过程中,都市财经类报纸需要立足区域信息生态,着力建设以核心优势内容为根本、先进技术为支撑、创新管理为保障的全媒体传播体系。

第一节 《深圳商报》的融合成果

党的十八大以来,党中央高度重视传统媒体和新兴媒体深入融合发展,为落实中央发展新媒体、加快推进媒体深入融合发展的重大战略部署,2014年深圳报业集团制定了《深圳报业集团战略发展规划纲要(2014—2018)》,提出全面推进媒体创新和产业转型,内容为王、掌控终端。[②] 集团旗下《深圳商报》是一份带着特区创新基因成长壮大的报纸。随着深圳翻天覆地的变化,《深圳商报》的面貌也焕然一新,实现了跨越式发展。由最初仅有几十万元资产、对开4版出版的周报社发展成总资产超10亿、品牌价值30亿的现代化、集团化报社,报纸品牌评估价值一度达到95.8亿元,跻身"广东五大报",并先后摘

[①] 李炜,传播学博士,西藏民族大学新闻与传播学院教授;李娇慧,深圳大学传播学院在读硕士研究生。
[②] 吕延涛.内容为王掌控终端 积极推进融合发展——深圳报业集团新媒体发展情况概述.中国报业,2017,(13):30-31.

取过"全国报业十强""华南主流财经大报"等行业荣誉,被称为中国新闻史上的"深圳速度""深圳效益"。① 深圳商报的定位为"与城市地位相匹配的科技财经文化媒体",拥有电子报、网站、读创客户端、微信公众号和微博等媒体矩阵,目前已成为受众千万级以上的全媒体平台。这份与深圳特区共同成长的报纸在加快进行新媒体深度融合进程中成果显著,在特区的建设中发挥着积极作用,深圳商报与改革开放共同成长。而深圳商报的融合成果得益于其开拓全媒体版图的战略规划,也是深圳商报融合发展战略中最值得借鉴的地方。

第二节 "纸上做新"——数字报的创立

深圳报业集团将旗下所有报纸的数字报集合于同一PC端网页。《深圳商报》数字报保留了报纸版面样式,在阅读时,受众可以欣赏到报纸的精美排版并借助数字报的超链接,完成对于图文信息的浏览。标题式导读设置方便读者获取版面重要信息,读者在扫描式阅读后可以借助导读或报纸的超链接就某一条报道做详细的阅读。《深圳商报》数字报频道设置包括"要闻""热点""深度""聚焦""人文/专题""行业""访谈""公司""关注""城区""广告""资本""理财""消费"等频道,主要聚焦科技、财经、文化,积极宣传科技、文化,并深入解读经济发展状况。作为融合新闻报道的初级报道形态,《深圳商报》的数字报延续了报纸图文兼具的报道风格,注重可视化设计与视觉传达。

进入互联网时代,公众接受新闻讯息的渠道更为广泛,报纸的传播速度远不如新媒体,因此在内容和呈现形式上必须做出改变。在加快推动传统媒体与新媒体深度融合过程中,既保留传统载体优势,又善于突破创新是必不可少的。

报纸的头版是最抓人眼球的部分,要让头版在最短时间内吸引更多读者,就必须打破传统排版模式,提出新的创意,不断形成《深圳商报》的独特风格,因此《深圳商报》数字报在多次对比后推出了"创意图片+导读+评论"的模式。②

---

① 高兴烈,王庭僚.高奏改革开放主旋律——深圳商报记录、见证、推进改革开放报道的实践和探索.新闻知识,2018,(11):47-51.

② 汪波.让创意头版实现"互联网+"——以深圳商报与"读创"客户端为例.新闻知识,2019,(10):20-23.

主要是通过选取一条新闻进行创意图片式呈现抓住读者眼球，再将商报特有视角的评论和选取的标题、导读三部分内容有机结合，精心排布，做到既突出观点，又兼具创意图与导读，使报纸版面以多媒体化的方式进行呈现，吸引眼球又活泼生动。

扫描式阅读是当今受众的一大特点，新闻的可视化就显得尤为重要。《深圳商报》在内页设计上采取多标题式排布，让读者一眼就能获取当页的重要内容。文章注重短，减少长篇大论式新闻，增加图片、图表等元素，通过视觉元素不断刺激用户的信息接收。

2018 年 8 月和 9 月，《深圳商报》与腾讯密切合作，在广告方面做出创新，采用了 AR 技术，读者用手机扫一扫，静态图片广告秒变动态视频宣传，既有声音又有画面，使得纸媒广告也能看到丰富多彩的动态效果。这种富有科技感的读报方式，不仅增加了阅读乐趣，还实现了平面阅读到立体影像的转换。

第三节 "媒体做活"——多终端战略

一、读创客户端＋读创网

2016 年 12 月，《深圳商报》创办的新闻客户端"读创"正式推出，以财经、科技和文化为主要方向，"读创"在内容、渠道、平台、经营、管理和技术等方面进行了深度融合。"读创"亦是《深圳文化创新发展 2020（实施方案）》确定的媒体融合建设重点项目，以科技财经文化为主要方向。2019 年 10 月，"读创"再次创新改变，深入挖掘深圳作为全国商事主体第一城的城市特点，并适应市场需求，最终从单纯的信息资讯类客户端迭代升级为垂直类融媒体平台——"深圳 300 万商事主体社交平台"。

升级后的读创客户端由"读创资讯""政策解读""读创圈""消息"和"我的"五栏组成，在"读创资讯"一栏下设"推荐""锐科技""财经眼""企业高层""财经窗""大湾区""深都会""文化广场""深阅读""视觉影像""教育""法环境""区区大事""福田""宝安""龙岗""光明""潮生活""商业信息"等 19 个频道，同时还开设了读创书院，联合名企高校开设优质课程。用户在读创客户端可根据个人兴趣和需要订阅相关课程、加入相关圈层，学习交流最新讯息和政策。读创客户端在内容设置上重点体现服务于深圳 300 万商事主体。

读创在技术上积极创新融合，引入 VR 视频技术和连续音频播读新闻技术，成为国内首个引用该技术的客户端。考虑到用户夜读习惯，读创在行业中首推"熄灯"功能的夜读模式。读创设有专门的数据中心，以"AI+ 大数据算法"为核心，全面聚焦 B 端市场，为商事企业提供全生命周期服务；在传统新闻资讯的基础上，建设以垂直社交、舆情监测、政策解读、高端论坛、创新投资、营商环境等为主的全新生态，实现内容智库化、传播智能化、数据价值化、社交圈层化，树立媒体融合转型企业社交服务的融媒体典范。

读创客户端的 PC 版——读创网上线，实现了"读创"内容的全网分发和覆盖，成为读创原创文章的重要输出窗口，同时也完善了深圳商报&读创的媒体矩阵，有力提升了读创的品牌影响力和号召力。

从最初的新闻资讯客户端到"服务深圳 300 万商事主体社交平台"，再到读创网上线，《深圳商报》不断探索其在融媒体环境中的功能定位，拓展媒体服务场景，在媒体深入融合发展之路上不断加速。

二、"两微造势"——微博、微信

深圳商报微信公众号消息分"政策通""微视频""深圳事""财经""科技""法律法规""热点""消费""民生""楼市"等 10 个话题，读者可根据自己感兴趣的话题进行订阅，订阅该话题后内容就会第一时间推送给用户。此外，在公众号栏目中也可轻松找到电子报及其微博账号。公众号推送规律为一日三次，一次推送四至六条新闻，实现新闻内容的全天候覆盖。深圳商报还开发了数字报的小程序，小程序中直接呈现为电子报的形态，点击便可转到数字报以及读创客户端。2018 年，"深圳商报征订"小程序 1.0 版本上线，成为国内首个党报订报小程序。2020 年升级后的小程序 2.0 版本，只需在小程序中填写收报地址和发票信息，在支付完成后就能实现报纸订阅，用科技打通报纸发行的"最后一公里"。

第五章 《深圳商报》融合创新发展研究｜渠道融合创新案例｜

微博在传播结构上相对开放，微博转发是促进信息扩散的重要手段。深圳商报官方微博拥有千万粉丝。2020年，"励志博士"的论文致谢在网上引发公众持续关注。4月19日上午，《深圳商报》记者采写的《论文致谢刷屏后，黄国平博士通过深圳商报&读创独家回应！》一文在读创APP率先刊发，并在深圳商报/读创旗下全矩阵媒体平台推出，引发全网关注。4月19日的微博话题#中科院走红博士回信网友#冲上热搜第7位，话题引发公众共鸣，包括新华社、人民日报等在内的权威媒体都对此进行了评论。截至4月22日10时，深圳商报官方微博原报道的阅读数已突破615万。[①] 微博平台对于新闻报道的传播不仅起到了"造势"作用，还引发了多元主体对社会问题的深入探讨。

不论是电子报、客户端还是微信、微博，都不应是孤立存在的，而是依据不同载体的传播特点各有侧重，相互配合。《深圳商报》以财经科技类高端电子报、读创新闻客户端、微博、微信公众号矩阵等媒体集群，深耕用户媒体使用场域，开启了一个为用户提供信息"私人定制"的财经"融媒体"空间。

第四节 《深圳商报》开拓全媒体版图的策略

一、"请进来、走出去"，以"第一议题"引领媒体融合发展

《深圳商报》把学习习近平新时代中国特色社会主义思想作为制度安排，固定为每周一下午例行编委会的"第一议题"，用思想指导工作，在这一基础上深圳商报编委会以"请进来、走出去"的创新型学习方式，特别是在媒体融合上学以致用。[②]

"请进来"，就是请相关人士走进商报编委会，包括报社各部门主任、普通编辑记者、报界前辈、新媒体达人等，用他们的实践经验从不同方面解读当前宏观经济大形势、政策方针，以及媒体融合的发展走向，为报社的融合发展

[①] 人民日报全国党媒信息公共平台.https://www.hubpd.com/hubpd/rss/toutiao/index.html?contentId=4611686018427684185&appkey=&key=&type=0.

[②] 微信公众号"新传播智库" https://mp.weixin.qq.com/s/oNNAg9vx7y8k_J5002dLSg.

· 79 ·

献言建策。通过这样的方式商报编委会对媒体融合中的误区有了一定的认识，并对未来的发展方向进行把控。"请进来"的同时，深圳商报编委会结合报纸和读创客户端的定位，强调要"走出去"。即编委会全部成员都要深入基层，去走访、调研、学习和考察。同时，要紧跟当代信息化发展趋势，始终保持对新技术的敏感性和前瞻性，以技术更新业态，以技术丰富内容，以技术促进融合，推进报社的媒体融合工作。

二、坚持走群众路线，注重媒体与用户关系融合

《关于加快推进媒体深度融合发展的意见》中指出，要走好全媒体时代群众路线，坚持以人民为中心的工作导向，坚持贴近群众服务群众。[1]在传统纸媒时代，报纸读者对信息的接收往往是被动的。而在移动互联网时代，读者变成了用户，用户不仅可以有选择地获取新闻，还可以直接参与到新闻内容的生产制作和传播反馈过程中。用户既是传播对象，又是内容生产者和传播的参与者。这种参与并不是制度化的，而是随机的。在媒体融合中，用户关系的融合是必不可少的。

2020年8月21日，"读创"客户端推出融媒体产品"来了就是深圳人，快来领张'深'份证"。该产品瞬间在深圳人的朋友圈霸屏，用户通过"'深'份证"产品，可与童年、青年、老年三个时期的自己"邂逅"，同时又能"遇见"古风照、民族照等不同风格的自己。高峰时期平均每小时有7.5万张"深"份证被领走，每分钟有1250人次参与到产品互动中。[2]这一融媒体作品成功的核心并不仅仅在于"AI+互动"的产品形态，而取决于这一产品设计留给用户参与空间所引发的情感共鸣。对于媒体而言，重视用户的情感体验，创造用户的代入感，再充分利用社交网络的传播规律，将融入用户个人情感的产品作为媒介，建立起广泛、开放的关系网络，从而实现了裂变式传播。媒体融合不仅仅是内容、产品与渠道的相互融合，更是与用户关系的融合。

---

[1] 中共中央办公厅、国务院办公厅印发《关于加快推进媒体深度融合发展的意见》，http://www.xinhuanet.com/politics/2020-09/26/c_1126542716.htm.

[2] 丁时照，张玉斌，李迩.打造融媒爆款作品方法谈——以深圳商报读创客户端"深"份证为例.新闻战线,2020,(19):39-41.

三、加强复合型媒体人才队伍建设，重视新媒体产品研发

对于新闻行业，新闻的质量始终是核心竞争力，新闻人才是优质报道的提供者。进入融媒体时代，新闻行业提出了更高的人才需求和能力结构，不再局限于新闻生产的某一环节，而是能够准确把握融媒体环境中新闻传播的规律并进行创造性的工作。《深圳商报》通过培训转型与招才引智，将全报社力量不断向新媒体建设倾斜，重点培育复合型媒体人才，涌现出一批既懂新闻采编又熟悉互联网传播模式，既能把握用户需求又善于开拓新媒体产品的复合型融媒体人才队伍，呈现出"深圳之最"系列原创图解新闻、《什么都不能阻挡深圳人上班的路》图片新闻等在内的一批广泛传播的现象级、标杆性产品。①

同时，为充实壮大融合发展的新媒体人才，深圳商报注重引进新媒体技术研发和管理运营顶尖人才，曾以百万年薪引进一名CTO（首席技术官），负责"读创"客户端的技术研发，并授权其组建技术团队。通过不断加强融媒人才队伍建设，为推进媒体融合发展蓄力赋能。②

四、实施跨行业合作，创新产业发展模式

深圳商报＆读创与南方航空深圳分公司、深圳市海外国际旅行社、国旅（深圳）国际旅行社等签署战略合作框架备忘录，根据备忘录2019年6月25日南航运营的深圳—林芝直飞航线被命名为"南航—深圳商报＆读创航线"。《深圳商报》作为"深圳—林芝"航班机舱内配送的深圳平面媒体，为往来深圳林芝两地的旅客提供包括政策咨询、深度资讯等全媒体信息服务，进一步拓展《深圳商报》的品牌影响力。

这一报企联营模式能充分挖掘和发挥双方核心资源优势，双方共同致力于"互联网＋"双向对接与融合，构建以"旅客出行场景＋媒介定制化服务"为核心的全新出行生态体系，搭建一个以文化旅游为主体的经济文化交流平台。③

---

① 苏海强．深圳商报脚板底下"走"出崭新气象．新闻知识,2019,（09）:91-92.
② 吕延涛．内容为王掌控终端 积极推进融合发展——深圳报业集团新媒体发展情况概述．中国报业,2017,（13）:30-31.
③ 深圳新闻网,https://www.sznews.com/news/content/2019-04/17/content_21632719.htm.

五、回归新闻本身，做深报道内容

"内容为王"始终是传统媒体价值创造的核心和原点。在媒体融合过程中《深圳商报》坚持做新闻现场的见证者，坚持做内容原创。《深圳商报》发扬"脚板底下出新闻"的优良传统，推出了一个又一个令同行注目的系列报道。如"脚板丈量大湾区""脚板丈量精准扶贫""脚板丈量文化地标"等五大系列报道，"走进深圳重点实验室""深圳绿道行"系列报道以及"深圳营商环境百人谈""龙岗重点企业百家行"等专题报道都引起社会反响，这些优秀的系列、专题报道突出财经、科技、文化特色，报道通过深圳报业集团全媒体渠道分发推广，在全国范围内引起反响，促进媒体融合呈现新气象。

六、技术不断加持，打造爆款产品

《关于加快推进媒体深度融合发展的意见》指出，要以先进的新兴技术引领推动融合发展。在"互联网+"时代，大数据、人工智能、云计算、VR/AR等各种新兴技术在多元平台交互应用，颠覆了传统信息流动方式和媒体技术布局，加快了媒体融合的进程。[1] 在《深圳商报》媒体融合的进程中不难看到新技术的影子，不论是爆款产品"深"份证还是2021年致敬建党100周年的"奋斗百年，你我同行"活动，都离不开AI技术的加持。通过AI技术，用户可以生成不同时代背景、不同历史风格和不同形象造型的照片，不仅让效果呈现变得有趣，也让用户体验到不同年代风格，在不同年代穿梭，更有代入感。革新技术、掌握技术、运用技术是媒体融合重要的驱动因素。

在推进媒体融合的进程中，《深圳商报》不断强化互联网思维，加快促进内容和产品融合、渠道融合和用户关系融合，打造出许多代表性新媒体作品。通过观察，政府政务公众号在部分新媒体产品的推广和应用中起到了举足轻重的作用。以"深"份证活动"造势"的推文来看，i深圳和深圳住房公积金中心公号上的两篇"深"份证活动推文，短短20分钟内阅读破10万+，而深圳商报官微则没达到的相应流量。数据监测显示，活动前24小时的数百万流量，大部分来自深圳发布等深圳主要政务媒体公众号。因此，面对政务媒体公众号

---

[1] 中共中央办公厅、国务院办公厅印发《关于加快推进媒体深度融合发展的意见》，http://www.xinhuanet.com/politics/2020-09/26/c_1126542716.htm.

越来越受到广大人民群众关注，对于重大题材的新媒体作品，如何建立起各级公众号的联动机制，打造更多外部平台的输出窗口，是媒介融合需要考虑的未来发展方向。①

全媒体平台的建立成为《深圳商报》融合发展的前提和基础，生产优质的融合新闻产品，坚持内容原创，创新体制机制，通过新技术激发传播创意的活力、提升公共服务的能力是今后媒介融合的方向和目标。只有稳扎稳打，才能持续推动媒体融合向纵深发展，建立起以高质量内容建设为根本、先进前沿技术为支撑、创新管理为保障的全媒体传播体系。

---

① 丁时照,张玉斌,李迯.传统媒体如何打造融媒爆款助力主题宣传——兼谈深圳商报读创客户端"深"份证活动的成功秘籍.南方传媒研究,2020,（05）:13-20.

第六章 "天眼新闻"客户端融合创新实践及启示

黄小刚[①]

2014年中央全面深化改革领导小组第四次会议上，习近平总书记强调要"着力打造一批形态多样、手段先进、具有竞争力的新型主流媒体"，首次从国家顶层设计层面提出构建新型主流媒体。2016年，在党的新闻舆论工作座谈会上，习近平总书记进一步提出要着力打造一批"你就是我、我就是你"的新型主流媒体，强调要将媒体融合推向纵深发展。

新型主流媒体是主流内容、主流舆论、主流价值的生产者、建设者和传播者，是社会治理实践的重要手段。随着媒体融合向纵深推进，打造具有较强传播力、公信力、黏合力和影响力的新型主流媒体是各大传统主流媒体自我革命，以适应新时代不断更迭的媒介形态和传播生态的必然选择。"天眼新闻"客户端是贵州日报当代融媒体集团倾力打造的省级新型主流媒体平台，于2019年3月1日正式上线。"天眼新闻"客户端作为省级新型主流媒体平台，其融合与创新发展的实践和经验，为我国媒体融合创新发展与新型主流媒体建设提供了有益探索与实践。

第一节 "天眼新闻"客户端的基本概况

"天眼新闻"客户端是贵州日报当代融媒体集团重点打造的新型主流媒体

---

① 黄小刚，博士，贵州民族大学副教授，主要研究方向：文化产业。

平台，是该集团报、刊、音、视、网、端、微、号等八大平台的重要组成部分，于2019年3月1日正式上线运营。

一、"天眼新闻"客户端的建设背景与定位

"天眼新闻"客户端是在原"今贵州"新闻客户端和"当代贵州"新闻客户端基础上，通过技术、内容、人员等全面融合创新而推出的新型主流媒体平台。"天眼新闻"客户端的上线运营，是贵州日报当代融媒体集团推进媒体融合创新发展走向纵深，奋力打造新型主流媒体平台、建设新型主流媒体集团的重要举措和重要成果。

2019年2月，在贵州省推动媒体融合发展的战略布局下，原贵州日报报业集团和原当代贵州期刊传媒集团实现整体合并，组建贵州日报当代融媒体集团，以"西部领先、全国一流"为发展目标，开启了省级党报党刊集团融合发展之路。经过半年多的整合与调整，到2019年10月1日，整体合并重组后的贵州日报报刊社、贵州日报当代融媒体集团正式挂牌成立。新成立的贵州日报当代融媒体集团随即提出并确立了"平台融合、流程再造、策划先行、内容为魂"的融合发展理念。在这一理念的指导下，按照采编资源全面融合、终端品牌全面融合、机构设置全面融合的要求，对原"今贵州"新闻客户端和"当代贵州"新闻客户端进行全面融合与创新，全新推出"天眼新闻"客户端，并"确立了以'贵州日报''当代贵州''天眼新闻'为核心品牌，包含4家报纸、14家期刊、2家出版社、4朵'云'平台、7家网站的全媒体矩阵"[①]。

作为贵州日报当代融媒体集团全媒体矩阵的重要组成部分与三大核心品牌之一，"天眼新闻"客户端以"开天眼，阅多彩"为核心理念和发展定位，深耕贵州、面向全国、放眼世界，通过及时快速的主流信息发布、多元丰富的全媒体产品形态，努力让读者"掌中望苍穹、而知天下事"。上线运营以来，"天眼新闻"客户端始终坚持守正创新，不断提升省级主流媒体品牌的传播力、公信力和影响力，成功入选"2020年中国报业深度融合发展创新案例"。

---

① 邓国超.70周年再起步 融合发展谱新篇——贵州日报报刊社、贵州日报当代融媒体集团改革发展的实践与思考.传媒，2019，（10）：23.

二、"天眼新闻"客户端的栏目设置与用户体验

相较于其他客户端而言,"天眼新闻"客户端通过简洁舒适的用户界面设计和栏目设置,既从形式上为用户带来了舒适的阅读体验,又从内容上满足了用户多元化的资讯与信息获取需求,为用户带来了友好、有用的使用体验。"天眼新闻"客户端通过顶部标签和底部标签,为用户提供多样化的内容资讯服务。

在顶部标签,主要设置了"要闻""推荐""贵州政要""战疫""天眼号""都市新闻"等固定栏目,每一个栏目都为用户提供相关的资讯服务。同时,在顶部标签最右侧,用户可以通过点击"+",自主添加感兴趣的自选频道,以获取相应的内容服务。自选频道包括"推荐""原创""市州""专刊杂志""县级融媒体中心"5个板块100多个频道,涵盖了全省各市州、各县级融媒体中心及集团下属各刊物、部室等相关部门,涉及政治、经济、文化、教育、生态等各个领域。覆盖范围广,涉及内容多,有效满足不同用户个性化、多样化的信息需求。

在底部标签,主要设置了"新闻""报刊汇""96811""云视听""多彩拍"5个固定栏目。其中,"报刊汇"栏目汇聚了《人民日报》《新华日报》等中央级党报数字版、《求是》《党建》等中央级党刊数字版以及《贵州日报》《南方日报》《重庆日报》等地方党报、都市报数字版和《当代贵州》《群众》《南方》等地方党刊数字版,为用户提供一站式党报党刊阅读服务。"96811"主要提供家政、交通、教育、票务、生活等商务服务。"云视听"和"多彩拍"主要通过视频、音频等形式,为用户提供多样化的内容服务。

第二节 "天眼新闻"客户端的融合创新特色

媒体产品作为一种信息产品和文化产品,无论技术与渠道如何更迭、融合,优质内容依然是产品的核心竞争力所在,内容为王并不过时。随着现代技术的日益迭代和大众消费习惯的变迁,优质内容的生产与传播又必须适应变化了的社会和技术环境,通过流程再造、渠道拓展、形式创新等方式,促进优质内容

的生产和传播。"天眼新闻"客户端作为全国深入推进媒体融合走向纵深的产物和贵州日报当代融媒体集团倾力打造的新型主流媒体平台，虽然正式上线运营时间不长，但是该平台始终秉承传统媒体内容生产优质基因，携带新型媒体在流程、技术、形式等方面的优势，并充分实现两者的有机融合创新，使得该平台自上线运营以来，就源源不断地推出一系列内容优质、形式多元、广受喜爱的优质产品，在社会各界引起了很大的反响，产生了巨大的影响力。

一、内容生产：以优质原创增强影响力

在无处不充斥着海量信息的现代信息社会，优质、原创的精品内容愈发成为一种稀缺资源，如何接触和阅读到优质的精品内容日益成为困扰现代读者的一种"幸福的烦恼"。"天眼新闻"客户端自上线以来，始终坚持"围绕中心工作抓原创、围绕社会民生抓爆款"的内容生产理念，按照"深挖、提炼、扩面、广传"的方针，深入实施"优质原创内容泉涌计划"，以高品质的原创内容不断增强主流媒体公信力和影响力。

1. 围绕中心工作抓原创。作为新型主流媒体平台，"天眼新闻"客户端始终致力于对中央和贵州省委重大决策部署的宣传，推出了一系列有温度、有深度、有广度的优质原创作品，不断深化主流媒体社会宣传与舆论引导功能。月原创稿件已突破2万条[①]，主流媒体公信力和影响力得到不断增强。

2019年，在中华人民共和国成立70周年之际，"天眼新闻"客户端精心策划推出了《70年150个第一铸就创新中国梦》《壮丽70年 奋斗新时代》《辉煌70年"数"说系列》等系列主题报道，对中华人民共和国成立70年来所取得的伟大成就进行全面、系统、多样化的回顾与呈现。

2020年是决战脱贫攻坚、决胜全面小康的关键之年，贵州作为全国脱贫攻坚主战场，"天眼新闻"客户端专门设置了"脱贫攻坚群英谱""脱贫攻坚进行时""脱贫攻坚·村村道""助力脱贫攻坚·书写贵州故事"等专题栏目，对全省脱贫攻坚战进行全面、系统报道，为读者提供全省脱贫攻坚的全景式、一站式信息获取平台。同时还推出了《绝壁红旗渠的故事》《幸福花开"天眼"城》等以百姓故事为素材，弘扬社会主旋律的主题宣传报道，赢得了广大用户

---

① 陈鹏宇. 天眼新闻：全力打造贵州新闻传播"云"航母. 传媒，2021，（16）：26.

的关注和点赞。

2021年是"十四五"开局之年，也是深入推进脱贫攻坚与乡村振兴有机衔接，深入实施乡村振兴战略的关键之年。"天眼新闻"客户端精心策划推出了《乡镇巡礼"飞越山乡看巨变"》系列主题宣传报道，对贵州省88个区县实施乡村振兴战略进行重点报道，走进多彩贵州各地乡镇，全面展现贵州乡村地区经济社会发展的巨大变化，全景式呈现贵州省乡村建设、发展与振兴成果，收获了3000万+的浏览量，取得了较好的社会传播效果。航拍作品《飞越新贵州》以全景式航拍的形式，将贵州88个区县的最新发展面貌呈现在观众眼前，一幅多彩贵州、奋进贵州的美丽画面徐徐展开。

2. 围绕社会民生抓爆款。"天眼新闻"客户端围绕衣食住行等社会民生领域，紧跟社会热点和用户需求，在日常选题和突发选题中打造"爆款"。一方面，"天眼新闻"客户端通过对集团原有采编人员、采编机构、采编设备进行全面融合，并成立天眼新闻采访中心，打造了一支优秀高效的采编队伍，持续充实和强化社会民生领域采编力量，为社会民生类优质内容和爆款产品的生产提供了坚实的人才支撑。另一方面，"天眼新闻"客户端开设了都市新闻、车生活、文化、美食、保险、禁毒、美居等频道，时时关注社会热点，不断加强选题策划，推出了一些列有深度、有温度、高口碑、高点赞的"爆款"作品。如《杨瑞伦，凉山森林火灾中牺牲的贵州90后！家乡人民向你致敬！》对在凉山森林火灾中牺牲的贵州英雄杨瑞伦进行专题报道，创下了超300万+的点击率，广泛宣传了杨瑞伦的英雄事迹。《多彩贵州旅游产业化》主题宣传通过业界声音、专家建言、高端访谈、采访手记、典型经验、天眼访谈、发展故事、案例分析、天眼时评等形式，全方位介绍、分析和宣传贵州旅游产业化发展情况，收获了300万+的浏览量。

二、流程再造：以共建共享提升整合力

流程再造是媒体融合创新发展的关键环节。"天眼新闻"客户端依托集团"天目云"融媒体采编系统和"中央厨房"优势，对策、采、编、发四大环节进行改革重构，坚持"移动优先"原则，按照全程媒体、全息媒体、全员媒体、全效媒体为目标构建全媒体生态体系，有效构建起适应媒体融合创新发展的新

型内容生产流程，实现了不同类型、不同层级媒体资源的共建共享与全面整合。

1. 依托"中央厨房"实现媒资互通。"中央厨房"是新一代内容生产、传播和运营体系，其关键在于构建"一次采集、多种生成、多元传播"的新型采编流程，完成对传统媒体采编流程的整合与再造。贵州日报当代融媒体集团充分依托"天目云"融媒体采编系统的技术优势，建设共享稿库，完成了"中央厨房"的打造与升级，"以统一的底层架构、统一的平台支撑起报、网、端、微、视等全媒体形态的内容生产，重塑采编流程"[1]。以"中央厨房"为依托，贵州日报当代融媒体集团实现了所属各类新闻资源、人力资源、技术资源、设备资源等的一体化整合与互联互通，所有新闻稿件全部汇总到共享稿库，所有媒体资源全部汇聚到"中央厨房"。

在此基础上，"天眼新闻"客户端发起组建了全省第一个以"云编辑"为核心理念的超级编辑部——"贵州融媒体云上编辑部"，这是目前为止全省最大的云上编辑部。通过将全省96家县级融媒体中心及相关单位全媒体中心资源进行整合，实现了各家媒体之间在资源、内容、技术、平台等层面的互联互通与共享共赢。同时，"天眼新闻"客户端开设了覆盖集团旗下不同生产部门以及"全省9个市州和贵安新区、88个县（市、区）以及部分经济开发区的专属频道，为10余个省直重点行业开通专题专栏"[2]，还开设了全国主要党报党刊数字版等频道和内容板块，有效实现了对全省及全国主要媒体资源的整合互通和媒体产品的集中分发，真正将"天眼新闻"客户端打造成为"掌中望苍穹，而知天下事"的新型主流媒体平台。

2. 重构生产流程实现多元整合。一是按照党报、党刊、党网、党端采编人员100%融合的要求，对原有采访部室按照时政、经济、农业农村、社会、科教等行业划分，实现了采编资源全面融合，打破了传统媒体固有的采编模式；二是按照最大化整合的原则，将报刊社和集团所属相关终端平台全面迁入"中央厨房"，实现了终端品牌全面融合；三是以"中央厨房"为依托，通过构建覆盖报、刊、音、视、网、端、微、号等在内的全媒体内容生产平台，实现了全媒体产品内容生产流程再造。

---

[1] 王小婷. 天目云：从"融媒"到"智媒". 当代先锋网，http://www.ddcpc.cn/wh/201808/t20180831_209522.shtml.

[2] 陈鹏宇. 天眼新闻：全力打造贵州新闻传播"云"航母. 传媒，2021，（16）：26.

同时，通过内容协作、资源共享与整合传播，构建全媒体内容发布平台，实现了报、刊、音、视、网、端、微、号等各类媒体的一体化调度和多渠道传播。以"中央厨房"作为强大的技术支撑，"天眼新闻"客户端有效实现了对内容生产流程的再造和不同类型、不同层级媒体产品的整合，并具备了大数据写稿、智能化审校、移动化采编、全媒体指挥、可视化传播五大核心功能，赋能"天眼新闻"客户端实现高质量、高效率的内容生产与传播。

三、形式创新：以技术赋能扩大传播力

受技术所限，传统媒体产品在呈现形式上显得更加单一和枯燥，随着现代信息技术的更迭升级和用户阅读习惯的持续改变，多元化、可视化、生动化的媒体产品呈现形式越来越受到用户的喜爱。媒体融合创新发展的关键之一也即通过技术赋能，实现媒体产品呈现形式多样化，满足不同用户阅读习惯和消费需求，进而实现主流媒体传播力的增强和影响力的提升。"天眼新闻"客户端始终贯彻"无视频不新闻、无图片不传播"的理念，不断加强技术改进与形式创新，推出了一大批极具冲击力的媒体产品，有效扩大了信息传播的范围，增强了信息传播的影响力。

1. 实施"创意泉涌"行动计划。为鼓励媒体产品的创新与创意，贵州日报当代融媒体集团推出并实施"创意泉涌"行动计划，通过设置融媒体报道"金手指"奖，不断激发员工的创意动力和创意潜力。同时，通过市场化采购的方式，对市场上专业生产团队创作的基于H5、长图、全景VR、AI、动漫、沙画、动捕等现代传播技术手段的创意作品进行采购，充分借助外部力量以推动媒体产品的创新与创意。"天眼新闻"客户端充分利用集团实施"创意泉涌"行动计划的发展契机，不断加强媒体产品的技术升级与创新创意，极大促进了融媒体产品呈现形式的多元化，对消费者的吸引力和冲击力都得到显著提升。

2. 引进与开展新技术项目。媒体产品形式创新与创意的关键在于对核心技术的把握，依托前沿、核心技术赋能，实现媒体产品形式的更新与升级。如何将5G、人工智能、大数据算法、全息投影、物联网、可穿戴智能设备等前沿技术有效运用于媒体产品创作与传播中，并充分发挥这些前沿技术的核心优势，以实现媒体产品在创作、传播等环节的升级，是现代媒体融合创新发展面临的

新趋势和新挑战。"天眼新闻"客户端作为省级新型主流媒体平台,始终致力于对前沿技术的关注和研究,通过新技术的合作、引进与使用,全面提升融媒体产品的传播力。

3. 强化二次设计与技术赋能。"天眼新闻"客户端作为移动终端发布平台,主要通过与内容生产、内容编辑等相关部门的协作,最终完成对不同类型融媒体产品的多元化传播。以"中央厨房"为枢纽,由不同采访部门、记者站、县级融媒体中心、通讯员队伍等提供的各类稿件首先进入共享稿库,经融媒体编辑中心和技术中心进行内容精细加工、形式多元创新和技术赋能升级之后,再以全新的、更加符合不同媒体平台传播属性和大众消费偏好的产品形态呈现在消费者面前,促进了融媒体产品的多元开发与技术升级,实现了优质内容的个性化、多元化再生产与多屏化、多渠道再传播,扩大了融媒体产品的传播范围,增强了融媒体产品的传播力和影响力。

第三节 "天眼新闻"客户端融合创新的启示意义

随着大量用户纷纷抛弃传统的电视端,甚至PC端,转入更加小屏、便捷的移动端获取相关资讯和服务,移动端日渐成为各大媒体展开竞争、抢占阵地的主战场。"天眼新闻"客户端融合创新发展始终坚持和践行"移动优先"原则,并从资源融合、机构设置、流程再造、考核机制等层面全面推动"移动优先"原则的落实。在"移动优先"原则下,"天眼新闻"客户端既秉承传统媒体优势,又融入新兴媒体特点,以平台思维、精品思维和跨界思维为引领,在"小界面"创造"大舞台",不断深化传统媒体与新兴媒体之间的融合创新发展,塑造新型主流媒体平台。

一、以平台思维打造共建共享共融的融媒体平台

平台思维是一种开放、共建、共享、共赢的思维,平台化建设则是纵深推进媒体融合创新发展的必然路径。通过平台建设与发展,传统主流媒体机构

"在网络传播环境下,仍然能有效地履行社会功能,优化运营模式,升级生产方式"[①]。同时,基于平台思维而自主建设的融媒体平台,是主流媒体集团"自主可控的、围绕媒体的核心功能、体现媒体的本质属性的互联网平台"[②]。

"天眼新闻"客户端以融媒体平台建设为目标,以"中央厨房"为依托,通过对集团内外资源进行系统整合与共建共享,从而成功实现了向融媒体平台的转变与升级。在集团内部,按照整合、融合的原则,将集团原有微信公众号等相关新媒体平台全部迁入"中央厨房",实现了对集团旗下所有新闻资源、人力资源、技术资源、设备资源等的内部整合,并通过在"天眼新闻"客户端上开设专门频道的形式,打破了原有各新媒体单打独斗、零散发声的局限,转而以"天眼新闻"客户端为集中、统一的信息发布与获取平台。在集团外部,一方面,通过与中央级党报党刊和全国各省市党报党刊合作,通过"天眼新闻"客户端便可阅读全国主要党报党刊电子版;另一方面,与省内96家县级融媒体中心相关单位全媒体中心共建共享,实现了资源、内容、技术、平台等层面的互联互通与共享共赢。

二、以精品思维生产内容优质、形式丰富的融媒体产品

一直以来,独特、深刻的深度报道始终是传统媒体的核心优势和竞争力所在。随着新兴媒体、自媒体等多种媒体形态的兴起和发展,大众的阅读习惯日渐改变,传统媒体长篇、深度的报道似乎被挤压到大众视野的边缘地带而少有问津。事实上,在当今信息泛滥的时代,同时也是深度报道稀缺的时代。人们习惯于碎片化、快餐式阅读,也更需要深度性、独家性报道,而这恰恰是传统媒体的传统基因和优势所在。同时,基于现代信息技术的更迭升级和大众阅读习惯的总体变迁,信息产品的形式呈现出更加多元丰富的发展实际。因此,内容优质、形式丰富的媒体产品才会更加受到用户的青睐。

"天眼新闻"客户端秉承传统媒体基因,始终坚持内容为王的原则,坚持内容原创,通过建立覆盖全年全天的选题策划会制度,开创了选题策划新局面,

---

① 宋建武,黄淼,陈璐颖.融合中的平台思维——平台化:主流媒体深度融合的基石.新闻与写作,2017,(10):6.

② 宋建武,黄淼,陈璐颖.融合中的平台思维——平台化:主流媒体深度融合的基石.新闻与写作,2017,(10):6.

形成了"创意泉涌、作品泉涌"的良好生产态势,在"天眼新闻"客户端上发布的稿件中,原创稿件占比达 80% 以上。[①] 同时,"天眼新闻"客户端充分融入互联网基因,坚持"无视频不新闻、无图片不传播"的理念,充分依托现代信息技术,通过鼓励创新、技术合作、技术引进、自主研发等方式,以精品思维生产内容优质、形式多样的融媒体产品,不断增强融媒体产品的质量和冲击力,全面提升融媒体产品的传播力。

三、以跨界思维提供政务、商务、社会服务等融媒体业务

跨界思维是一种大视界、大眼光,是从多元角度、多重视角去看待问题并提出相应的解决方案的一种思维方式,强调交叉与跨越,跳出媒体看媒体。媒体融合创新发展不仅强调传统媒体与新兴媒体之间的融合创新,更延伸出基于媒体平台资源和优势而开展的跨行业、跨领域经营,成为媒体融合创新过程中较为普遍的一种选择。"天眼新闻"客户端也不例外。"天眼新闻"客户端以新闻业务为核心,同时不断探索发展"新闻+政务""新闻+商务""新闻+社会服务"等基于"新闻+"的不同运营业务和模式,不断打破不同行业之间的壁垒,以跨界思维促进跨界发展,实现了从传统媒体单一、单向的信息传播方式向新型媒体多元、交互的融合传播与融合业务转变。如"天眼新闻"客户端除了固定栏目之外,开设了都市新闻、车生活、文化、美食、保险、贵州禁毒、美居等自选频道,用户可根据个人喜好和需求进行个性化选择。

---

① 陈鹏宇. 天眼新闻:全力打造贵州新闻传播"云"航母. 传媒,2021,(16):27.

第七章　大连新闻传媒集团媒体融合创新之路

刘敏[①]

媒体融合战略是媒体行业生存之需，也是未来新闻舆论工作的必然趋势。从2014年到2019年，国家把媒体融合建设上升到国家战略的高度，全国各省市新闻媒体在媒体融合的深度和广度上加速建设发展。2017年3月，在全国副省级以上城市中，大连率先迈入报业广电跨界融合的道路。2018年8月，大连新闻传媒集团率先把报业、广电、网络新媒体、出版社等"全媒体要素"完整融为一体，实现了"报业广电跨界合并，传统新兴深度融合"。本文以大连新闻网为研究对象，首先梳理大连新闻传媒集团媒体融合创新的实践步骤，分析其媒体融合的特点和规律，总结存在的不足和预测未来发展趋势，为中国传媒融合创新发展提供借鉴。

第一节　大连新闻传媒集团构成与现状

大连新闻传媒集团是大连市委直属事业单位，由大连报业集团、大连广播电视台、大连京剧院、大连舞美设计中心、团市委宣传教育中心等11家单位和52家企业融合而成，负责全市新闻事业和传媒产业发展[②]。

[①] 刘敏，云南警官学院教授，东北财经大学博士生。
[②] 中广互联.大连新闻传媒集团挂牌了，由报业+广电等11家单位融合组建.https://www.sohu.com/a/251182481_451230，2018-08-31.

一、媒体融合的新格局

2018年8月31日，大连新闻传媒集团正式挂牌成立，率先把报业、广电、网络新媒体、出版社等"全媒体要素"完整融为一体，实现了"报业广电跨界合并，传统新兴深度融合"。大连新闻传媒集团的成立，标志着大连媒体迈向跨界整合、深度融合之路，成为辽宁媒体融合的领头羊和东北媒体融合的排头兵，力争进入全国地方媒体第一方阵。2020年9月，大连新闻传媒有限公司正式挂牌，由原大连日报广告经营中心、大连晚报广告经营中心和大连广播电视台传媒有限公司整合而成，统一经营集团旗下全媒体广告资源，在广告、物业和产业等方面，开拓现代企业管理新格局。

早在2010年前后，大连的媒体把传统广播电视、平面纸媒分别整合在一起。2010年，大连人民广播电台、大连电视台等14家单位整合，成立了大连广播电视台；2011年，《大连日报》《大连晚报》《新商报》《大连法制报》《东北之窗》《海燕》杂志及大连出版社等合并，成立了大连报业集团。2017年，大连的媒体开始就融合进行试水——由各媒体主力采访部门记者组成"大连新闻中央厨房"，打通了大连报业集团和大连广播电视台所属媒体原有的采编阵容，将他们统一纳入"中央厨房"大平台上，进行统一的指挥调度。2019年，《大连日报》和《大连晚报》在传播力和影响力上有了进一步提升。《大连日报》创下了自1945年创刊以来的历史最高发行量15万份；《大连晚报》发行量重新回归20万份高峰值；广播电视收听收视率一直在大连地区名列前茅[①]。

二、新媒体的异军突起

新媒体也成为主流媒体舆论宣传的主阵地。以新闻大连、大观新闻、大连晚报等公众号为代表的新媒体矩阵也已成为大连市民了解城市变化、政务信息、快捷权威资讯的首选。半年时间，"大连发布"（大连市人民政府新闻办官方公众号）粉丝数突破12万；晚报和交广公众号成为全国百强。目前，各平台的短视频挂牌总粉丝量超500万，双微（微博和微信公众号）达到率、阅读率、

---

① 掌中大连，大连新闻传媒集团和大连万科搞事情了. https://www.sohu.com/a/317741360_820231，2019-05-31.

点赞率稳步提升，集团用户总量超过 1000 万[①]。

2019 年 8 月，在第十二届中国传媒经营大会暨 2018—2019 中国传媒经营价值百强榜发布会上，大连新闻传媒集团荣获五项大奖[②]。大连新闻传媒集团融媒体荣获"智慧创新品牌媒体"、大连日报社荣获"全国副省级、省会城市日报十强"、大连晚报社荣获"全国晚报 20 强"、大观新闻和大连晚报官微荣获"新媒体 30 强"。这次大会是继媒体融合上升为国家战略之后，纪念媒体融合战略实施五周年的一次聚会。标志着大连的报业新媒体布局基本完成，融媒体传播形成矩阵，新媒体收入显著提升，收入来源结构更趋市场化。

大连新闻网是大连新闻传媒集团官方网络平台，前身是《大连日报》电子版。目前下设大连新闻、大连视频、读报刊、看电视、听广播、融媒矩阵、大连云 APP 板块，构建起"两报、三社、四刊、七套广播频率、八个电视频道、两网、两微、三端"的全媒体发展布局[③]。其中，融媒体方面形成了媒体网站 PC 端业务、城市门户网站（大连新闻网、大连天健网）、城市新闻门户 APP（大连云）、城市生活服务 APP、微信公号（大连发布、大观、新闻大连、大连晚报、大连广播电视台）、微博（大连日报、新闻大连、大连晚报、大连广播电视台、行游大连）、自媒体端口（今日头条、西瓜视频、抖音、快手、数字报）互为支撑的媒体矩阵。本文以大连新闻网为研究对象，首先梳理大连新闻传媒集团媒体融合创新的理论和实践，分析其媒体融合的特点和规律，总结存在的不足和预测未来发展趋势，为中国传媒融合创新发展提供借鉴和启示。

表 7-1　大连新闻网融媒体平台框架

总栏目	频道及账号
新闻	时政、民生、社会、评论、财经、金融、房产、汽车、文化、教育、体育、旅游、健康、美食
视频	大连新闻、礁点视频、时政、民生、财经、建党百年
读报刊	《大连日报》《大连晚报》《老友时代报》《东北之窗》《海燕》《少年大世界》《青少年科苑》数字报刊
看电视	新闻综合、生活频道、公共频道、文体频道、影视频道、少儿频道、财经频道、云动 TV

① 张丽霞.守正创新、融合改革，大连做了什么？.大连新闻网，http://www.dlxww.com/news/content/2019-08/31/content_2329555.htm，2019-08-31.
② 把握时代机遇，顺应转型发展.大连日报，2019-08-31.
③ 张丽霞.守正创新、融合改革，大连做了什么？．大连新闻网，http://www.dlxww.com/news/content/2019-08/31/content_2329555.htm，2019-08-31.

续表

总栏目	频道及账号
听广播	新闻 FM103.3、财经 FM93.1、体育 FM105.7、交通 FM100.8、少儿 FM106.7、都市 FM99.1、新城乡 95.6
融媒矩阵	大连天健网、大连发布公号、大观新闻公号、新闻大连公号、大连晚报公号、大连广播电视台公号、大连日报微博、新闻大连微博、大连晚报微博、大连广播电视台微博、行游大连微博、新闻大连/大连晚报/广播电视台的今日头条和西瓜视频公号、新闻大连/发现大连/大连晚报/大观新闻的抖音和快手公号、大连云 APP、掌中大连 APP

资料来源：本表参考大连新闻媒网相关内容，并做了修改和整理。

第二节　大连新闻传媒集团媒体融合创新发展

2019 年，党中央深刻阐明媒体融合发展的时代大势，推动媒体融合向纵深发展的布局[①]。大连新闻传媒集团汇聚多个平台时政资源，组建大时政报道团队，实现资源优势互补。

一、巩固主流媒体"时政＋民生"舆论阵地

主流媒体的融合发展是巩固宣传思想文化阵地、壮大主流思想舆论的战略举措。大连新闻传媒集团成为媒体融合发展的第一梯队，借势传播方式升级，组建大时政报道团队，打磨优质融媒体作品，从而夯实主流媒体的根基和发挥其影响力和辐射度。大连日报、新闻大连、大连晚报、大连广播电视台等政府官方媒体或传统媒体开通微博账号或入驻今日头条、西瓜视频等新媒体。

一是聚焦时政要闻。脱胎于《大连日报》的新媒体平台"大观新闻"，始终坚守党报的新闻准则，让党的声音传得更开、传得更广、传得更深入。《大连计划多校区划片？市教育局官方回复来了！》《事关大连未来发展！市委这个重要会议连开两天！》等[②]，"大观新闻"第一时间报道时政、教育、民生

[①] 沈文彬. 推进地市级融媒体中心建设的几点思考. 视听纵横, https://baijiahao.baidu.com/s?id=1623644172215978503&wfr=spider&for=pc, 2020-02-10.

[②] 王海兰, 王晓飞. 党报的媒体融合之路——以《大连日报》新媒体平台"大观新闻"为例. 记者摇篮, 2019,（10）:40-41.

的重要新闻。2019年4月19日，网上出现"大连一化工厂爆炸"的不实消息，"大观新闻"及时还原新闻事实，平息谣言。新冠肺炎疫情期间，大连新闻传媒集团聚焦抗疫英雄事迹，用镜头记录了坚守一线的医生和护士、运输防控物资的人员、守候社区的工作人员、救援队人员等。这些城市英雄曾先后登上新闻头条，他们的事迹被数以万次地转发、点赞，并得到了新华社、《人民日报》等中央级媒体的关注和转发。2020年3月30日，大连新闻传媒集团全媒体中心特别策划《勇士归来 春深似海》，千万网友在大连新闻传媒集团的各类网站和APP，以及新华社现场云和央视频、今日头条、抖音等共同观看报道和直播。为了这次报道，大连新闻传媒集团组建了强大的全媒体宣传阵容，根据既定路线及行程安排，出动卫星转播车、航拍机等跟随拍摄，百余名摄影、摄像、文字记者和后台编辑就位待命，100多名志愿者摄影师沿途助力，分享了高清画面。2020年12月31日，"致敬抗疫英雄——亿达之声2021新年音乐会"以线上方式呈现，大连新闻传媒集团文体频道、"礁点视频"微信公众号、"发现大连"抖音号对音乐会进行了现场直播，实现了电视台、公众号、抖音号同时在线的多元传播模式。仅在抖音账号就有16.83万人观看，表达了对大连援鄂医护人员及抗疫一线人员的感恩之情和崇敬之情。"礁点视频"直播"大连战疫"，收视率达到1340万。此外，半岛晨报旗下融媒体平台"公益大连"致力于社会公益事业，先后获得"2019网络公益年度优秀传播项目"、新华网"新华公益"、光明网"艺术公益大讲堂"等7家中央级媒体和其他12个公益项目。

二是着重专题策划。媒体融合时代，纪录片在弘扬主流价值观、传播地域形象、凝聚城市精神方面形成独有的特色。为了庆祝建党100周年，大连新闻传媒网创设《建党百年》视频栏目，现已有100余集（数据截至2021年5月10日）。2021年2月，创立"百年初心"专题片项目工作室。为了向建党百年献礼，工作室立足大连的党史和革命史，讲述早期大连共产党人的牺牲和奋斗，镌刻大连地方党史的"史诗版"光荣画卷。2018年11月，由大连新闻传媒集团对外传播交流中心制作的纪录片《最美大连行》荣获"第24届中国纪录片好栏目"。2020年11月，以"新中国成立70周年"为主题背景的新闻纪实《烟火乡国》获得中国新闻二等奖。2018年12月28日，大连新闻传媒集团的大连交通广播送评的《轨道人生》《碰海人》作为献礼中国改革开放40年的作品，成功入围"畅行中国改革开放40周年全媒体新闻行动表彰会"，体现了主流媒体的影响力、引导力和公信力。

三是提供智慧城市服务。大连新闻传媒集团融合多种形式的媒体平台，打造时政资源通道，做好政务新闻和信息发布，把服务延伸到城市生活资讯服务的手机客户端，为智慧城市提供立体服务。2018年12月，大连市政府新闻办的双微政务平台"大连发布"成功上线，"大连发布"是政务信息、政策解读、突发事件、生活服务发布的重要平台，是政府深入民生服务的重要举措。在疫情期间，在线直播市政府新闻办新闻发布会内容，并把"疫情通报""疫苗接种"形成新闻链条，让大连市民获得安全感和互动参与的积极性。大连新闻传媒集团的"大连天健网"是大连网络新闻媒体和重要外宣窗口，下设"大连·民意"栏目，打通"网站+微博+公号"问政渠道，整合散落的热线资源，形成聚合效应。开通两年多，收到群众诉求67万多件，按时回复率99.22%，市民满意率94.59%，发帖量4000多万，浏览量过亿，吸纳了更多的新闻线索[1]。"礁点视频"是大连新闻传媒集团旗下的官方微博和微信公众号，微博账号围绕大连本地民生新闻，从2010年至今，共发布微博59240条，粉丝量733914。2020年7月11日，大连市时政公用事业服务中心负责人参与大连新闻传播集团FM103.3播出的《8890营商便民热线》节目，在线与市民交流城市道路维修、城市照明及排水等问题，此节目实现了"电台+微直播"传播模式。

二、深耕内容生产和运营 探索媒体融合新模式

一是实施大数据战略，为用户提供个性化服务。大连新闻传媒集团建立强大的用户数据挖掘和分析体系，采集用户收视行为数据，并将这些数据进行存储、标签、去重、清洗、关联、聚类，以实现数据的可分析利用。通过分析及趋势预测，可以探查到目标对象对某个领域的关注度和持续度，不但可以为传统媒体的内容制作提供方向，还可以在新媒体端运营精准广告投放、智能推荐和增值业务提供依据[2]。大连新闻传媒集团下属的微信公众号，拥有一批消费能力较高的高质量粉丝群，获得广告投放商的青睐。2020年11月，第27届中国国际广告节上，大连新闻传媒集团展区吸引了国家市场监督管理总局、国家

---

[1] 张丽霞.守正创新、融合改革，大连做了什么？.大连日报，2019-08-31.
[2] 穆军.大连新闻传媒集团融媒体平台建设和运营的思考.有限电视技术，2019，（12）:24-26.

广电总局和中广协主要领导以及众多广告品牌商前来参观考察、合作洽谈，获得高度评价①。

二是入驻短视频平台，打造优质媒体产品。随着移动终端普及和网络的提速，短平快的大流量传播内容逐渐获得各大平台、粉丝和资本的青睐，大连集团传媒集团精心制作短视频，入驻优质视频平台。2018年12月，大连市环境保护局与大连新闻传媒集团将联合举办首届大连环保短视频大赛，引导并鼓励短视频爱好者以视频为媒介，加强生态文明宣传教育，牢固树立生态文明价值观念和行为准则。此外，大连新闻传媒集团的"新闻大连""发现大连""大连晚报""大观新闻"公众号先后入驻抖音、快手等多个视频平台，既能吸引流量，又能转变传统新闻严肃的叙事风格。其中，"新闻大连"和"大观新闻"坐拥150万人以上的粉丝量。

三是探索网络"直播+社交"模式，筑牢粉丝忠诚度。大连新闻传媒集团新媒体中心搭建了网、微、端、抖等多方位报道平台，通过视频直播、现场图片、文字采访、H5页面等方式，可以进行多机位、多卡点、多角度的在线报道。2019年5月，第32届大连国际马拉松赛事首次实现央视全程直播，也是第一次直升机航拍，更是大连新闻传媒集团第一次承担落实大连国际马拉松赛在央视的播出任务。"2020辽宁一日·美好小康"在"礁点视频"上实现12小时大型全媒体直播，深度直播展示了辽宁全境的地理、历史、人文、物产等文化景观，共吸引36.31万观看。2020年5月27日，由于新冠肺炎疫情，"云赏槐直播"亮相大连新闻传媒集团的全媒体线上平台，吸引了百万大连市民及中外友人点击观看。2020年4月，大连新闻传媒集团新媒体中心开启首届粉丝节。到场参与互动的八位铁杆粉丝，有每期帖子必转发分享、留言互动的"义务宣传员"，有定期投稿的漫画家、摄影师和"金牌爆料人"。热心的粉丝们用自己的方式传递新消息、共享新媒体。粉丝节活动通过"大连云"直播平台，共计超过53万人次观看。

四是积极探索工作室制度，鼓励改革创新。大连新闻传媒集团重视人才培养和新媒体理论课程培育，并在媒体融合领域汇集了一批骨干力量。既有资深新媒体运营者和拥有百万粉丝号的高中华，又有广电"名嘴"、礁点视频负责

---

① 大连新闻传媒集团"传媒+"运营模式获点赞.大连日报, http://www.dlxww.com/news/content/2020-11/17/content_2493979.htm，2020-11-7.

人鸣飞，他们的定期授课使得更多业内人士和爱好者了解新媒体特征和操作技巧。2021年2月，大连新闻传媒集团成立首批5个以优秀骨干人才为主的品牌工作室。分别是以电视剧创作、大型文化活动、综艺节目创意的郝岩工作室；以反映大连共产党人奋斗和牺牲的历史故事为核心的"百年初心"专题片项目工作室；以娱乐主播、带货主播为目标的"沫问出处"主播工作室；以打造大连本地相亲节目为品牌的"红娘来了"工作室；以及居于全国报纸抖音账号前10名的、探索多媒体经营模式的"独教授"融媒工作室。这些工作室的成立对积累经验、锻炼队伍起到积极推动作用，更是提高效益、产生效能、改革创新的大胆实践。

三、科技助力融媒体信息化建设

一是搭建融媒体管理架构。媒体融合平台的建设、应用和管理，涉及一整套运行机制、技术系统、采编思路和模式的创新。早在2017年6月，大连新闻传媒集团搭建了内控式的"中央厨房"平台，打通了大连报业集团和大连广播电视台所属媒体原有的采编阵容。目前，大连新闻传媒集团融合媒体云平台，采用"IaaS+PaaS+SaaS"标准三层云架构，建设面向"报台网"全业务融合、全流程再造、共平台一体化生产的融合媒体平台。[①] 以"大观新闻"为例，其公众号集合和使用《大连日报》、大连广播电视台、《大连晚报》、《新商报》、大连天健网、《东北之窗》、《海燕》杂志社、《地铁时报》等全媒体的新闻资源，运用移动互联网的最新技术，迎合手机端用户的喜好，推送不仅限于大连本地的权威资讯。

二是与行业领军企业开展深度合作。2019年5月，大连新闻传媒集团与腾讯云达成战略合作，在新闻传播、广告经营、大数据、云计算、中国传媒岛、新型智慧城市建设等方面展开深入合作，腾讯利用成熟的技术和经验，助力大连新闻传媒集团打造全媒体融合技术平台。2019年5月，大连新闻传媒与大连万科达成战略合作，在品牌宣传、传媒岛建设、文创产品和娱乐产业方面加强沟通。2019年7月，大连新闻传媒集团与大连高新区企业达成多项框架合同，共同探讨5G应用环境下，媒体与AR、VR、全息影像等技术的结合与应用。

[①] 穆军.大连新闻传媒集团融媒体平台建设和运营的思考.有线电视技术，2019，（12）：24-26.

芒果TV、浪潮集团等目前已经与大连新闻传媒集团签订框架合同，未来将入驻传媒岛。2019年12月，大连新闻传媒集团与东软集团签署战略合作协议，共同围绕融媒体技术开发、信息化建设、政企融媒体平台等展开深入合作。东软将充分利用在媒体云、大数据、人工智能方面的技术优势，以及丰富的央级融媒体、省市级融媒体平台的技术经验和能力，帮助大连传媒在融媒体平台1.0版建设基础上，提供融媒体解决方案，实现技术迭代升级的目标。双方还将优势互补，强强联合，面向政府部门、企业及公众，以大连传媒融媒体平台为依托，打造"技术+服务"的新型政企融媒体平台，努力把大连传媒打造成为智慧城市建设的主要接口和数字民生服务的重要入口。

三是硬件开发为融媒体助力。2019年8月29日上午，大连新闻传媒集团在即将上线的"大连云"APP上，测试使用了中国移动公司最新研发的"和背包"，通过搭载5G网络，实现了东港现场视频的高清网络直播，这是移动5G背包在辽宁省的首次使用。2019年9月，致力于打造大连权威优质内容聚合平台，集新闻、视频、直播、服务等功能于一体的"大连云"移动客户端（APP）在各大手机应用商店正式上架，大连新闻传媒集团全媒体新闻中心（一期）也于当日投入试运行，可以实现报纸、广播、电视、网站和各主要新媒体的一键阅读、收听和观看。2020年12月，大连新闻传媒集团在全省率先使用移动5G"和背包"进行直播测试。大连新闻传媒集团采购"大连云"融媒体平台全媒体应用系统服务器，为打造智慧城市建设提供硬件保证。

第三节　大连新闻传媒集团媒体融合的难点

一、融媒体的顶层设计需要打破传统思维模式

大连新闻传媒集团媒体融合建构在"理念先行，技术支撑，精准切口"的基础上开展，但是仍存在以下问题：一是行业壁垒问题。媒体融合之前，各大媒体各自为政，分别建设。因此，媒体融合需要打破传统的思维和认知，用互联网思维才能做出科学的顶层设计、规划战略和实施方案。二是结构性矛盾和

体制性障碍。结构性矛盾主要集中在存量与增量、新旧业态、供给与需求等关系的处理上，需要政策、机制、管理层面做到共享和共融。三是媒体融合还处于"融媒体"的初级阶段。"媒体融合"是一个过程，指多种媒体在多个层面、多个领域、多重意义上的相互连接、打通、融通、整合等过程。"融媒体"是指媒体融合过程中出现的相互融通的多媒体，主要指技术、内容、渠道、平台等相互融合的多媒体形态，尤其要在机制和体制上进行大刀阔斧的改革。可以说，媒体融合只是一个阶段性的产物，融媒体才是最终的理想业态模式。

二、融媒体对人才和团队综合能力的迫切要求

融媒体对新闻理念、新闻内容、技术要求都是一次革新，新闻采集、制作和营销的聚合性要求人才或团队的专业性和复合型。例如，H5的制作需要策划、文字、美术和HTML开发能力较强的复合型人才或综合团队。新媒体开发项目则需要熟悉节目制作、PHP/JAVA、APP开发、互联网端口技术等团队的支持。目前，大连新闻传媒集团融媒体平台的最大短板是缺乏既懂产品制作和开发，又懂运营和市场，也懂技术与用户心理的综合人才或团队。从未来融媒体趋势来看，一是深耕用户大数据，实现数据的可分析可利用，便于在新媒体终端完成精准广告投放和增值业务；二是加大智慧城市服务功能的研究，探寻百姓智能化、人性化、便捷化的生活模式和技术难题。

三、新媒体短视频传播方式的转变

在社交平台上，短视频由点至面传播，传播媒介为"点"，移动用户即受众为传播的"面"，受众利用媒介反馈传播内容，以分享、评论及点赞的方式进行反馈。短视频的互动方式和多元化元素改变了传播方式。受众既可以在观看时与视频内容进行互动，例如回复评论、发弹幕等操作，以及在直播及VR技术状态下；又可以同视频内容外部成员实时互动，激发了受众对短视频新闻的需求。本文比较大连新闻传媒集团下属的三个媒体（见表7-2）在抖音账号上的数据，作品数量与点赞量、粉丝量的比例不符，分享评论和转发次数并不理想。这种情况表明，视频内容无法激起受众把视频分享到自己的社交平台上，由此第二层传播裂变难以实现。抖音用户更倾向于有趣、有情的视频内容，因

此要按照新媒体受众的不同特点配置不同类型的短视频，尤其要让拥有大量熟人圈或大量粉丝的博主或大 V 转发、分享评论或点赞，发挥"意见领袖"的角色，使其传播模式由点至面呈中心裂变式传播。此外，关注度较高的短视频大多是外省或央视媒体制作和转发的，本地原创短视频获得的认同感不高。除了"大连晚报"抖音号中，置顶的短视频"白衣守护者与居民感人互动"获得 84.2 万点赞、1.8 万评论、1864 次转发的"好成绩"外，反映本地新闻的短视频普遍关注度不高。因此，全媒体矩阵要实现节目传播裂变，引起热议和共鸣，对媒体产品的精心策划和深耕制作仍然是"王道"。

表 7-2　大连新闻传媒集团下属媒体在抖音账号的数据分析

抖音账号	粉丝量	主办单位	作品数量	点赞量
新闻大连	159 万	大连广播电视台新闻中心	1430	3860 万
发现大连	175 万	大连广播电视台	3331	9277 万
大连晚报	137 万	大连晚报	1583	6523 万

第四节　大连新闻传媒集团媒体融合的突破

　　媒体融合之路不仅是我国媒体迫切生存之所需，而且也是国家新媒体发展格局的战略部署。国家相继出台和制定相关法律法规、方针政策，为新媒体发展提供良好的政策保障。有学者指出，媒体融合发展经历三个阶段：第一阶段是传统媒体和新兴媒体优势互补阶段；第二阶段是传统媒体和新兴媒体融合发展，建设生态级媒体平台阶段；第三阶段是建构融合体系，形成新型主流媒体平台阶段[1]。当前，推动媒体融合发展、建设全媒体成为国内面临的一项紧迫课题。媒体融合是通过围绕主流媒体打造自主可控平台来向前推进的。也就是，坚持传统媒体和新兴媒体优势互补、一体发展，坚持先进技术为支撑、内容建设为根本，推动传统媒体和新兴媒体在内容、渠道、平台、经营、管理等方面的深度融合[2]。

---

[1]　宋建武．媒体融合发展进入新阶段．大连日报，2020-05-12，08:38.

[2]　罗良才．推动数字化转型加快全媒体升级 以供给侧结构性改革推进媒体融合发展．北京石油管理干部学院学报，2021-02-15.

可以说，大连新闻传媒集团媒体融合的领域、深度、触角、程度广泛，不仅涉及传统媒体和新媒体的融合，而且还汇聚剧院、文娱、城市软件等产业集成。新媒体在发展过程中衍生了由全程、全息、全员、全效媒体组成的"四全媒体"，其主导的全媒体格局深刻影响了传播主体、渠道、方式等各个环节[1]。作为主流媒体的大连新闻媒体集团，要提高自身传播力、影响力和竞争力，必须在全媒体格局背景下因时而动、与时俱进，迎接全媒体时代舆论工作的挑战和机遇。一是继续发挥主流媒体的传播力、影响力、公信力、引导力，发扬主旋律、正能量和积极的道德观；二是全面把握媒体融合的发展规律，不断完善顶层设计和整体性筹划，在体制机制、政策措施、流程管理、人才技术等方面加快融合步伐；三是依靠互联网技术、传播技术、移动端技术的支持，发挥大数据、云计算、人工智能等先进技术，做好服务人民和智慧城市建设工作；四是建设城市软实力传播模型。筹划成立专家智库，打造统一的大连城市形象系统，以微视频媒介形式梳理典型人物、讲好城市故事，形成对外传播体系，进行声音一致、形象立体、表现全面的传播，让大连以更加良好的风貌展现在全国乃至世界面前。

---

[1] 黄楚新．当前我国媒体融合发展状况、存在问题及趋势．党建网，http://www.dangjian．

平台融合创新篇

第八章 大众报业集团：自主研发激活媒体深度融合发展新动能

俞凡　张钰华[①]

2019年1月25日，习近平同志指出，推动媒体融合发展、建设全媒体成为我们面临的一项紧迫课题，要求形成"全媒体传播体系"。当下要实现媒体的可持续发展，媒体的互联网化就至关重要。大众日报集团牢牢把握时代发展的主旋律，以习近平新时代中国特色社会主义思想为指导，贯彻落实习近平总书记系列讲话精神，坚持正确的舆论导向，坚持改革创新，构建自主技术平台，整合全媒体矩阵，推动集团媒体融合向纵深发展。

5G时代的到来，为媒体融合提供了强大的技术支撑和巨大的发展空间。在媒介格局深刻变动的当下，主流媒体纷纷进行媒体融合，在内容、渠道、平台、经营、管理等多方位发力，建设全媒体传播体系，打造自己的全媒体产品。大众报业集团作为党媒，积极走在媒体融合发展的前列，勇立潮头，力争上游，牢牢占据舆论引导、服务人民的传播制高点。

大众报业集团重点推动"一云一库一平台"——齐鲁智慧媒体云、大数据库、山东省新媒体大平台等基础设施建设，致力打造全媒体传播体系。目前，大众报业集团已经基本实现各媒体入驻，构建起融媒体矩阵，为县级融媒体中心提供了发展动力，并于2020年获得"王选新闻科学技术奖"一等奖。

[①] 俞凡，山东大学新闻传播学院教授、博士生导师；张钰华，山东大学新闻传播学院2020级硕士研究生。

第一节 "齐鲁智慧媒体云"建设的基本情况

媒体融合自 2014 年正式上升为国家战略以来,多家主流媒体持续推进,就内容、渠道、平台、经营等方面进行了积极有效的探索。然而,如何走出"有爆款没用户,有流量没平台"的困境依然是当下媒体融合关注的焦点,成为摆在主流媒体面前亟待解决的问题。

在移动互联网时代,没有平台就没有话语权。平台聚合着海量的用户资源,是连接媒体和用户的重要渠道。媒体只有建立自主可控的网络平台,才能打破与用户之间的隔膜,建立用户黏性,成为连接用户的信息枢纽,真正发挥主流媒体引导舆论、宣传群众、服务群众的功能,打造和完善媒体的自我造血功能,实现数据变现,真正将媒体融合做深做大。

媒体的融合发展离不开技术力量的支撑。长久以来,传统媒体采用对外招标的形式进行技术外包,依托互联网和科技公司的技术支持进行日常运营和内容生产,割裂了技术和内容,造成了用户流失。基于此,大众报业集团成立技术委员会,组建专业化技术团队,自主建设并运营"齐鲁智慧媒体云"平台,摆脱了核心技术受制于人的困境,为集团的发展注入了强大的动力。

2017 年 6 月大众报业集团"中央厨房"作为媒体融合基础工程正式投入使用,2018 年在此基础上开始建设"齐鲁智慧媒体云"。2020 年初,在政府政策支持下,大众报业集团技术委员会牵头组建技术团队,成立"齐鲁智慧媒体云"升级改造工作专班,全力攻克技术难题,不断完善功能。最终新版"齐鲁智慧媒体云"于 2020 年 5 月正式上线启用,逐步实现信息资源的统一管理。大众日报、齐鲁晚报、海报新闻等媒体纷纷迁入"齐鲁智慧媒体云",极大地提高了资源利用率,实现内容共享。齐鲁智慧媒体云平台持续升级,更新迭代,实现功能的无限扩展。新版"齐鲁智慧媒体云"的核心功能有开发报题、任务、稿件库、发布库等,具体功能涵盖:定制开发个性化审核流程配置、协同共享小组、定向提醒、稿件审核打分等。[1]实现了各端媒线上操作统一化、专业化和标准化。

大众报业集团依托党和政府的优势,借助互联网技术,整合资源,提高原

---

[1] 鞠传森. "齐鲁智慧媒体云"自主可控技术体系探索. 传媒, 2020, (17): 67–68.

创生产力，致力于打造以"新闻＋政务＋服务"内容为主的融合型传播平台，从而吸引用户，重塑党报党媒品牌优势。集团基于"齐鲁智慧媒体云"平台，以更高效的传播手段实现海量内容的生产、聚合和分发，形成了"内容＋后台＋终端"的新型传播体系。

第二节 "齐鲁智慧媒体云"的融合探索

"齐鲁智慧媒体云"通过采用开放性的技术架构，打通了业务链条，疏通了数据共享堵点，实现功能的无限扩展，得以满足不同的应用模式。在实施过程中，重点关注用户需求，将传统媒体的内容优势与新技术手段相结合，依托互联网技术调整产业结构，优化资源配置，助力提升主流媒体在舆论引导、服务群众、信息整合方面的影响力和竞争力，为建设现代传播体系提供了有力保障。具体包括打通内部外部资源、吸引政府机构和企事业单位入驻、向下打通县级融媒体中心、融入5G短视频智能生产平台、积极探索大数据生产模式、建设端媒统一生产管理平台等。

一、实施共享共用策略，构建全媒体传播体系

依托"中央厨房"平台，打通"策采编发运"生产流程。齐鲁智慧媒体云"中央厨房"采用总编辑负责制统一遥控指挥，改变了传统的"报、网、端、微"分离的生产系统，实现融媒体策、采、编、发、运营一体化，逐步建立起全媒体传播格局。全媒体平台的建立和应用，摆脱了传统的子媒体之间"各自为政"导致的工作对接不便、协调沟通难度大、资源浪费、内容重复等问题，促进不同媒体部门在业务上的互通，极大地提高了工作效率，优化采编方式，推进生产流程智能化。

"中央厨房"紧跟技术发展趋势，在实际应用中不断完善，目前已包含机器写稿、H5制作、视频直播、图库、智能辅助写作等智能业务模块以及全网监测、爆点跟踪、智能采集、AI云剪、算法建模、评估用户反馈和新闻影响力等多种

功能。"中央厨房"突破了时空限制和设备限制，记者可以借助手机等智能终端，随时随地进行写稿和上传，实现新闻事件的全流程跟踪和全链条播报。在信息传播环节，人工智能技术能够进行个性化推荐和智能化分化，以用户为中心，实现精准传播，满足个体化的信息需求，打造融合发展新生态。

其次，采用多种对接打通技术手段，实现了与大众日报、齐鲁晚报、海报新闻等旗下媒体的技术互通。随着各媒体陆续迁入"齐鲁智慧媒体云"，各媒体部门的内容资源被全面打通，逐渐实现内容的聚合，从而节约成本，提高效能，共享平台红利，实现报网微端大合奏。2021年德州"两会"期间，大众日报、齐鲁晚报和海报新闻首次组成融媒报道团，以"云"看"两会"为报道理念，发布了VLOG、H5、漫画等多种融媒作品，其中，海报新闻共发布融媒报道稿件265篇、短视频182个，着力打造融媒体创新传播新模式。[①]

与县级融媒体中心进行连接，共享技术资源和能力。移动互联网时代，主流媒体不再是单兵作战，只有打通内外，实现渠道下沉，才能汇集更多的用户，广泛地聚合资源，形成上下互动的立体化传播格局。"齐鲁智慧媒体云"平台聚合省、市、县级等多个媒体运营端口，坚持互帮互助、协同合作，以资源共享模式实现合作共赢，一定程度上解决了县级融媒体中心建设技术力量薄弱、内容数据匮乏和资金不足等现实问题。县级融媒体中心在"齐鲁智慧媒体云"的支持下，共享同一技术成果和海量资源，借助省市级媒体的流量和用户优势，建设运营基于当地的移动互联网服务端口，提升自身的造血能力，实现融合转型。

党委政府机构入驻，打造新型主流传播阵地。在媒体融合过程中，集团为了吸引用户、扩大用户，与其他机构开展深度合作，进行业务融合。目前，除山东省各区市县的融媒体中心外，山东省委党校、山东省政府办公厅、山东省市场监管局、山东省人民检察院等单位以及部分高校也纷纷入驻齐鲁智慧媒体云平台，逐步构建起跨行业的传播格局，为打造"四全媒体"创造了条件。集团不断提升技术创新驱动力，积极参与政务部门融媒体中心和党建云平台建设，"齐鲁智慧媒体云"突破了新闻媒体的局限，成为党和政府服务人民群众的端口，截至2020年底，通过入驻"齐鲁智慧媒体云"与集团各媒体建立合作关系的

---

① "筑梦"德州2021！大众网·海报新闻：创新联动融合传播 网聚"两会"好声音．大众网，http://dezhou.dzwww.com/news/202101/t20210128_7769143.html.

机构累计达5700家。[①]

集团以"齐鲁智慧媒体云"为支撑，依托大数据平台，发挥技术引领作用，向上打通与省市级党委和政府各部门之间的联系，向下打通与各县级融媒体之间的联系，横向加强与今日头条、华为等商业平台的合作，逐步打通、逐步串联，将省内媒体融合成"一张网"，通过各类端口，广泛聚合和有效运营各类本土资源，推进省内媒体融合向纵深发展，打造全媒体传播格局，真正发挥平台的示范作用，做大做强主流舆论，提升主流媒体的传播力、引导力和影响力。

二、充分运用5G技术，探索融媒产品生产新方法

互联网构成了当下最基本的生活环境，传统媒体占主导地位的传播格局被彻底打破，移动互联网技术发展和新媒体的出现冲击着既有的传播样态和产业格局，两微一端、短视频平台的兴起改变了信息生产模式、内容表现形式、传播路径和传者—受者的单向模式。随着媒体融合的快速推进，尤其是以5G为代表的新技术在全球范围的推广，媒介内容生产和传播方式正在发生深刻的变革。

以5G为代表的技术变革重构了媒介格局和传播形态。中国互联网络信息中心发布的第46次《中国互联网络发展状况统计报告》显示，截至2020年6月，我国网民规模为9.40亿，手机网民规模达9.32亿，短视频用户规模达8.18亿，占网民整体的87.0%。[②]移动互联网时代，用户的媒介需求呈现移动化、社交化、视频化、互动化等特点，短视频因其低门槛、强参与性逐渐成为用户交往沟通的主要方式之一，进而成为媒体竞争的一大核心要点。随着5G商用的推进，短视频将成为未来媒体传播的重要载体。集团顺应技术发展趋势，不断完善"齐鲁智慧媒体云"的功能，新增"5G短视频智能生产平台"和"端媒统一生产管理平台"，积极向智能化、移动化的发展方向迈进。

"5G短视频智能生产平台"集合了多项人工智能技术，可实现快速制作、拼积木式生产、海量生产，拥有虚拟主播、语音识别、一键转视频等18项主要功能，[③]创新短视频生产模式，推动党媒短视频融媒体产品的生产和传播。

---

① 汤代禄."齐鲁智慧媒体云"支撑媒体深度融合发展.中国传媒科技，2021，03：14-17+39.
② 第46次《中国互联网络发展状况统计报告》.中国互联网络信息中心，2020-09.
③ 鞠传森."齐鲁智慧媒体云"自主可控技术体系探索.传媒，2020，（17）：67-68.

平台设置媒资数据库，能够对进入的视频素材进行自动识别和智能分析，通过机器生产和人机协作生产，大大简化记者和编辑的工作流程，降低工作难度，轻松实现媒体的可视化呈现和互动式表达。在短视频领域加大策划和创作力度，"半岛V视"栏目、齐鲁壹点等发布的短视频影响力不断上升，取得了良好口碑。

其次，自主研发的"端媒统一生产平台"打通媒体各端，简化生产流程，实现内容聚合和多平台一键分发；积极探索大数据和区块链生产模式，以期实现各端媒稿件的精准定位、精准传播、追溯和分析。后续还陆续开展"大数据及主题数据库"和"5G融媒体实验室"建设，推动媒体融合纵深发展。

信息技术重塑传媒产业生态，直播、VR、AR、MR助力新闻媒体内容创新。在全国两会、十九大、新中国成立70周年等重大主题报道活动中，VR、H5、智能AI主播、直播、动漫等多样态新闻产品纷纷亮相，打造了大型全媒体报道，大众报业集团在报网微端精准发力，构建了及时、立体的全媒体传播样态。其中，在庆祝新中国成立70周年特大主题报道中，集团各媒体推出"壮丽70年 奋斗新时代""鲁企调研行"等栏目，共刊发原创国庆报道3000余篇，新媒体产品总点击阅读量近8亿，"日出山东""夜色山东"系列报道获中宣部表扬。[①]在2020年防控疫情报道中，集团融媒体中心上线大数据融媒体产品《众志成城抗击疫情》《疫情防控指南》和交互式融媒体产品《新型冠状病毒肺炎党媒求助平台》，先后推出《万众一心 齐鲁战"疫"》《十二张海报汇聚山东力量》《疫情阴影下的温暖瞬间》等融媒系列产品，获得澎湃、网易等其他媒体转发[②]。

集团充分利用技术手段，创新产品内容、优化视觉效果，打造新闻生产新模式，极大地丰富了新闻产品的呈现形式，不断适应移动互联网时代的大众需求，打造"爆款"产品，进一步扩大融媒产品的影响力，提升品牌竞争力。总体来看，大众报业集团以"齐鲁智慧媒体云"为支撑，打通生产平台，形成传播矩阵，不断推动技术创新与内容生产的深度融合，构建全媒体传播格局。

---

① 唐德强，杨艺.牢记职责使命 加快改革创新——大众报业集团推动媒体融合向纵深发展综述.传媒，2019，(24)：17-20.

② 齐鲁壹点.大众报业集团融媒体中心推出防疫大数据融媒系列产品.https://ishare.ifeng.com/c/s/7u1klafgeCx.

第三节 "齐鲁智慧媒体云"建设的挑战与出路

随着现代技术的快速发展,人们的文化和媒体消费需求将发生深刻变化,数字技术成为传媒产业发展新动力。加快推动媒体融合发展、构建全媒体传播格局,使互联网由最大变量变为最大增量成为当下传媒集团的重要任务。然而,在媒体融合推进的过程中,随着5G、云计算、物联网等新技术和基础设施建设的日益完善,大众报业集团面临着更大的机遇和挑战。

当前大众报业集团"齐鲁智慧媒体云"建设虽然取得一定成效,但是正式进入媒体融合深水区时,仍然面临全媒体人才缺失、体制机制不健全、融合传播矩阵发展不均衡等挑战。只有顺势而为,才能推动媒体融合做大做强,真正实现在用户、内容、技术、传播平台等方面的共享融通。

一、坚持内容为王、移动优先,促进全媒体融合

以内容为根本,充分发挥主流媒体新闻内容生产优势。移动互联网时代,更要坚守党媒党报的专业优势,以技术为支撑,将主流媒体的内容优势转化为传播优势,继续发挥品牌影响力,以优质内容创新服务,巩固壮大主流舆论场。

大众报业集团进一步拓展新媒体业务,加速推进内容与技术的融合发展,借助VR、AR、直播等新技术,创新传播形式,为用户提供互动式、沉浸式体验。集团坚持以为用户为中心,牢牢把握话语权,大力推进供给侧结构性改革,坚持创新新闻产品,主动顺应数字化的发展,构建内容资源与新媒体相融合的产业形态,争做媒体融合的排头兵,在媒体竞争加速的市场格局中迸发出新的活力。当下,舆论生态、传播格局都发生着深刻的变化,如何"借力使力"成为传媒行业面临的一大难题。大众报业集团深入发掘优秀的内容资源,借助新媒体、新业态的东风,优化重构产业体系,推进文化资源数字化进程,以期实现社会效益与经济效益相统一。

二、加强职业技能训练,培养全媒体人才

科学技术是第一生产力,人才是第一资源,传媒集团竞争的关键在于人才

的竞争。习近平同志多次强调新闻舆论工作与人才培养的重要性，如何培养兼具技术和创意的复合型人才成为推动媒体纵深发展的关键问题。

主流媒体媒介融合进程中的关键在于打造一支专业过关、技术过硬、能够适应互联网平台运营、具有互联网思维的人才队伍。主流媒体要有广纳贤才的眼界、气魄，只有不断完善新型媒体人才引进机制和培养模式，全面提升人才素质，招募多维度人才，推动传统媒体人观念的转变，培育媒体转型升级的骨干力量，才能有效应对移动互联网时代媒体转型带来的挑战。

媒体融合要求不断强化记者编辑队伍建设，充分发挥集团骨干人才的带动作用，创新培训模式，提高参与度，全面提升队伍整体素质。加强集团文化建设，不断提升公司凝聚力向心力，营造积极向上的文化氛围。同时，需要建立明确的用人机制和选拔条件，破除论资排辈的"陋习"，让人才大有可为、大有作为，形成良好的工作氛围，提高公司的创新创业能力，解决人才引不进、用不好和留不住的问题，从而全面提升经营质量。在人才培养上，积极构筑多层次、多领域人才体系，加大全媒体人才的培养力度；在人才引进上，加快引进技术人才，强调一专多能型，鼓励创新，塑造新时代的全媒体人才；在新媒体运营、技术开发、投融资等领域全面发力，打造一批会运营、懂技术、敢创新的人才队伍，助推集团转型升级和融合发展。

三、严格规范管理，防范技术风险

5G 时代，传统的把关人模式在互联网环境中失效，信息传播速度更加快捷，传播渠道众多，网络上信息内容良莠不齐，隐私风险升级，传统媒体话语权式微。基于此，主流媒体要把握传播主动权，就必须要强化平台管控能力，意识到人工智能的潜在风险，严格规范管理，树立风险意识。其次，要处理好技术与内容的关系，严抓内容建设。大数据、算法推荐有可能导致内容低俗化倾向，不能以博眼球的方式赚取流量。当下，技术驱动成为媒体发展的关键，但同时需要警惕技术可能带来的问题，警惕重复建设和资源浪费，把握好投入产出比，在技术热潮中更要学会冷思考。

四、创新管理体制，构建良好的运营机制

主流媒体在转型发展过程中往往无法高效及时地把握互联网全新的运营模式。供给侧结构性改革下，推动传统媒体与新媒体的深度融合，必然要破除传统媒体固有的体制机制，积极面向新业态，加强对新媒体资源的整合，加快培育新的经济增长点，破解传统媒体单打独斗的困境。

在薪酬政策方面，明确操作性、有效性、激励性的考核标准，不断形成职责明确又充满活力的用人体系。进一步优化运营机制，推动薪酬体系改革，让真正干实事的员工有回报，提高传媒从业人员的归属感。同时将员工工资收入与个人贡献密切挂钩，如将报道的浏览量、评论数等用户反馈数据作为考核标准，系统评估传播效果，发挥薪酬对员工的激励作用，确保激励到位和制度落实。

在管理上，突出差异性，针对不同媒体网站的特色和用户群采取有针对性的管理措施，拒绝"一刀切"；要把握好新媒体的传播特点，坚持用户本位，提升服务意识；进一步优化管理架构，深化改革，促进高质量的发展；完善相关的规章管理办法，明确岗位管理体系，不断提升内部管理标准；利用大数据、云计算等新技术建设智慧传播监管体系，打造智能化的管理手段，助力主流媒体融合发展。

"齐鲁智慧媒体云"建设完成之后，最重要的是要有一套与之相适应的运营模式、管理机制和组织架构，既要顶层设计，又要有具体实施方案，多管齐下，多方发力，共同推动媒介融合做大做强。

5G时代，传媒产业的发展大有前途，主流媒体更要适应消费社会的特点，提高运营能力，优化产业结构，推动新兴业态成长，争做媒体融合和供给侧改革的排头兵，形成全媒体传播业态，构建全媒体传播体系，助力媒体融合向纵深发展。

近年来，大众报业集团依托技术发展和政府政策设计，稳步推进供给侧结构性改革，重点布局"齐鲁智慧媒体云"平台建设，不断推动体制机制创新。实施共享共用策略，优化资源配置，打造融合发展新业态。借助5G技术优势，赋能新媒体生产，实现党报党媒优势再造，探索融媒产品生产新方法。坚持内容为王，移动优先，打造大型全媒体报道，呈现互动式的新闻信息服务，构建立体化的全媒体传播矩阵。建设融合型平台，广泛聚合和有效运营各类本土资源，助力提升主流媒体影响力和竞争力，为建设现代传播体系提供有力保障。

建设自主平台，加快抢占技术高地，占据传播制高点，成为推动大众日报集团融合转型发展的重要举措。整体来看，大众报业集团全面提升经营质量，发展稳中有进。集团坚持以用户为中心，加大技术和资金投入，促进"齐鲁智慧媒体云"迭代升级，推进省内媒体融合向纵深发展，激活媒体深度融合发展新动能。

技术手段的更新和传播环境的变化重构了媒介格局和传播形态，对主流媒体的转型升级提出了挑战。面对发展中的挑战，如何将"齐鲁智慧媒体云"做大做强、提供示范意义成为未来推动媒体深度融合发展的重点。

第九章 "大江网（中国江西网）+信息日报"开启新兴媒体主导传统媒体深度融合发展新模式

王宣海[①]

党的十八大以来，以习近平同志为核心的党中央深刻把握时代发展趋势和信息化数字化演变态势，作出了推动传统媒体和新兴媒体融合发展的重大决策部署。2020年，中共中央办公厅、国务院办公厅联合下发的《关于加快推进媒体深度融合发展的意见》是这一重大决策部署的集中体现。面对加快推动两者深度融合发展这一重大战略课题，作为传统媒体的信息日报与新兴媒体的大江网（中国江西网），在充分挖掘各自优势的基础上进行了大胆的融合尝试，经过三年多的艰辛探索，为传统媒体转型寻找到了新的突破口，为新兴媒体发展创造了新的增长点，是以地方媒体的生动实践诠释媒体深度融合发展多种可能和可行性的成功案例。

第一节 总书记点题 江西日报社媒体深度融合探新路

传统媒体和新兴媒体融合发展目的在于形成优势互补、发展多样的现代传播体系，进一步提高主流媒体的传播力、引导力、影响力、公信力。党的十八

[①] 王宣海，江西日报社经营管理办公室、江西报业传媒集团总经理办公室主任，江西大江传媒网络股份有限公司董事长。

大以来，以习近平同志为核心的党中央高度重视传统媒体和新兴媒体的融合发展。习近平总书记关于媒体融合发展的重要论述给传统媒体下一步的发展指明了方向：党报、党刊、党台、党网等主流媒体必须紧跟时代，大胆运用新技术、新机制、新模式，加快融合发展步伐，实现宣传效果的最大化和最优化；融合发展关键在融为一体、合而为一；要推动融合发展，主动借助新媒体传播优势……这些都是总书记着眼于党的宣传思想工作全局和全媒体时代大势，明确提出的推动媒体融合向纵深发展的重大要求，按下的推动媒体深度融合的快进键。

2017年8月，江西日报社进行了一次注定在业界引发高度关注的改革，从新闻采编、发展规划、受众覆盖、经营发行、传播效果等多方面，让大江网（中国江西网）与信息日报这两种不同的媒体形态深度融合发展。在不同媒体形态的融合发展需要先从顶层设计上抓住解决问题的关键，即谁主导融合的问题，还需要从融合的具体细节上考虑采编经营流程的再造、人员的安排、资产的重组、报纸的发行、品牌的重塑等，从而能按预先设定的目标，产生本质上蜕变的化学反应，真正做到发展"一盘棋"，实现"一加一大于二"的媒体融合实效。

三年多的时间，信息日报与大江网（中国江西网）在融合发展过程中有过改革的阵痛，但带来更多的是"新生"的惊喜，"采编内容""经营管理"等各主要工作实现"一体化"运作后的畅快，网站和报纸品牌影响力和经营收入的双赢。2020年，信息日报进一步扩大市场覆盖面，报纸发行量成为江西全省都市类报纸发行量排名的"状元"，在完成自身经营目标任务的情况下，还反哺大江网（中国江西网）纯利润200多万元。在权威部门发布的省级新闻网站综合传播力榜单中，中国江西网排名始终保持前十，继续跻身全国第一方阵；经营总收入继2017年突破亿元后，继续实现两位数的高速成长，2019年实现经营总收入2.01亿元（含信息日报和融媒体）。两者深度融合发展一方面做大做强网络平台，占领新兴传播阵地，另一方面创新内容表达形式，提升传播效果，构建起了新型采编流程，更好地贴近了群众，服务了群众，实现了媒体自我"造血"功能的增强。

第二节 人才融合 采编流程再造注入发展动力

人才是媒体发展中最活跃最能动的因素，是最重要的优势资源。大江网（中国江西网）与信息日报融合之初，首要考虑的便是"人才融合"，通过采编流程再造等机制创新，促使既懂传统媒体又懂新媒体的专业人才不断学习提升发挥主观能动性。同时，媒体融合过程中的人才培养、选拔、使用、评估、激励机制等都需要重新按再造后的日常工作流程进行不断的实验、调整、评价，从而持续激发人才的主观能动性，让其成为媒体深度融合发展的中坚力量和不竭动力。

大江网（中国江西网）与信息日报在再造采编流程上勇于探索、积极创新。创办于1984年的信息日报是江西日报社第一张子报，原有近100人的采编经营管理团队。在顶层设计上确定由网站主导融合之后，信息日报作为传统纸质媒体，其在媒体融合的过程中的人才优势需要重新评估。最后，除报纸夜班编辑、地市新闻记者、广告发行人员的40余人继续留在报纸之外，其余人员，特别是信息日报优质的一线采访人才力量，完全加入到与大江网（中国江西网）的融合洪流中去，将传统媒体和新兴媒体的采访力量联合起来，打造新媒体内容创新的高效团队。这样，采访的内容可以同时向网报两个平台供稿，再由网报两个平台的专业编辑进行包装推广，大大加强原创内容力量的同时，也有效地提升了人力成本的含金量，并在新媒体原创内容上有了更多探索创新的可能。作为对应的配套制度，分发至多个不同平台的内容送签流程、"全能记者"的新型考核方式等也进行了不断的调整，以方便网报融合发展之后的人才使用尽可能减少不必要的牵绊。

借鉴一流互联网公司管理经验，大江网（中国江西网）和信息日报建立一体化考核机制，所有部门、岗位都有各自的任务目标，每月制定并考核，将考核结果与薪酬挂钩。同时，推进全体采编人员向能拍能采、能编能写的全媒体复合型采编人才转型，加快技术赋能内容生产和创新，以适应新媒体时代的需要。

经过三年的磨合与探索，2020年，网报深度融合发展又迈出更深一步。信息日报原地市新闻部并入大江网（中国江西网）地市分站，成立了大江网（中国江西网）地市中心，这意味着不仅是在南昌总部，通过管理方式的创新，网报采访团队在设区市也实现了全面融合。信息日报夜班编辑在完成报纸版面编辑工作的同时，被定期指派到网站调度室值班，每月到大江网（中国江西网）的移动端平台——大江新闻客户端运营中心轮岗，参与网站各类融媒体产品的制作，以熟悉网站全媒体采编生产流程，提高新媒体专业技能，为下一步实现网报编辑团队的彻底融合探索经验。2020年6月，经历了疫情重大影响之后的信息日报取消了实行36年之久的夜班，报纸全部白班付印。

第三节　理念融合　互联网思维统领媒体融合发展

大江网（中国江西网）与信息日报的融合，虽然从顶层设计上确定由新兴媒体主导，但并不意味着融合是只有利于新兴媒体，而逐步让传统媒体慢慢消亡的一个过程。融合不仅是传统媒体的"强心针"，更是让传统媒体脱胎换骨的"重生术"。因此，在媒体深度融合过程中，要用互联网时代所强调的用户思维进一步深入把媒体的功能与用户的需求对应起来，利用新兴媒体的优势，补长传统媒体曾经的短板。

在纸媒的黄金年代，人们没有手机，电视网络尚未普及，信息日报在内容上追求"大而全"无可厚非且非常有利于突出"信息"品牌。但如今，媒体形态多样，特别是信息的定制化需求变得非常强烈，人们在海量信息中急需权威、精制、深度的内容，而不是迷失在各种质量良莠不齐的资讯中。于是融合之后，依托既有的记者采访口线和报社的优势资源，信息日报在内容和受众的定位方面都强烈烙上了新兴媒体的个性化特色，主攻政经类新闻，不断提升"欲知江西政经事，就看信息日报"的口碑。

传统媒体理念上的更新，不光要学到新兴媒体的"形"，更要内化为自己的"魂"。如果一个媒体向另一种媒体学习新理念，那总归是一种"二手"的东西，而两种不同媒体的融合，理念上的改变带来的就是高效的实践和看得见的快速行动。于是，在融合后的信息日报上，报纸的版面仿佛有了一种平板"屏幕"的特别阅读体验，记者借助大江网（中国江西网）大数据分析写出的新型时政报道，图表丰富，非常直观；感受到了网络平台与报纸读者互动的"问政江西类民生服务类报道的力量，全方面的线索爆料快捷方便，配合纸媒深度报道的优势，舆论监督的触角延伸更长，透明度也提高了。

2019年1月，江西省"五型"政府建设领导小组办公室与大江网（中国江西网）联合，携手打造"五型"政府建设扩大社会参与加强社会监督平台，开启了"政府+媒体"全新网络问政模式。平台在信息日报开设《助力江西省"五型"政府建设》专刊，利用"网报端微视"五位一体的报道平台，广泛宣传动员全省上下积极参与"五型"政府建设，方便企业和群众监督。

大江网（中国江西网）与信息日报的融合之后，构建网报融媒体矩阵被提上议事日程。做强做优网报融合独特的竞争优势，是构建此媒体矩阵的终极要义，是要通过新兴媒体大江网（中国江西网）所拥有的技术、资源和新的媒体传播方式，让信息日报的传统媒体价值在新的空间和领域里面、在新的受众需求面前得到全面提升。

目前，大江新闻客户端下载量850万，信息日报客户端下载量达400万，均跻身江西主流新闻客户端。信息日报和"江西政读"微信公众号用户累计突破65万。信息日报微博粉丝突破900万。信息日报小程序、信息日报手机网、企鹅号、头条号、抖音号等均已上线，信息日报新媒体用户已经达到2200余万，成为了订报读者的有效延伸。

第四节 产品融合 精品频出彰显创新合力

在媒体融合的过程中，如何进一步把握内容生产的质量控制，让融合不是简单的形式组合、内容拼凑，对于不同形态的媒体内容来说，需要经过一定时间的尝试和磨合，让内容产品真正实现有机融合，产生单个媒体产品所没有的特别效果需要熟悉媒体传播形态和强烈的策划意识。网报人才、理念的深度融合，强化了"内容为王"的媒体核心竞争力及多平台内容传播的"头脑风暴"制造能力，网报在重大主题宣传及重要新闻报道中持续推出精品力作，提升了媒体的"四力"，唱好了媒体融合"大合唱"。

在重大主题报道中，通过前期的周密部署，信息日报与大江网（中国江西网）按照"报网端微视"五位一体、互为协同的融媒体报道策略,紧扣主题主线,突出移动优先、强化融合传播,从粉丝用户的需求着手,推出了一系列接地气、入人心的新媒体作品和主题策划。

在十九大宣传报道工作中,由江西日报社十九大全媒体报道中心策划、大江网（中国江西网）制作的《十九大报告学习词典》H5作品,精心选取十九大报告中的"金句",用广大受众易于接受的方式,以小见大、点线面结合来解读好、宣传好、传播好。推出后就被全国网友刷屏,仅6天时间总阅读数就超过了1000万次,打造出了一个"叫得响、立得住、传得开"的现象级作品,成为全国媒体解读十九大报告中少有的千万级爆款作品。该H5作品第一时间在微博、微信公众号、客户端等推出后,又把H5的内容按照纸媒的特性进行重造和梳理,在第二天的报纸上呈现,收获了点赞和喝彩。

2020年的全国两会,因疫情而不同。大江网（中国江西网）、信息日报通过创新策划,重磅推出了《打造"五型"政府助推江西高质量跨越式发展》和《"作示范、勇争先"决战决胜脱贫攻坚助推江西高质量跨越式发展》两个系列的融媒体访谈,以及《踏上新征程！看中国2020》《@江西人,总理给大家送"宝"来啦！快来赣鄱寻宝！》等系列融媒体产品,累计参与互动人次达800万,"赣鄱寻宝"产品被中央网信办主管的《网络传播》微信号推荐。

2020年抗"疫"报道中,大江网（中国江西网）与信息日报联合派出多路记者,深入江西收治新冠肺炎定点医院、各个社区,报道一线防疫情况。网报策划推出融媒头条《疫情面前,这就是江西！》、网络专题《英雄城·平凡人:"战疫"24小时》等,阅读量超2400万；系列新闻报道《战"疫"连线》,综合阅读量近1亿次。此外,大江网（中国江西网）、信息日报在"江西头条"客户端和网站首页开设"江西抗疫防疫公益服务平台",向广大网友提供至少16项可在移动端和PC端便捷使用的公益功能,为网友预约购买口罩等急需的医疗防护用品提供绿色通道。大江网（中国江西网）、信息日报以融媒体为阵地,生产各类战"疫"特色产品,为防控疫情鼓劲聚力,在实战中检验了媒体融合发展的成果,彰显了融合传播的力量。

2021年全国两会报道中,大江网（中国江西网）继续与信息日报联动发力,以发出"江西好声音"为导向,以革命老区脱贫奔小康为切入点,将属于江西自身的议题置于国家全局这一层面进行策划,牵头10省全国重点新闻网站中,重磅推出了"老区笑脸 幸福传递"特别策划。策划作品紧扣建党100周年这个大主题，以总书记原声录音为序，选取了2020年宣布全面脱贫的10个省区，用各省的简称谐音组合为有特别含义的10个"词语新解"，精选了100张老区人民的笑脸照片，历史感强烈，喜庆味十足。该作品凭借高质量的制作水平，被10省区新闻网站、报纸及其新媒体平台同步刊发，在全国网民中引发了强烈反响，全网累计阅读量超3000万人次，相关的微博话题阅读人次也达到了2100万，该策划报道得到了中宣部的两次表扬肯定。

第五节 经营融合 夯实根基壮大网报事业

牢固的经济基础是媒体融合发展的根基。人才的招募培训、技术的创新运用，新兴媒体日常的各种开支都超过了传统媒体以往的体量。三年来，大江网（中国江西网）和信息日报在融合发展的过程中，如何夯实资本根基，为融合发展提供持续的后劲支撑，经过了一系列的探索和实践。

首先是从人员机构上入手，把大江网（中国江西网）和信息日报两方的经营团队进行整合，在机构设置上根据融合的需要继续增减，目的就是让通道的层级更扁平，工作的沟通更有效，人员的活力更高涨。如组建了信息日报特刊部和重组信息日报广告部，网站的运营公司全面代理信息日报的广告、专版、特刊，让特刊经营性版面客户不光享受纸质媒体的深度传播优势，也增加了新兴媒体的"高附加值"，这是客户乐于看见的，也是在如今融媒体时代应有的期望。如2019年10月17日，信息日报推出24个版面的"赣鄱扶贫志"专刊，从多角度立体式全方位展现江西脱贫攻坚波澜壮阔的画卷，实现社会效益、经济效益双丰收。

其次信息日报发行策略也作出了重大调整。利用大江网（中国江西网）"江西新闻门户网站"的影响力和江西第一张都市类报纸的品牌效应，与众多厅局县区开展合作办报，推动信息日报发行量增长。2020年，信息日报与江西省退役军人事务厅联合推出《江西退役军人专刊》，发行覆盖全省退役军人系统，成为江西百万退役军人最重要的宣传阵地。

此外，新兴媒体特别重视受众意识。融合之后，信息日报发行对象也进一步精细化，不再追求大而全，而是通过影响有影响力的人来提升报纸的影响力。信息日报改变了原有传统媒体以广告为主、发行为辅的经营策略。报网融合后，信息日报不再和其他纸媒一起打"价格战"，在发行提价的情况下，信息日报2018年发行量不降反升，较上年增长了15%。2019年，又在2018年的基础上增长了10%。2020年，信息日报再出"奇招"，发行由一周五期改成一周六期，进一步扩大市场覆盖面，无可争议地成为了江西发行量最大的都市类报纸。

2019年4月18日，在第九届中国互联网品牌大奖颁奖仪式及第三届新媒体融合创新发展高峰论坛上，信息日报荣获"2018—2019中国媒体融合创新最佳品牌奖"。信息日报和大江网（中国江西网）这种由新媒体主导传统媒体发展的融合模式得到了学界业界的广泛认可。

击水中流奋楫者先。在以导向为魂、内容为王、创新为要、关键在人、重在管理的融合方法论的指引下，三年多的融合发展实践，处在发展拐点的信息日报不仅实现了凤凰涅槃，还建立了大江网（中国江西网）和信息日报"1+1>2"的媒体融合长效机制，达到了"你就是我，我就是你"的境界，开启了江西媒体深度融合发展的新篇章。

第十章 江阴融媒体中心：基于区域资源垄断的"三智化"转型

郭全中[1]

县级融媒体中心地处基层，为数众多但呈现小散弱的现状，且由于各地经济社会发展水平不一，各地县级党委和政府能够给予的资源、资金、政策等支持也差距悬殊，尤其是一些发展水平较低的县级融媒体中心全媒体人才队伍缺失，亟需向发展较好的县级融媒体中心借鉴先进经验。从理论和实践上来说，虽然各地县级融媒体中心发展的"术"不同，但是建强用好的"道"却是基本相同的，江阴融媒体中心的"三智化"发展道路可以为其他县级融媒体中心提供"道"的借鉴。需要说明的是，文中关于江阴融媒体中心的数据主要来自于作者的实地调研。

第一节 县级融媒体中心发展中的难题

2020年我国县级融媒体中心建设已经实现全覆盖，并经过进一步的建设和发展，我国县级融媒体中心取得了一定进展和成效，但是也面临着观念、发展路径、资源、人才等方面的突出难题，严重制约着县级融媒体中心的进一步发展。

---

[1] 郭全中，中央民族大学新闻与传播学院教授。

一、理念整体上严重滞后

由于人才尤其是互联网人才的极度匮乏，绝大多数县级融媒体中心不仅缺乏互联网思维甚至缺乏基本的传播思维和经营思维。一是未采取"用户体验为王"的理念，从自身能力出发而不是从用户实际需求出发，生产出数量很少的且仅适合电视大屏播放的内容，在移动端基本上没有传播和效果；二是采取宣传思维而不是传播思维，按照当地主政领导的想法和需求而不是当地用户的真实需求来生产内容，导致内容大而空、不接地气，并没有达到有效传播的目的；三是"等、靠、要"思维严重，而不是充分利用国家大力支持县级融媒体中心建设和发展的重大政策机遇期深挖运营能力，导致普遍呈现"无思路、无动力、无路径"的"三无"状态，经营上更是乏善可陈甚至陷入入不敷出的困境。

二、县级融媒体中心整体实力较弱且发展水平差距悬殊

第一，整体实力较弱。县级融媒体中心作为基层媒体，由于其覆盖市场规模、自身能力等的制约，与地市级媒体、省级媒体、中央级媒体相比实力严重不足，导致其新业态、新模式、新应用的创新探索严重不足。

第二，发展水平不一。由于我国依然存在明显的"二元经济"，东部沿海地区与西部欠发达地区的经济社会发展水平差距悬殊，甚至同一省份内的县级区域经济发展水平都相差很大。例如，2020 年，江苏省无锡市江阴县的 GDP 高达 4113.75 亿元，而江苏省徐州市丰县的 GDP 只有 486.53 亿元，而地处西部欠发达地区的青海省的 GDP 为 3005.92 亿元。由于各地经济社会发展水平差距悬殊，各地给予当地县级融媒体中心的各类支持也相差甚远，从客观上导致地处经济发展水平不同地区的县级融媒体中心发展水平存在巨大差距。

三、体制机制改革不彻底

较为完善的体制机制是县级融媒体中心发展的前提条件，但很大比例的县级融媒体中心尚未构建起促进县级融媒体中心发展的体制机制。一是尚未成立面向市场的企业，普遍缺乏市场化机制，导致难以在运营上挖潜；二是普遍存在事业编与企业编之间的鸿沟，同工不同酬现象突出；三是缺乏有效的薪酬激励约束机制，难以充分激活员工的积极性、主动性和创新性。

四、全媒体人才队伍缺乏

人才是事业发展的基石和保障，县级融媒体中心发展需要具备一支精干高效的全媒体人才队伍，而县级融媒体中心整体上普遍缺乏全媒体人才队伍，甚至缺乏基本的人才队伍。首先，缺乏互联网人才尤其是缺乏懂技术的互联网人才。目前国内优秀的互联网人才主要集中在经济社会发展水平较高的中心城市，而地处基层的县级融媒体中心很难吸引到优秀的互联网人才。其次，缺乏优秀的传统媒体人才。根据实际调研资料显示，很多县级融媒体中心的人才状况堪忧，主要体现在如下几个方面：一是年龄整体偏大，学习能力相对弱；二是知识结构老化，创新能力不足；三是关系户比例高，市场化人才奇缺；四是缺少复合型人才，尤其是懂内容和经营的复合型人才。

第二节 江阴融媒体中心的"三智化"探索

江阴融媒体中心在做好当地新闻宣传和传播工作的基础上，在当地党委和政府的大力支持下基本上垄断了当地的传媒资源和大数据资源，并通过"智慧媒体、智慧政务、智慧城市运营"的"三智化"升级路径来实现传播能力的最佳化和资源商业价值变现的最大化，其基础是全媒体人才队伍的构建与体制机制的改革。

一、体制机制改革提供了良好的制度保障

体制机制决定活力，活力决定效益，效益决定发展。体制机制改革在一定程度上决定着融媒体中心的可持续发展，江阴融媒体中心在建设和发展过程中积极推进体制机制改革，搭建了更为市场化、更为科学的体制机制。

第一，江阴市委市政府高度重视。江阴成立由市委书记、市长任组长的县级融媒体中心建设工作领导小组，强力推动融媒体中心建设工作。在学习领会中央精神、省市要求的基础上，出台《江阴市融媒体中心（传媒集团）组建工作实施意见》，把深度融合理念贯穿中心建设全过程、各环节。市委市政府的

高度重视，为江阴融媒体中心争取资源、政策等支持和整合资源提供了坚实基础。

第二，成立直接对接市场的传媒集团。江阴市委市政府明确江阴融媒体中心为市委直属全额拨款事业单位的同时，又把江阴传媒集团定为一级国资公司，中心（集团）实行一套班子两块牌子、事业单位企业化管理。[①]传媒集团作为市场主体，使得江阴融媒体中心能够更方便地对接市场，也使得市场化运营决策更为科学和便捷。

第三，以全媒思维推进全域变革。江阴融媒体中心大刀阔斧进行组织变革与重构，通过技术叠加、流程重塑、渠道再造，形成"1+4+3"的框架，其中，"1"是党委会、董事会，为中心（集团）决策领导层；"4"是四个委员会23个部门，即编辑委员会、经营委员会、运营管理委员会、技术委员会；[②] "3"为新闻生产、产业经营、人力资源管理三大改革，创造性构架起中心（集团）"四梁八柱"。

二、基本垄断了当地的传媒业市场并获得了其他资源

由于县级媒体市场规模本身不大，只有相对垄断了当地传媒市场和资源之后才有较高的议价权，也才能真正体现当地党委和政府对县级融媒体中心的重视。江阴融媒体中心基本上垄断了当地的传媒业市场和资源。

第一，江阴市融媒体中心（传媒集团）整合江阴日报社、江阴广播电视集团及其下属企事业单位。目前，中心（集团）拥有《江阴日报》、江阴人民广播电台、江阴电视台、江阴网、"最江阴"APP以及"最江阴""江阴发布"等10个10万+微信公众号，形成了报、台、网、微、端、屏"六位一体"的现代传播体系。[③]

第二，给予大数据、财政资金等其他资源。一是江阴市委市政府还给予江阴传媒集团全市大数据独家商业开发权。由江阴传媒集团联合7家国有企事业单位投资一亿元，成立江阴市大数据股份公司，由江阴传媒集团控股，该公司

---

① 王敏.数据赋能 智慧创新 构建数智时代县级"媒体+"新生态.城市党报研究,2021,（05），14-16.
② 王敏.数据赋能 智慧创新 构建数智时代县级"媒体+"新生态.城市党报研究,2021,（05）:14-16.
③ 崔忠芳.江阴融媒：探索建立"新闻+政务服务商务"模式.中国广播影视,2020,（10）:64-68.

通过对全市大数据的集成共享、开发应用，打造具有江阴特色的大数据管理和服务平台。[①]二是江阴市委市政府还给予江阴传媒集团全市户外广告独家经营权。三是给予财政资金等相关支持。四是江阴市委市政府把无锡市安协安全培训中心江阴分中心划归江阴传播集团，并将原利港中学的办公楼、实验楼和报告厅土地和房屋资产无偿划拨给传媒集团（土地面积约8.5亩，房屋建筑面积约5750平方）。目前，江阴传媒集团已经独家出资200万元成立应急培训公司，未来将引进中海油等央企国企增资扩股，充分利用江阴位于长江沿岸石化产业集聚的地理优势，建设立足长三角、辐射全中国的应急培训基地，并将参与危化品检测检验等项目经营。2021年全年培训总人数预计在20000人次左右，收入在500万元左右。

三、发力智媒体，做好新闻宣传与舆论引导

对于任何媒体来说，媒体属性是其安身立命之处，唯有引导好群众和服务好群众才能获取资源来助力转型发展。江阴融媒体中心组建后以智媒体为目标，致力于现代传播能力建设，充分利用先进技术，优化和再造内容生产流程，引导群众和服务群众的能力大幅度提升。

第一，优化和再造内容生产流程，形成融合传播新格局。2020年初，江阴融媒体中心投入3000多万元打造的"中央厨房"全媒体生产指挥平台正式投入运行，可实现一次采集、多种生成、多元发布、全媒传播。以"中央厨房"为新闻资讯集散枢纽，推动主力军全面挺进主战场，实现报、台、网、微、端、屏24小时梯度推送、全面覆盖。再造后的内容生产流程分为四个层级，第一层级：所有新闻事件发生的第一时刻在"最江阴"APP、微信朋友圈首发，率先抢占信息第一落点；第二层级：10个10万+微信公众号矩阵发声，同向发力、同频共振；第三层级：电视、广播在固定时间段给观众带去鲜活、全面的资讯报道；第四层级：报纸进行深度报道，第二天准时送到读者手中，实现了24小时梯度推送、全面覆盖。例如，江阴融媒体中心关于江阴第52家上市公司优彩资源上市的一组报道：9月25日9点25分，"优彩资源"在深交所上市。9点44分最江阴APP首发短消息，1小时内"最江阴""江阴发布"微信

[①] 王敏. 数据赋能 智慧创新 构建数智时代县级"媒体+"新生态. 城市党报研究,2021,(05):14-16.

公号相继推出头条报道，同时4G回传的视频素材被剪辑成短视频在"江阴时刻"视频号播发，18点30分电视台"江阴新闻"、FM90.7"江广新闻"推出详细报道，9月26日出版的江阴日报则在头版推出集合式报道："消息+深度报道+评论员文章"。可以看出，在新的内容生产流程下，所有新闻事件发生第一时刻在移动端平台首发，率先抢占信息第一落点；新媒体传统媒体无缝"嫁接"，推出"可扫码的报纸、看得见的广播、能交流的电视"，通过内容生产流程再造，重新构建与受众的连接，让受众参与生产和传播的全过程，建立群众离不开的渠道。云读纸、云直播成为常态，短视频量化生产，形成统一行动、个性表达、各展所长、优势互补的舆论引导传播格局。①

第二，江阴融媒体中心已经形成了相对完善的媒体矩阵。目前，《江阴日报》日发行量达5万份，江阴电视台在全国县级市率先实现全高清一体化制播，江阴电台FM907市场份额达到50%。"最江阴"APP下载量超90万，高峰期日活跃度15万人次，"最江阴"微信公众号粉丝超66万，稳居全国县级媒体微信号百强榜第一，"江阴发布"微信公众号粉丝超41万，领跑全国县市政务公号榜，"最江阴"抖音号粉丝数超360万，累计点赞数2.3亿。以"江阴时刻"为龙头的视频号矩阵平均阅读量达7万。② 目前，90%以上的江阴人通过江阴市融媒体中心各平台获取本地资讯。

第三，建立统一考核评估体系，建立覆盖多屏、多特征多维度衡量、全过程评估的评价流程，全方位、精准反映全媒体生产状况，为内容生产、绩效考核提供科学依据。

四、大力拓展智慧政务业务

智慧政务是媒体业务的自然延伸，也是互联网环境下媒体做好舆论引导和服务群众的必然选择。江阴融媒体中心以融合转型的拳头产品——"最江阴"为主体，积极向智慧政务业务拓展。目前，"最江阴"APP已囊括63个部门单位、2000多项政务服务和便民服务，共接入数据信息总量超过13亿条，实现了全市基础信息数据的互联互通。围绕吃穿住行24小时响应，让市民群众足不出

---

① 刘淑峰.欲"融"先"变"——探讨传统媒体的融合发展和创新.新闻文化建设,2021,（01）:33-34.
② 崔忠芳.江阴融媒：探索建立"新闻+政务服务商务"模式.中国广播影视,2020,（10）:64-68.

户"一端解决民生百事"。截至目前,"最江阴"APP下载量超90万,累计服务用户1000万人次,功能模块访问总量超3000万。"最江阴"先后承接"江阴市保障性口罩购买发放""3000万电子消费券全民送"等各类政府民生工程;此外,"新生登记缴费""新生儿出生一件事""清明预约祭扫""预约挂号"等市民刚性需求,为"最江阴"APP在线化、在地化服务提供源源不断的空间。①

"最江阴"在短期内爆发式增长的原因在于:依托全国"集成改革第一县"的先发优势,创新"前端集成、后端不变、配套到位"的融合方式,打破部门壁垒,把全市原有平台功能、数据信息等资源统一并入"最江阴"APP。②

五、积极探索智慧城市运营和数字经济转型

县级融媒体中心除了打造强大的现代传播能力之外,还要重构商业模式与盈利模式,而智慧城市运营则是重构商业模式与盈利模式的核心途径。

第一,江阴融媒体中心积极参与江阴智慧城市建设与运营,并着力推动县域治理现代化。一是参与智慧城市项目建设、运营、维护和投资管理等,构建"1+1+N"的江阴"城市大脑",即1个数据资产中心、1个智能化城市大脑中枢平台和N个公共服务应用,打造智慧医院、智慧交通、智慧社区等应用场景,为数智政府建设赋能。二是对全市户外广告资源统一开发建设,搭建"覆盖全城、直达终端"5G智慧屏,力争到2025年左右实现"一屏智享生活、一号走遍江阴、一统数据运营、一键可知全局"。

第二,控股的江阴市大数据股份有限公司将积极助力数字经济发展。江阴市大数据公司通过对全市大数据的高效采集、有效整合、深化应用,打造具有江阴特色大数据管理和服务平台,促进江阴市数字经济发展。具体如下:一是将做好全市信息化项目"一网统建";二是参与全市大数据基础设施建设,培育大数据产业链,打造大数据产业园,创新产业联盟、引导基金、科创平台,加强相关企业和人才的引育;三是通过城市数据资源赋能企业数字化转型,研究企业级数据资源的应用场景;四是探索公司的资本化运行,推动数据从"资源"向"资产"转变,助力江阴数字经济产业发展。

---

① 王敏.数据赋能 智慧创新 构建数智时代县级"媒体+"新生态.城市党报研究,2021,(05):14-16.
② 王敏.数据赋能 智慧创新 构建数智时代县级"媒体+"新生态.城市党报研究,2021,(05):14-16.

六、通过市场化方式实现产业资源商业价值最大化

媒体在获得产业资源后,关键是要通过市场化方式实现资源的商业价值最大化变化,再把变现后的收入来反哺媒体采编业务,进而形成良性循环。

江阴融媒体中心积极顺应媒体格局变化,确立"行业细分、垂直到底"的经营思路,坚持事业支持产业、产业反哺事业,通过各种市场化手段和方式实现资源的价值变现,全力推进媒体产业转型升级。目前,江阴融媒体中心在影视制作、演艺活动、文创会展、教育培训、应急培训、户外广告、电商产业等方面都形成媒体产业链。一是首次承接展馆项目"江阴城市记忆馆",这是江阴科技感、互动性最强的公益展馆;二是打造总面积1万多平方米传媒教育培训大楼,成为一张闪亮的名片;三是江阴市委市政府还给予全市大数据独家商业开发权和全市户外广告独家经营权。

七、全媒体人才队伍是基础

精干高效的全媒体人才队伍是县级融媒体中心运行好的基础,无论是地处经济发展地区、一般地区还是欠发达地区的县级融媒体中心都需要构建起相对优质的全媒体队伍。

江阴融媒体中心加强新闻队伍能力提升、基因转换,初步构建起了一支能打硬仗的全媒体人才队伍。一方面,吸引全国各地优秀媒体专业人才,盘活资源、改善结构,促进媒体队伍持续发展和人才梯队建设;另一方面,大力引进大数据管理、运营等方面的国内外精英人才和团队,营造"如智者般思考、如农夫般细作、如战士般勇敢"的文化氛围,全力以赴增强融媒体中心综合竞争力;尤其是构建起了以能力和业绩为导向的战略人力资源管理新体系,实施打破身份、全员重组,统一建立激励先进、鼓励创新的考核导向,实行以岗定薪、岗变薪变、动态管理的分配机制,目前,"80后""90"后主力军地位凸显,高学历、高职称、高素质人才的生力军作用突出。建立选人、用人、育人常态化工作机制,通过劳模工作室、融媒青年说、KOL大赛等形式,有效带动和引领了一批新人在专特领域内快速成长。成功培养了专业"飞手"团队、轻量直播团队、视频创意团队、MCN机构运营团队;拿出最大诚意和最好的平台吸引海内外高层次人才,以特设岗位特殊津贴形式,引进首席技术官、首席构架师、

首席风控官等精英团队，不断提升人才密度。目前，江阴融媒体中心（集团）拥有干部员工535人，男女比例为1.5∶1；大专及以上学历占比89.3%，硕士14人、博士1人；采编人员226人，占比42.2%。尤其可喜的是，在2020年春季招聘时，中心（集团）18个岗位吸引5000多人报名，大多数来自"双一流"高校以及国外知名大学，硕士及以上学历达16%。

第三节 可以为其他县级融媒体中心借鉴的"道"

毫无疑问，江阴融媒体中心的"三智化"转型已经取得了实实在在的效果，处于全国融媒体中心的前列，而其背后的"道"更值得其他县级融媒体中心学习和借鉴。

一、江阴融媒体中心成效显著

第一，传播能力尤其是现代传播能力建设进展明显。目前，江阴融媒体中心在传统平台、第三方平台、自主可控平台线上线下多个场景都具备较强的传播能力，其中江阴日报日发行量5万份，电视收视份额、广播收听份额分别达15%和50%。尤其是基于互联网的现代传播能力建设进展迅速，江阴融媒体中心的"两微一端"锁定全国县级媒体榜首地位，"最江阴"APP以高黏度、本土化、服务性的特点，成为江阴市民离不开、喜欢用的新型主流移动客户端。

第二，形成了较为完善的现代传媒产业体系。江阴融媒体中心的产业经营目前实现了跨界融合，涵盖大数据开发运营、全媒体广告、影视制作、政务服务、教育培训、文化创意、租赁等领域，总资产超过20亿元。2020年，江阴融媒体中心全口径收入1.4亿元，在疫情影响下，比2019年逆势增长1000万元。其中，报纸、广播、电视创收分别达2000万元；"最江阴"微信公众号广告搭载达1000多万元；政务服务、培训产业、文创产业等成为爆发式新增长点。预计2021年江阴市融媒体中心经营收入将突破2亿元，其中，大数据产业收入预计超8000万元。

二、江阴融媒体中心的可鉴之"道"

虽然我国绝大多数县的经济社会发展水平都远远比不上江阴县，融媒体中心所能获得的资源也与江阴融媒体中心相差甚远，但县级融媒体中心建强用好的"道"是一致的，因此江阴融媒体中心的转型升级之既有别人学不来的具有特殊性的"术"，但更有能够学习的具有普适性的"道"，值得其他县级融媒体学习和借鉴。

第一，利用制度性优势基本垄断当地的传媒资源。县级融媒体中心建强用好的前提是基本整合当地的传媒资源，主要包括报纸、广播、电视等传统传媒资源，各类政务资源，政府数据等大数据资源，户外广告、文旅等产业资源。在基本垄断当地的传媒资源及相关资源之后，县级融媒体中心就有机会打造当地的治国理政新平台，就具有更强的议价权，相关资源也才能得到更好的商业价值变现。

第二，大刀阔斧进行体制机制改革。公平、创新、灵活的体制机制能够有效激活县级融媒体中心的活力和动力，对于所有的县级融媒体中心都需要进行体制机制改革，才能具备相应的市场能力和内部活力。具体说来，一是需要在事业单位下成立相应的市场化公司，以更好地对接市场和业务；二是要建立起同工同酬的分配制度，以打破大锅饭式的弊端；三是要建立起更富有激励性的激励约束机制，以激活全体员工的创新能力。

第三，外引内培培养全媒体人才队伍。理念先进、结构合理、精干高效的全媒体人才队伍是建强用好县级融媒体中心的关键，不同地区的县级融媒体中心应尽可能地构建起在本地具有竞争力的全媒体人才队伍。全媒体人才队伍的构建主要有两大途径：一是外部引进，重点引进文化契合的、稀缺的、能力超强的优秀人才；二是通过系统化的内部培训，培养出一定规模的优秀人才。

第十一章 南充日报社（南充见APP）：市县并联一盘棋 互联互通一张网

杨雨龙[①]

近年来，南充日报社坚持以习近平总书记关于媒体融合发展的重要论述为指导，牢牢把握媒体融合发展趋势，以融合为引擎，努力构建"市县并联一盘棋、互联互通一张网"的全媒体现代传播体系。2020年，全力打造的南充见APP，荣获"全国地市融媒体客户端传播力十强"奖，目前，用户已突破293万。

第一节 基本情况

《南充日报》创刊于1952年10月1日，仅比《四川日报》晚一天。南充日报社为市委直属以自收自支为主、企业化管理的事业单位，现拥有《南充日报》、《南充晚报》、南充见APP、南充新闻网、南充手机报及微信、微博、短视频等媒体平台共30多个，用户总数1000万。近年来，南充日报社媒体融合呈现以下三个特点。

一、融合程度逐步加深

一是机构设置体现融合。2021年3月，报社启动了第六轮中层干部竞聘，在岗位设置上充分体现了媒体融合，采编发部门统称为融媒体中心，设立全媒

[①] 杨雨龙，南充日报社社长。

总编办服务所有媒体平台编务工作，设立全媒采访中心统筹所有记者采访工作，实现"一次采集、多次生成、多平台发布"。机构精简改革重设后，原28个中层机构减为23个，23个中层机构体现媒体融合职能的部门就有9个，打通了融合通道。二是队伍建设体现融合。打破文字、图片、视频界限，根据媒体融合需要，重塑采编流程，制定融合制度，建立全媒队伍，生产全媒产品。从传统单一作战全面向文、图、视、音"全媒编辑记者"转变，打造了一支既能编报、编网，也能编微信、微博、客户端；既能写文字，又能拍图片、拍视频的现代采编队伍。三是市县媒体体现融合。以前报社更多的是内部融合，现在通过南充见APP，实现了九县（市、区）融媒体中心与报社全媒南充大数据平台互通互联，实现区域互动的传播模式，提高市县两级媒体的融合深度。

二、融合规模逐步扩大

仅一年多时间，南充见APP实现了用户从零到293万、经营从零到500万元、功能从零到用户"掌中宝"的阶段性目标，市本级用户达到140多万，各县（市、区）用户达150多万，1500多家市县两级行政企事业单位和社会组织入驻开展宣传生产等工作，影响力指数达1.39亿，互动指数达6.18亿，最高日活达21.3万，总发稿数46.3万。南充见APP充分发挥了新媒体客户端的技术优势，做到传播快、正、准、新、全、活。同时，集"新闻+政务+商务+服务+治理"等功能为一体的南充见APP，迅速成为南充本地新闻报道反应快、影响广、传播强的新媒体平台。南充见APP运行模式受到中宣部关注、肯定，并到北京大学分享做法。2020年12月，南充见APP荣获"全国地市融媒体客户端传播力十强"奖。

三、融合效果逐步呈现

一是宣传效果显现。南充日报社制作了近1000个原创产品，部分原创产品相继被新华社、人民日报社、学习强国、腾讯网等中省新媒体平台分享转发，向全国展示了南充形象。《致敬，最美逆行者》《南充战"疫"：等着你们凯旋归来，等着你们安康归来！》等50多个新闻媒体宣传视频在学习强国、人民视频、新华社客户端、今日头条、四川在线等中省新媒体平台播发；展现改革开放 40 年大型专题宣传片《我的初心 我的三青沟》，在中国报协主办的第三届中国报业新闻社会活动融合发展论坛上，荣获中国改革开放 40 周年融合传播经典案例（作品）一等奖；南充籍贯消防员蒋飞飞在凉山木里县森林火灾救援中牺牲，南充日报社新媒体集群利用腾讯微信、新浪微博、今日头条、抖音等大平台，累计推送相关报道近百篇，总阅读量突破 3000 万；开展"丝路寻踪 源点南充——重走丝绸之路"大型文化采访活动，横跨川陕甘青新 5 省（自治区），穿越大半个中国，行程 1.5 万公里，在南充日报社旗下所有媒体刊发专版新闻 60 多个，中国网、澎湃新闻、搜狐网、网易、四川新闻网等主流媒体对活动进行了专题报道，相关新闻总阅读量超 1 亿人次。

二是经营效果显现。2020 年，报社媒体融合经营收入达 1200 多万元，同比增长 35% 以上，实现宣传效益和经营效益双增强；尤其是南充见 APP 围绕主业、紧贴市场、关注民生，建立融合运营模式，电商平台入驻商家上百个，与四川天府银行、中国电信南充分公司等 20 余家企业签订合作协议并实施。

三是发展效果显现。2021 年上半年，报社依托"南充见"APP 策划实施了多场活动，取得良好的社会反响和经营效果。如与团市委建立合作关系，在南充见 APP 上线"南青云"栏目，为全市广大青年开辟全新文化阵地；与市民政局建立合作关系，在南充见 APP 上线"同行"栏目，为全市社会组织提供宣传正能量的平台；与"南充吃货帮"电商平台建立合作关系，在南充见 APP、南充微报、南充见微信等平台上线购买渠道，丰富了平台功能，增强了用户黏性；与葡萄园 1686 建立合作关系，在南充见 APP 上线"姿生活"栏目，给用户带来了新看点；在南充见 APP、南充微报开展欧洲杯竞猜赢啤酒活动，有效增加了平台流量，也给用户带去了利好；举办"南充菜"系列推广活动，有效助力"南充菜"走出四川、走向全国；联合快手极速版开展短视频有奖征集，为"南充见"快手号大幅度增粉，进一步推动南充见 APP 品牌知名度提升。

第二节 融合成效

南充日报社媒体融合成效主要体现在南充见 APP，着力探索市县并联"一盘棋"、互联互通"一张网",打造新型主流传播平台,推动主力军全面挺进主战场。

一、市县并联,带来用户大聚合

"市县并联、共建共享"最突出的效果就是带来用户大聚合,各地各端分割的用户资源通过技术通道汇集一起,形成更大范围的舆论场和用户市场,任何一个APP涨粉,所有APP同步涨粉,每个APP可根据用户所处行政区划,自动切换至相应APP。2020年以来,南充见APP吸引了1500多家市县两级行政企事业单位和社会组织入驻开展宣传生产等工作。南充见APP还是融媒体中心和新时代文明实践中心共用的平台,实现了用户跨界拓展。以南充见APP蓬安县分端为例,既有宣传、政务、服务、治理等融媒体功能,又有志愿服务、百姓点单、困难求助、学习堂、爱心汇等文明实践功能,13万志愿者活跃在南充见APP蓬安县分端上。

二、市县并联,带来成本大节约

为了实现从单打独斗向抱团出征的转变、鞭长莫及向无所不及的转变、坐井观天向海阔天空的转变、一级传播向多级多向传播的转变,南充日报社主动担当,自筹资金1500多万元建成南充见APP平台,无偿提供给各县(市、区)融媒体中心使用。据估算,可为每个县(市、区)节约400万元到1000万元的建设成本,全市媒体融合项目建设节约3600万元到近亿元资金。南充日报社正在谋划数字产业园区建设,计划以数字产业园区为依托,积极参与智慧城市、电子政务、数字经济等方面的建设,打造"新闻+政务+服务+商务+治理"新型主流传播平台。

三、市县并联,带来内容大传播

南充见APP平台是一个集约化的磁场,既最大限度地整合了优势宣传资源,又最大范围地实现了内容传播。"一机在手、一端在手、一切在手",产生强大的用户黏性。近年来,南充日报社坚持内容为王,制作了近1000个原创产品,不断弘扬主旋律、传播正能量。一是优质新闻暖人心。整合全市新闻生产力,把内容供给和受众需求有机结合起来，打造内容精品。如营山县融媒体中心制作的《院长"妈妈"千叮咛万嘱咐即将出征湖北的白衣天使》短视频及相关报道，通过南充见APP首发推送后，感动全网，总点击率达2亿次。二是防疫宣传聚人心。及时对市委《"十个共同、十个做到"工作措施》《疫情防控和经济社会发展"两手抓、两手硬"》等重大决策部署进行宣传，将疫情防控知识传达到每家每户，确保无人不知、无人不晓。制作《致敬，最美逆行者》《南充战"疫"：等着你们凯旋归来，等着你们安康归来！》等50多个新闻媒体宣传视频，并通过学习强国、人民视频、新华社客户端、凤凰网、今日头条、四川在线等中省新媒体平台播发，浏览量达上亿人次。三是舆情处置稳人心。将本地活跃度较高的"三国源论坛"14万用户数据与南充见APP融合。2020年以来，南充见APP共收集网民发布的舆情信息2300多条，全部得到有效处置，已成为当地主要舆情集中地、疏散地。

四、市县并联，带来市场大拓展

"市县并联、共建共享"的南充见APP平台，既有力打通了舆论场，又有力打通了用户市场，实现宣传效益和经营效益"两加强"。该平台围绕主业、紧贴市场、关注民生，建立"新闻+政务服务商务"运营模式，增强自我造血机能。南充见APP电商平台入驻商家上百个，与四川天府银行、中国电信南充分公司等20余家企业签订合作协议，已签订和实施的经营性合作超500万元。市县两级融媒体中心以南充见APP为载体，采取战略合作形式共同经营、拓展市场、分享红利。南充日报社推进媒体组织架构、薪酬绩效、机制制度深化改革，进一步解放新闻生产力。

五、市县并联，带来服务大延伸

全市"一网多端"汇集市县信息资源及各类政务、民生和便民服务资源，通过推动新闻信息与政务、服务相结合，更好满足群众需求。群众可在"一网多端"平台上实现全市862项政务、民生和便民功能在线办理，在"聚聚"栏目实现网络社交，在"问政"栏目解决热点、难点、堵点问题，实现网络直播购物等个性化体验，平台用户黏性越来越强。2020年以来，平台办理服务102

万次,服务群众 24 万人。通过强化与群众的有效连接,本地及在外生活的南充人逐渐养成用本地 APP 浏览新闻、查阅信息、办理服务的习惯,初步构建起了群众离不开的服务平台。

第三节　主要特色

全媒南充大数据平台——南充见 APP 在建设过程中,始终突出深度融合、重视治理、增强服务、方便用户,着力打造一个集宣传、政务、服务、治理、发展、民生等功能于一体的综合型、智慧型用户终端。

一、整合"三大"平台,放大融合功能

1. 整合县级融媒平台。九县(市、区)融媒体中心以南充见 APP 为纽带、以全媒南充大数据平台为依托,建立自己的 APP 和数据平台,南充见 APP 作为用户平台成为县级融媒体中心的有效载体。

2. 整合文明实践平台。县(市、区)加快建设新时代文明实践中心,通过技术创新,将文明实践中心平台与县级融媒体中心平台搭建在一个屋檐下,两个平台互为支持、互为促进。

3. 整合用户服务平台。南充见 APP 是一个由南充日报社与科技公司合作研发的具有媒体基因的客户端,南充见 APP 致力用自己的平台承载县级融媒体中心平台和新时代文明实践中心平台,"整三合一",全能使用,服务用户,努力放大融合功能。

二、坚持"四大"理念,找准融合定位

1. 以人民为中心。贯彻习近平总书记以人民为中心理念,打造新平台,建设客户端,让每一个用户都能充分享受到最快捷最全面最优质的信息服务和生活工作服务。

2. 以技术为支撑。新媒体时代,先进技术成为关键支撑。把技术置于媒

体融合最优先地位，大胆运用、抢先运用大数据、人工智能、5G、区块链等最新技术，通过技术创新和革命，再造媒体生命力和发展前景。

3. 以内容为根本。内容为王始终是传媒的王道，也是信息交互平台的王道。始终坚持正能量总要求，质量第一、用户至上，不断以内容优势赢得传播优势、治理优势和发展优势。

4. 以终端为目标。客户就是上帝，终端就是目标。在坚持正确引导舆论的前提下，内容生产、政务服务、民生生活、社会治理等均由生产者、传播者向用户终端聚焦用力，让客户满意，让终端智能，夯实用户黏性，增加用户依存度。

三、创新"五大"机制，拓展融合空间

1. "市县共建"机制。南充日报社牵头建立全媒南充大数据平台，为各县（市、区）融媒体中心无偿提供完整的软件平台，各县（市、区）融媒体中心只负责硬件设施建设，避免了重复建设和标准不一、管理不齐等问题。南充见 APP 与各县（市、区）融媒体中心在行政关系上互不隶属，仅就技术平台共建共享、共管共用。

2. "市县共享"机制。市县两级共享一个客户端，建立互为支撑、策应环流的工作平台，形成时效性强、公信力高的发声平台。市与县、县与县共享平台权利、共享信息资源、共享用户市场。通过"集结号"实现"一键通"，用户可在各端之间瞬间进出，自由往来，四通八达。

3. "市县共管"机制。市县两级既分级管理，又共同负责，市级管理总平台，县级管理分平台。整合新媒体生产型人才资源、管理型人才资源、技术型人才资源，提高对平台和客户端的运营管理能力，使管理覆盖策、采、编、发、管、控、馈等所有环节，确保口径统一、内容可控，确保政治安全、宣传安全、舆论安全。

4. "市县共用"机制。南充见 APP 和以南充见 APP 为纽带的各县（市、区）客户端，体现共用原则，向广大用户提供新闻资讯、政务办理、社会治理、民生服务等。

5. "市县共利"机制。市县两级融媒体中心以两级客户端为载体，将客户端建成经营发展的新型平台，实现共同发展和经营。

四、突出"六大"重点，提升融合能级

1. 全市"一张网"。南充市媒体融合工作紧紧围绕构建"全市一张网"的总体目标，坚持资源整合、服务融合、用户聚合，打造市县共建共享的网上综合服务平台。以南充见 APP 为新媒体龙头，将网站、微信、微博、手机报、视频及传统报纸在生产、发布、传播等环节进行全方位深度融合。

2. 全市"一朵云"。建设全媒南充大数据平台，体现"面向未来"的设计思想，建设超融合数据机房，所有数据都集成在"一朵云"里，软件和数据不会因偶然和恶意的原因遭到丢失、破坏、更改、泄露，保证数据库的完整性、准确性、储存性。市上和县（市、区）的粉丝数据、传播数据、外宣数据、热点数据、用户数据、服务数据、舆情数据、产业数据等各类数据都托在这朵"云"上，实现数据资源共享。

3. 全市"一平台"。全市共建统一的宣传管理和采编发工作的全媒南充大数据平台，在平台里宣传部门可下发通知、报道任务、指导意见，实现全域所有新媒体平台综合运营管理和联合发声管理，最大化扩大正面宣传能力。各县（市、区）具有自主自立的采编分平台。贯穿策、采、编、发、管、控、馈等所有环节，体现集约、信息、科学、高效、便捷的工作特点。

4. 全市"一主端"。打造覆盖全市的"五最"（融合理念最新、传播功能最强、平台技术最优、服务效果最佳、市场前景最好）新闻客户端——南充见 APP，县（市、区）融媒体中心自主使用分端，分级负责，有统有分，以分为主。分端可以随意自主地设置或更换栏目、增添或减少平台功能、编辑或传播产品作品。

5. 全市"一键通"。以人民为中心，具有"融""通"特点。通过"集结号"让市民在市县两地的客户端自由进出、自由往来，享受平台的新闻、政务、民生、治理等服务。既体现以媒体为基础的融媒体特点——理念融合、体制融合、内容融合、渠道融合、人员融合、技术融合、平台融合、服务融合，建成"全程媒体、全息媒体、全员媒体、全效媒体"，适应未来融媒发展需要的多功能平台；又体现以人民为中心的社会发展和社会治理为目标的社会性融合容纳，为现代社会治理和高质量发展搭建信息化平台、大数据平台、互动性平台。

6. 全市"一中心"。南充日报社建设全媒南充大数据平台，指挥中心市县两级既共同使用又独立使用，功能齐全，科学先进。指挥调度、统筹协调、

舆情监测等上下通达、左右兼顾。

五、打开"七个"通道，扩大融合半径

1. 打开"内部通道"。通过全媒南充大数据平台的运行，解决南充日报社旗下《南充日报》《南充晚报》、南充新闻网及新媒体群之间不通不畅的问题，实现报社内部各媒体平台的新闻采编流程再造，形成一体策划，一次采集，多元编发，集群传播。

2. 打开"市县通道"。九县（市、区）融媒体中心与全媒南充大数据平台互通互联、共享共用，实现市县并联、区域互动的传播模式，提高全市媒体资源的利用率。

3. 打开"媒体通道"。实现传统媒体形态的融合，让担负宣传职能的市县广播电视、官方网站、客户端、网络大V、有一定影响力的自媒体入驻全媒南充大数据平台；平台通过个性化定制等技术手段，满足相关媒体、网站的入驻，实现融合传播。

4. 打开"部门通道"。一是为市县两级党政机关、部门、单位搭建共享的社会现代治理平台，真正充分体现"新闻＋政务＋服务"的效果。二是搭建民生服务平台，便捷群众生活。建设全媒南充大数据平台，可为市民提供全市最强、最大服务平台，让市民在信息交流互动和手机客户端的运用中，享受科技红利，使生活智能化、信息化、现代化。

5. 打开"外宣通道"。做优外宣平台，增强传播时效。以本地强大的舆论场对接上级媒体，发掘使用优质新闻资源，既增强南充对于上级媒体新闻的吸引力，又打通了市县两级新闻生产、传播的绿色通道，形成全市宣传"大合唱"，增强传播力、公信力、影响力、引导力、感染力，牢牢掌握意识形态管理权、主动权、引导权、话语权。

6. 打开"发展通道"。通过科技支撑，搭建发展平台，"新闻＋服务＋商务"，为创业者提供发展之机，为经营者提供营商之机，实现平台融合经营、媒体矩阵传播，努力扩大发展效益。

7. 打开"生产通道"。实行开门办报，众筹生产，将众筹模式引入平台运营，吸引社会力量参与产品生产，将自媒体吸入主媒体，将粉丝个人融入生产传播。

激活和组织社会力量与主流媒体一道共生共荣，生产各种形态的信息产品，传播正能量，引导价值观，形成凝聚力。

第四节　主要启示

解析南充见 APP 平台建设及运行过程，有不少启示。

一、合力攻坚、党政重视是根本

媒体融合是一把手工程，是指各级党委一把手、宣传部一把手、融媒体中心一把手，三个一把手上中下发力用力合力的工程，只有这样，才能真正推动媒体深度融合。

全媒南充大数据工程 2016 年被市委市政府纳入"155 发展战略"科教文卫板块重大工程项目，逐年督察督办。时任市委主要领导于 2019 年 11 月 8 日来到南充日报社调研，要求南充日报社全媒南充大数据工程建设要加快推进，在媒体融合发展上要干在实处、走在前列。

时任市委分管领导亲自推动，先后十多次听取并指导报社党委关于媒体融合建设情况，亲自主持部务会议专题研究全市媒体融合工作。市委宣传部相继向全市制发了《研究全市媒体融合工作的纪要》《关于成立市、县融媒体中心建设工作领导小组的通知》《关于做好县级融媒体中心客户端使用推广的通知》《南充市县级融媒体中心建设验收工作方案》《关于使用推广全媒南充大数据平台"南充见"客户端的通知》等 5 个重要文件，大力推进市县并联一张网、媒体融合一盘棋。省、市委宣传部通过财政的项目资金为全媒南充大数据平台建设补充了部分血液。

南充日报社成立了以社主要领导为组长的媒体融合项目推进工作小组，"一把手"亲自上阵、不舍昼夜、废寝忘食，带领团队进行顶层设计，推进项目实施，保障平台使用，提升全媒质效。

二、解放思想、创新理念是关键

南充日报社是一家在全省拥有良好宣传效益和经济效益的传统媒体，曾经不少人认为日子还过得去，不要冒险。有的说，媒体融合就是烧钱，早融合早死、不融合等死，在媒体融合未有现成经验和成熟盈利模式的情况下，等待观望。2019年，南充日报社党委将"市县并联一盘棋、互联互通一张网"的"一网多端"媒体融合方式提上日程之后，面对的内外阻力还是挺大的，报社内部有人说，"这个钱我们烧得冤枉"，不少人说，"市县两级媒体整合到一起，简直天方夜谭"。

在南充市委、市政府、市委宣传部的大力重视支持下，南充日报社党委顶住压力、破除阻力，先后组织200多人次到人民日报、新华社、郑州日报、佛山日报、仁寿、富顺等地学习考察、洗涤观念，邀请技术公司现身说法，开启头脑风暴，全社干部员工在创新实践的喜悦中和前沿信息理念的冲击下，形成了媒体融合的强烈共识，支持、投身媒体融合，社内社外对南充日报事业寄予新希望、新期待。

三、顶层设计、互联思维是核心

在媒体融合路径和方式千帆竞发、莫衷一是的情况下，南充日报社媒体融合怎么搞？南充日报社党委认为必须准确深入贯彻习近平总书记关于媒体融合系列论述的要义精髓，牢固树立互联网思维，实现媒体与媒体之间的融合、媒体和社会的融合。社党委成立了融媒体建设攻坚组，在同全国10多家参与媒体融合的科技公司广泛接洽交流、汲取营养、博采众长后，结合南充实际形成了《全媒南充大数据平台建设实施方案》，其中总结的"三四五六七"媒体融合法构成了南充见APP平台的四梁八柱。

四、拥抱市场、造血功能是保障

南充见APP用户的快速增长支持了流量红利的产生，为南充日报社及九县（市、区）融媒体中心带来了用户、带来了流量、带来了财富，保障其持续造血功能。近年来，南充日报社开展线上线下活动300余场，收到并发布市民自采自拍自编的短视频等6000多个，总互动数突破3500万人次，有力吸纳用户。2020年，开展好充食访谈式带货直播5场，直播时长9.7小时，观看人数达53

万余人；2020 年 7 月，一名果农李子滞销求助，寻找销售渠道，此事经南充见 APP 带货助力后，短短 3 天时间，7000 斤李子一扫而空；2020 年 8 月，南充见 APP 与温州日报联合开展了 5 场带货直播，累积超过 150 万人次观看，订单超 1200 单，52 万元的南充优质农产品销售到了温州及全国各地。2021 年，南充日报社新媒体陆续开展直播 26 场，其中：2 月，南充见 APP 面向全网开通慢直播功能，将镜头对准景区景点和城市地标，实时高清呈现城市风景；3 月，"南充生活情报局"栏目首场线下网友福利活动，通过图文和视频直播的形式，为网友发掘南充地道美食、新潮玩法；4 月，开展两场城管小记者体验活动，20 万余人通过南充见 APP 在线观看；5 月，"顺庆区万名学子歌颂党恩暨第十三届中小学生（幼儿）艺术节文艺汇演及千人书画、手工现场大赛"在南充见 APP 上全程直播，收看人数达 100 余万人次；6 月，南充见 APP、南充市好充食运营管理有限公司、重庆抖尚欣品牌管理有限公司联合打造的访谈式直播带货节目，5 场直播带货累计观看人数达 55 万人次，抖音平台点赞量超过 60 万。

五、创新引领、技术支撑是重点

南充见 APP 平台集中呈现融合机制制度创新，需要先进技术予以实现。技术既关乎平台功能、用户体验，更关乎政治安全和生产安全。平台主要功能有 62 项，子功能数百项，就是将一个个奇思妙想在技术层面落地落实、优化细化。南充日报社紧盯技术前沿，用好信息技术革命成果。一是用好先进技术。及时将新技术新应用融入新闻信息生产、传播、服务全过程。二是用活科技公司。媒体融合最优先地位始终是技术，与易达科技公司展开广泛深入的技术合作，推动成果转化，做到于我有利、由我来管。三是用足攻关优势。成立以市县两级融媒体中心技术骨干为主的两德科技公司，与易达科技公司合作建立攻坚团队，统一培训、共同管理、集中攻克技术难题，增强平台生命力，为平台升级、技术迭代提供有力保障。

六、新老融合、移动优先是引擎

南充日报社在媒体融合中坚持移动优先战略，在投入上重点倾斜，面对全球纸媒困境和经营下行压力，用于融合的资金逐年大幅上升；在流程再造上，围绕南充见 APP 重构生产流程,编采校审发向移动端前置,建立了"四清四即发"等制度,极大提升了南充见 APP 和传统媒体的传播力、影响力;在组织架构上,实行以融合为特征的机构改革,涉移动端机构占比提高了 40%;在绩效考核上,以移动端为导向,编采制发各环节绩效权重向南充见 APP 和新媒体用力,新老兼顾,突出新媒,有力调动了全员生产积极性。员工们积极建言献策、主动参与,在全市设置 6 个慢直播点位,日均在线 20 万人,互动评论超 10 万人次,总浏览量 3 亿次,慢直播平台逐渐成为南充人新的"朋友圈"。

七、统分结合、以分为主是动力

"市县并联、共建共享"的"一网多端"是由"血缘关系"形成的端中有端、端端相连模式,各端之间在共建共享的基础上最大限度实现了自主自由,体现为宣传自主——栏目本地化、品种多样化、服务特色化;生产自主——采编本地化、审核便捷化、发布高效化;管理自主——调度本地化、统筹科学化、考核精细化;经营自主——主体本地化、运营市场化、产业多元化。蓬安县融媒体中心在南充见 APP 分端"赋圣蓬安"上,通过技术再创新,构建起文明实践、县级融媒体、应急广播"三中心"相融相促的大平台,创新开发"点单"功能,更好服务本地群众。各地融媒体中心对自己的分端均进行了栏目、频道、内容的个性化配置。目前,南充见 APP 用户数 293 万占全市常住人口 44.5%,九个县(市、区)分端各自用户数均突破属地常驻人口的 30%。

八、系统推进、制度创新是保障

媒体融合是系统工程,是社会性工程。系统工程是指不是单兵突进、单向改革,而是综合推进、综合创新,否则媒体融合事倍功半,成为难融、假融、虚融的结果。社会性工程是指各级各部门积极支持、参与,既推进媒体融合,又通过媒体融合带动社会性大融合,推动经济社会文化科技进步。

南充日报社从巩固党的执政基础、打通宣传最后一公里、全心全意为人民服务的立场出发,同时也从南充日报生存发展出发,谋划和设计了由南充日报社牵头,统筹各县(市、区)融媒体中心,整合市县优势资源,形成了全市一张网、融合一盘棋,其机制制度的创新,通过技术平台转化实现,机制制度、平台技术的融合创新，受到广大用户喜爱。

但是，这项改革和创新不能支离破碎，不能孤军奋战，从报社内部而言，需要进行组织架构、干部人事、生产流程、绩效考核、薪酬分配等多项制度综合改革，服务和促进媒体深度融合。从市县两级而言，需要各县（市、区）大力支持、进入和配合，创新建立市县共建共享共管共用共利的合作机制。从行业外部而言，需要全社会理解媒体融合、支持媒体融合、投身媒体融合，在社会性融合中寻求工作突破和事业发展。报社通过技术和服务，为社会各行各业搭建工作平台、发展平台、经营平台，一些部门和行业主动和报社合作联姻、共奔前程、共创利好。

第五节 融合发展未来规划

一、做大融合平台，拓展用户市场

在巩固报纸、网站等传统媒体质量和水平的基础上，以南充见 APP 等新媒体平台为抓手，全力推进地市级媒体融合转型发展，深化报、网、微、端转型融合，通过吸纳南充及周边地市乃至全国用户，将南充见 APP 打造成南充最有影响力并辐射川内乃至全国的新媒体平台。力争"十四五"期间，以南充见 APP 为龙头的南充日报社融媒体平台覆盖本地 90% 以上的用户，市内外用户数达到 1000 万。

二、做优融合平台，提升功能体验

南充日报社不断推进媒体组织架构、薪酬绩效、机制制度深化改革，进一步解放新闻生产力。一是技术优化，利用 5G、区块链、大数据等先进科技，不断迭代更新报社媒体融合技术，使南充见 APP 运行更流畅，反应更迅速，使用更便捷。二是功能优化，积极打造"新闻+政务+服务+商务+治理"新型主流传播平台，结合地方性新闻客户端的实际，完善服务功能、互动功能，增强用户的参与度。三是服务优化，明确服务主导的内容模式，强化本土性和服务性，将水电气费、通信费、学杂费等各类生活缴费纳入南充见 APP，将南充见 APP 打造成一个全市功能最强、覆盖面最大的便民服务平台，让群众在信息交流互动中享受科技红利，便捷日常生活。

三、做强融合平台，推动社会发展

主动顺应媒体转型发展的时代浪潮，做强南充见 APP 平台，以此平台为基础，积极融合 H5、VR、短视频等新技术，实现媒体与社会深度融合，提高舆论引导力和社会治理力。通过整合市县两级相关数据，及时为市县两级党政机关、部门、单位提供决策参考；及时搜集整理、分析研判本地舆情动态，建立负面舆情分级预警机制；及时向广大群众传递党委政府声音，协助党委政府打造智慧城市，推进社会治理现代化。

四、做实融合平台，形成产业支撑

南充日报社正在谋划数字产业园区建设，计划以数字产业园区为依托，积极参与智慧城市、电子政务、数字经济等方面的建设，积极申请将全媒南充大数据平台列入重点项目。通过产业支撑事业，产业支撑经营，提升员工的获得感、幸福感，努力打造新型主流传媒集团，为全面建设现代化南充贡献力量。

产品融合创新篇

第十二章 《扬子晚报》紫牛新闻客户端的融合创新

陈萱　秦宗财[①]

　　十八大以来，习近平总书记对于媒体融合发展作出了大量深刻论述，2019年1月25日，习近平在中共中央政治局第十二次集体学习时发表讲话：推动媒体融合发展，要坚持一体化发展方向，通过流程优化、平台再造，实现各种媒介资源、生产要素有效整合，实现信息内容、技术应用、平台终端、管理手段共融互通，催化融合质变，放大一体效能，打造一批具有强大影响力、竞争力的新型主流媒体。《扬子晚报》作为中国发行量最大的晚报都市报早已走上了媒体融合的道路。从2012年开始，《扬子晚报》就已经开始组建全媒体记者队伍，2012年9月，《扬子晚报》率先开通微信公众号平台。传统媒体集团在融合转型的过程中，开始在客户端上发力。到2019年，《扬子晚报》上线"紫牛新闻"客户端，推动传统媒体全面建设媒体融合多平台化创新发展。

第一节　《扬子晚报》及紫牛新闻客户端概况

　　《扬子晚报》是江苏省省级报刊，于1986年元旦创刊，是中国发行量最大的晚报都市报，在江苏报业日发行量排名第一，是江苏地区唯一入选中国500强价值品牌的平面媒体。《扬子晚报》遵循"宣传政策、反映生活、倡导

[①] 陈萱，扬州大学新闻与传媒学院新闻与传播专业2020级硕士研究生；秦宗财，扬州大学新闻与传媒学院教授、博士生导师。

文明、传播知识"的办报宗旨,以"提升公信力、引导力和影响力,办一张党和人民都满意的报纸"为己任,逐渐形成了导向正确、信息密集、热点集中、服务到位、可读耐读等特色和优势。《扬子晚报》隶属于江苏省国有企业新华报业传媒集团,具有很高的知名度和公信力。《扬子晚报》一直紧跟融合创新的潮流,对新闻报道形式进行创新,但内容一直坚持高质量,全面提升公信力、影响力、引导力。

"紫牛新闻"是《扬子晚报》推出的原创深度融媒体,在2017年6月上线,是主打深度、原创的新闻内容品牌栏目。2019年9月,紫牛新闻客户端正式上线,依然以生产高品质的新闻产品为目标。"紫牛新闻"的口号是"在这里遇见不同","紫牛"是取自"扬子牛"的谐音,意即扬子晚报为读者俯首甘为孺子牛,继续传承其创刊伊始"365天一天也不让读者失望"的承诺。同时,紫牛在经济学上也代表着与众不同的稀缺产品。其定位正如"紫牛新闻"发刊词中所说的,希望"紫牛新闻"的原创深读新闻"在众多新媒体产品中,在真假莫辨、形形色色的肤浅内容当中,给读者带来独特的、不一样的内容,享受阅读的美好"。

上线一年,紫牛新闻客户端下载量超9000万,"紫牛新闻"强调原创、深度、新意,整合文字、摄影、视频、H5交互等原创内容团队,打造全媒体深读资讯,向精品内容、创新营销方向努力,力求打造标杆级传播产品。

第二节　紫牛新闻客户端内容特点

紫牛新闻客户端主打深度、原创、新意,立足于原创社会新闻报道,内容贴近江苏人民生活,聚焦百姓关注的方方面面,坚持传播正能量,弘扬社会主义主流价值观。

一、坚持深度报道和暖新闻并举

习近平总书记在2013年全国宣传思想工作会议上发表重要讲话:"坚持团结稳定鼓劲、正面宣传为主,是宣传思想工作必须遵循的重要方针。我们正在进行具有许多新的历史特点的伟大斗争，面临的挑战和困难前所未有，必须坚持巩固壮大主流思想舆论，弘扬主旋律，传播正能量，激发全社会团结奋进的强大力量。"紫牛新闻"对习近平总书记讲话的精神做了深刻学习，作为都市报新闻客户端，"紫牛新闻"对百姓生活关注密切，挖掘平凡人物的不平凡小事，以此来弘扬主旋律，传播正能量，从百姓身边事入手，更易使读者产生亲近感，更具感染力。"紫牛新闻"被评为2020年度十大正能量媒体，始终将社会效益放在首位，紫牛号中的紫牛头条延续了融媒体新闻栏目的一贯调性，坚持每天做深度原创内容，关注身边人的故事，采用视频加文字的形式，视频和文字内容相辅相成，视频长度一般在2分钟左右，符合短视频时代人们的使用习惯。文章一般从身边人、身边事作为切入口，这些平凡人物的举动更贴近受众的内心，其中蕴含的情感力量更能感染人。

2021年4月18日，紫牛头条推出《太赞！江苏女孩行9万公里拍〈山海经〉视频，演绎近百上古人物形象》一文，关注到一名来自江苏张家港的普通"90后"女生的故事，这名女生为了演绎还原《山海经》中近百位上古人物形象，她和团队成员翻阅大量古籍，走访了全国14个省份82座城市，行程达9万多公里，女生拍摄《山海经》是源于她对传统文化的热爱，希望更多人看到中华文化的魅力。文章通过报道女生的亲身经历，结合她演绎还原的上古人物图像，既让受众直观地感受到传统文化的魅力，又刻画出为宣扬传统文化不辞辛劳的"90后"普通女生的形象。这样的报道更能感染受众情绪，以小见大地弘扬了我国社会主义主旋律。

暖新闻以一种温情、真挚的笔法描述新闻事件，使受众可以感受润物无声的情感触动和社会的温情。改革开放以来，我国经济发展迅速，但与此同时带来的精神文明的匮乏问题也日益突出，暖新闻的出现能够建构社会的温情面，引导人们重塑积极向上的社会主义核心价值观。4月13日，"紫牛新闻"发布了《白发"校长爷爷"竟是"80后"，三年住在学校照顾140多个娃》，文章的"校长爷爷"八十多岁了，他三年都坚持守在乡村小学里。为了能留住家门口的乡村小学，他开始修葺楼顶、硬化操场，让孩子们有一个温暖的家。他不仅照顾孩子们的学习也操劳他们的生活，尽可能给他们提供良好的学习环境。暖新闻透露出的积极温情的正能量新闻接近生活、有人情味、有温度是受众所喜闻乐见的，能够引导受众追寻美好生活，同时暖新闻充分贯彻了习近平总书记提出的媒体应"激发社会正能量"的要求，是当下社会中必不可少的新闻形态。

"紫牛新闻"中的"紫牛头条"号发布的新闻都是一些普通人的故事，但这些普通人的故事往往更能感染受众，引发受众纷纷留言点赞。紫牛新闻善于在日常生活中挖掘不平凡的故事，致力于发现普通人的美，使内容产生了良好的社会影响，扎根生活，紧贴群众，使得紫牛新闻更接地气，在受众中形成了良好的口碑，是媒体守正创新的表现。

@紫牛新闻2017年与@央视新闻调查、@侠客岛等10家栏目被微博评为"最佳深度报道媒体"。"紫牛新闻"定位是原创社会新闻报道，坚持"深度报道和暖新闻并举"报道方向，采用"深度报道+新闻短视频"的形式。2018年12月中宣部新闻局对"紫牛新闻"专题阅评指出，"从效果出发正确理解和报道社会新闻，努力坚持主流价值观，从策划选题、采访写作到全媒体平台发布，始终把社会效果放在首位"。"紫牛新闻"聚焦普通人身上的闪光点，向社会传递人间大爱。

"成风化人、凝心聚力"，是党的新闻舆论工作的职责和使命之一。随着互联网和自媒体的兴起，舆论环境愈加复杂，也对媒体的舆论引导工作提出了更高的要求。近年来，越来越多的媒体注重发掘暖心故事，这些传播正能量、彰显正能量、点赞正能量、弘扬正能量的"暖新闻"很容易引起受众的共鸣，浸润着人们的内心，滋养着崇德向善的社会氛围，这也是媒体"成风化人、凝心聚力"的重要路径。

二、立足江苏周边新闻，深耕本地新闻

"紫牛新闻"作为《扬子晚报》推出的新闻客户端，聚集于江苏省内新闻，首页开辟了"江苏"专栏，报道江苏省内各市发生的新闻事件。新闻价值主要从五个方面判断：重要性、时新性、接近性、趣味性和显著性。接近性包括空间位置上的接近和心理意义上的接近，如果说"紫牛新闻"发布的身边人的故事是引起受众心理上的共鸣，那么立足于江苏新闻就是和受众实现空间意义上的接近。紫牛新闻客户端具有准确的定位和明确的目标受众，设立专门的本地栏目，致力于覆盖省内新闻。用户可以根据定位浏览当地新闻也可以自行设置区域，获取当地新闻资讯。深耕本地新闻是"紫牛新闻"取得差异化竞争的优

势所在。

新媒体时代下，信息传播速度快、传播范围广，但本地新闻仍然是新闻客户端的重要内容，"紫牛新闻"中的民生新闻占很大一部分，在这基础上，建立本土化报道是"紫牛新闻"的核心竞争力。"紫牛新闻"立足于江苏新闻，充分发挥对本地民俗、民生熟识的天然优势，更能了解受众需求，重视人民生计、群众生活，发布的新闻更能抓住受众眼球。针对"五一小长假"，"紫牛新闻"推出节日出行专栏，包括出行提醒、游玩攻略等。其中出行提醒中国包括"五一"假期的天气和高速公路、干线公里的出行高峰提醒，游玩攻略中包括自驾游线路推荐以及特色景点推荐。"紫牛新闻""江苏"专栏的栏目设置和内容发布充分考虑到地域因素和时间因素，适时推出江苏人民感兴趣的内容。江苏专栏中可定位用户所在位置，根据用户位置优先推荐所在城市周边的新闻，包括政务资讯、民生新闻、活动开展、最新政策、休闲文娱等。"紫牛新闻"立足于江苏，同时向全国乃至全球辐射，覆盖了全球和国内热门资讯，推送国内外重大新闻。紫牛新闻重点依然在本地资讯和身边新闻上，其新闻报道能满足江苏省内受众的新闻需要，实现差异化竞争。

三、板块丰富，满足多种需求

紫牛新闻客户端首页中设置推荐、牛粉、江苏、紫牛号、专题多种个性化栏目，栏目丰富，满足受众多样化需求，频道中对新闻进行分类，包括最新、时政、AI播报、国际、国内、社会、教卫、科技、财汇、房产、文娱、体育等多种类型。首页根据时事更新或增加栏目，如2021年时值建党一百周年，客户端首页增加"辉煌百年"的栏目，推出方方面面关于建党一百周年的新闻，大多从身边党员故事说起，新闻内容图、文、视频结合，多种方式更加全面直观地展现普通党员对我国社会发展所做出的贡献。"推荐"一栏中根据深度智能神经网络计算，根据受众的浏览喜好推荐个性化新闻。"推荐"栏目中包含专栏"有事找紫牛""牛刀斩谣""江苏暖新闻""牛眼观""紫牛号精选"等多个专栏，全方面满足受众对于新闻的需求。

"紫牛新闻"一直以来坚持原创社会新闻报道和评论，推出了诸多原创栏目，如《紫牛头条》《少年志》《师说新语》《钱眼》《微史记》《走读》《辣油君》等，涉及社会生活的方方面面。栏目内容图、文、视频兼备，符合受众的阅读习惯，吸引粉丝眼球。

在2021年5月，紫牛新闻客户端推出新闻原创短评专栏《牛眼观》，依托"紫牛新闻"，记者编辑具有专业的新闻素养和及时的权威报道，《牛眼观》准确发声，聚焦全网热点，针对受众关注的社会现象，发出有温度有深度的独家评论，传递"紫牛新闻"的态度，彰显人文精神，帮助受众解读政策、回应关切，辨别网络中良莠不齐的声音，营造清朗的网络空间。

随着移动短视频的兴起，紫牛新闻客户端开辟出"扬眼视频"，从图片、文字转向视频，降低了用户的使用门槛，更加易于使受众接受，符合受众的浏览习惯。视频也分成了各个专栏，如"勇哥探案""楼市马坐播""紫牛聊斋"等，满足受众对视频的多种需求。

导航界面清晰明确、一目了然、易于操作，栏目板块醒目突出，且具有特色，"紫牛新闻"打造出区别于其他新闻客户端、具有竞争力和鲜明特色的新闻客户端。

第三节　"紫牛新闻"媒介融合策略分析

新闻客户端是媒体融合环境下出现的新闻生产和发布的新兴平台，紫牛新闻客户端推出后，受到大众的喜爱，正是因为其融合创新表达方式，紧跟时代潮流，走在媒介融合的前列。

一、表达立体化，强化内容传播力

正所谓"融到深处，回归内容"，融合多种媒介表达方式的紫牛新闻最终目的也是使内容和形式达到最佳匹配，创新表达方式，更易于使受众接受。不管媒体环境如何变化，提供原创优质内容始终是新闻媒体的立身之本。在媒体融合的趋势下，紫牛新闻顺应移动传播时代的发展潮流，用图片、文字、视频、音频等多种方式呈现新闻内容，多种表达方式相互结合，融合在一起，使新闻

第十二章 《扬子晚报》紫牛新闻客户端的融合创新 | 产品融合创新案例 |

内容呈现多元化、趣味化、立体化，全面地报道新闻内容，力求还原新闻现场，输出优质内容。移动时代的到来，短视频在新闻报道中发挥着重要作用，短视频的形式使得报道更加直观易懂，增加了新闻的传播方式，时间短在碎片化的场景下传播更高效，符合当下受众的消费习惯。

紫牛头条坚持每天推送一篇原创新闻和配套的短视频，新闻内容根据短视频时长一般在三分钟左右，2021年5月10日晚，成都一小区电梯内发生电瓶车突然起火导致多人受伤事件引起了社会的关注。紫牛头条在5月11日及时发出相关报道，还原事件发生过程，并对后续情况及时跟进，并通过成都此次的事故，对照南京有关电动车入户情况，在5月11日，紫牛头条记者探访南京多家小区，通过视频可以看出南京目前已有小区安装了电瓶车上楼管控系统，如有电瓶车进入电梯，系统会提示"电瓶车禁止入内"，同时电梯会停运，直到电动车推出电梯。但部分小区仍存在电动车上楼入户充电情况。紫牛新闻记者还采访了南京市消防队，对电动车起火的原因做出分析，并提出对策。通过文字、图片、音频加视频的表达形式，从成都事故出发，对南京市电动车进电梯，上楼入户的情况进行全面报道，对社会公众起到警示作用。

除了新闻视频之外，"紫牛新闻"还善用动画视频，画面活泼有趣，使严肃晦涩的话题经过包装后更易传播。媒体融合环境下，运用多种技术和表现形式，满足受众的多样化需求是媒体提高竞争力的要求。除了视频，"紫牛新闻"中的直播和扬子头条、扬子晚报一直播、扬眼等直播渠道融合，汇聚全网权威的直播渠道，覆盖面较广，内容形态丰富，南京"城市天际线"慢直播陪你看遍最美"人间四月天"、"院长团开讲"、国际博物馆日江苏十三市联动直播等等，为用户传播及时、真实的信息。

短视频的发展为新闻讯息传播提供载体，短视频的形式是为深度原创内容服务的，紫牛新闻客户端要在众多竞争品中取得竞争性的优势，坚持内容为王仍然是首要的。

二、加强社交属性，强化新闻互动性

媒体融合的环境下，交互性是新媒体的特征之一，用户既是内容的接收者同时也是内容的创造者。紫牛新闻客户端从3.0版本开始注重平台的社交属性，评论区是新闻的延展，好的评论可以为新闻助力。除了打造评论区，紫牛新闻还推出了"找记者"功能，打造记者专属主页，让用户可以看到每篇报道的作者以及简介，点击头像还可以查看其所写的稿件，并能和记者及时交流互动。交流互动可以增进用户的使用黏性，加深用户对紫牛客户端的依赖，在"牛粉"一栏中发布受众可能感兴趣的或具有争议性的话题，引导粉丝参与讨论，实时对话，形成类似社交平台的热点吸纳效应，使粉丝对紫牛新闻客户端产生黏性，成为紫牛新闻客户端的忠诚粉丝。

紫牛新闻客户端还开发了"紫牛拍咖"平台，实现了用户生产内容，用户通过紫牛拍咖平台上传图片、文字、音频、视频等作品，即可成为紫牛拍咖。当下新闻平台中，视觉性的图片和视频是新闻内容生产中的重要环节，仅靠记者拍摄图片、视频无法完全满足用户对海量信息和快速更新的需求，用户参与可弥补紫牛新闻图片、视频原创能力的不足。

紫牛新闻客户端在上线三个月后发布了"紫牛拍咖"招募令，对拍咖的准入门槛低，只要喜爱用镜头捕捉瞬间，善于发现生活中的美就可以加入到拍咖联盟中。专业人员虽然具有专业知识和经验，但是他们拍摄的作品可能缺少情趣化、个性化，拍咖们有独特的敏感和视角记录生活中的美，拍摄的作品成为紫牛新闻客户端视觉生产的重要内容。在技术赋能的环境下，拍咖和平台之间相互成就，拍咖为平台提供优质的摄影作品，丰富平台的内容，紫牛新闻客户端也为拍咖提供展示作品的渠道和平台，并制定一系列奖励政策，激励拍咖提供更加优质的内容。紫牛新闻引导拍咖拍摄特定主题的作品，如在疫情期间，紫牛新闻客户端组织拍咖拍摄关于疫情居家生活以及抗疫作品，有效激发了公众的创作热情，以此能表现媒体的社会责任感。

"紫牛新闻"中对社交属性的强调充分体现了媒体融合多方声音，将用户生产内容纳入到新闻内容生产中来，既激励了用户参与社会公共事务的热情也加强了用户与紫牛新闻客户端的连接。

三、新技术赋能，新闻内容呈现智能化

技术的发展给新闻客户端带来了新的机遇，紫牛新闻客户端运用新技术如5G、AI、VR等实现新闻内容呈现方式多元化、智能化，打造形态多样、手段先进、具有竞争力的新型主流媒体。2019年9月，紫牛新闻客户端上线时就推出了AI主播智能播报技术，通过真人形象建模打造出AI虚拟主播阿牛和阿紫，通过语音动画合成技术进行新闻播报。AI主播在效率和准确性上具备天然的优势，可以解放传统新闻主持人，传统主持人可以对新闻内容做出严格的把关，对节目进行深入创新。技术的发展使得自动化新闻成为趋势，新闻媒体融合将新技术运用到新闻生产和发布等各个环节是取得竞争力的必要手段。

"紫牛新闻"还将VR技术运用到新闻报道中，VR即虚拟现实，是一种可以创建和体验虚拟世界的计算机仿真系统，它提供一种交互式的三维动态视景，使用户沉浸其中。VR技术的应用使传媒业的业态产生了新的变化，改变了新闻的呈现方式，传统新闻一般是线性叙事，而VR新闻创造出360度全景叙事，多方位、多角度地呈现新闻内容。"紫牛VR现场"栏目将用户带入当时的新闻现场环境中，以第一视角感受新闻的现场感，如《〈长江保护法〉实施首日，江苏300万尾鱼苗放流长江流域重点水域》一文中，紫牛新闻运用VR技术播报放流过程，用户仿佛身处长江的轮船上，感受到长江水的流动和呼啸的风声，使人对新闻内容有更深刻的了解，进而产生认同。2020年春天，正值疫情严峻之时，紫牛新闻客户端推出"云赏花、慢直播，2020春见花路"，为特殊的春天定制视觉系列产品，春见花路中运用VR互动，将整个花开的空间进行多视角景观真实再现，使用户足不出户就能云赏花，欣赏南京各个标志性景点的景色，用户可以自己调整角度赏花，还可以调整至无人机视角，真正实现了720度全景式赏花。云赏花和慢直播的方式满足了疫情期间无法出门的受众需求，受到广泛好评。"紫牛新闻"勇于尝试将VR技术运用到新闻内容中，是积极进行融合创新的表现，为紫牛新闻客户端的发展带来新的机遇。

信息可视化是媒体融合创新的重要表达方式，H5新闻兼具可视性和互动性受到用户的关注，紫牛新闻客户端运用H5技术报道新闻、策划活动，深刻贯彻融合创新的思维。2021年，为了庆祝中国共产党成立100周年，"紫牛新闻"推出"歌颂写在大地上——线上马拉松暨打卡红色地标"活动，吸引广大受众参与，他们分享H5线上马拉松里程，邀约伙伴共同打卡，截至5月11日，共计40多万人次参与线上打卡活动，打卡历程总计近3500万公里。H5交互产品生动有趣，使用户沉浸于红色故事中，更深刻地传播党史故事与红色精神。

"紫牛新闻"运用多种技术融合创新，丰富新闻生产内容，优化新闻呈现方式，提高新闻的传播力，在媒体融合的趋势下不断发展，成为具有重大影响力的新闻媒体。

第四节 未来发展趋势

一、线上线下相结合，打造社群文化

在融合媒介高速发展的今天，媒体不仅要进行手段技术的融合，还要线上线下形成联动。通过丰富多彩的线下活动与线上活动相结合的方式，使得紫牛新闻客户端的用户凝聚力增强，通过互动，用户之间增加了沟通，从而形成了以紫牛新闻客户端价值观为核心的社群文化。紫牛新闻在南京江心洲长江大桥开通时邀请市民共同登桥，参加纪念跑，通过线下活动，使市民感受大桥的辉煌历史和成就，增强市民对城市文化的自豪与认同，同时也提高了受众对紫牛新闻客户端的认同度。共同的线下活动使得紫牛新闻客户端的用户连结起来，具有更深厚的关联与情感，使用户对紫牛新闻产生较强的忠诚度，忠诚度使得"紫牛新闻"内容的传播效果得到显著提高，从而形成品牌文化，树立品牌形象。

二、培养全媒体人才，打造融媒专业团队

媒体融合的环境下对记者的素质提出了新的要求，要求传统的纸媒记者向专业的全媒体记者转型。全媒体记者应具备采、写、摄、录、编等各种技能以及新兴技术，更重要的是突破传统思维，具有全媒体思维，记者只有紧跟技术，拥抱新技术才能在媒体融合趋势下成为具有竞争力的人才。拥有一支素质优良、规模宏大、结构合理的全媒体人才队伍，是实现媒体深度融合发展的关键。

习近平总书记强调，宣传思想干部要不断掌握新知识、熟悉新领域、开拓新视野，增强本领能力，加强调查研究，不断增强脚力、眼力、脑力、笔力，努力打造一支政治过硬、本领高强、求实创新、能打胜仗的宣传思想工作队伍。这为记者的素养能力提出了新的要求，新时代下记者要扎根生活，在深入基层中练就强劲脚力，在洞察生活中练就敏锐眼力，在勤学深思中练就过硬脑力，

在书写时代中练就不凡笔力。

在媒体融合的浪潮下，紫牛新闻客户端仍然要坚持内容为王，打造深度精品内容，也要运用多种技术创新话语表达，使新技术为新闻报道赋能，同时搭建融媒专业团队，实现媒体深度融合发展，建设新型主流媒体。

第十三章　中青报：全面挺进主战场 自我革命推进媒体深度融合

张坤[①]

为贯彻落实习近平总书记关于媒体融合发展的重要指示精神和中共中央办公厅、国务院办公厅印发的《关于加快推进媒体深度融合发展的意见》，在团中央书记处领导下，在整合并入团中央网络影视中心、团中央实业发展中心的基础上，近年来，中国青年报社以高标准推进党建业务的一体化深度融合，以高效能推进内外治理的一体化深入融合，以高质量推进精品导向的一体化深度融合，主力军全面挺进移动互联网主战场，以"融媒云厨"升级为驱动，加速向新型主流媒体迈进，打造上传下达的治国理政新平台，打造内引外联的国际传播新格局，打造惠国利民的美好实用新服务，着力提高办报办网质量，做强新型主流媒体，提升面向青少年的网上传播力、引导力、影响力、公信力和服务力，不断巩固壮大主流思想舆论，更加广泛有效地为党育人、凝聚青年、服务大局，有效引领广大团员青年在全面建设社会主义现代化国家新征程中建功立业。

第一节　加强顶层设计

中国青年报社注重加强顶层设计，以高效能推进媒体深度融合发展。2021年1月1日，中国青年报刊登评论员文章《青春担当文化使命 做强新型主流媒

[①] 张坤，中国青年报社党委书记。

体——中青报继续自我革命迈进新百年》，宣告中青报作为正在推进媒体深度融合的全国主流大报、团中央机关报，始终以为党育人、服务大局、服务全团、服务青年为己任，继续自我革命，为国家和人民作出更大贡献，用青春担当起新的文化使命的决心；并围绕报社正在探索践行的"媒体融合三个新定位"，对报社2021年媒体融合发展"四大工程"及方法路径进行了专门阐述。4月27日《中国青年报》迎来70岁生日，新老报人共话传承创新，梳理峥嵘岁月积累的精神财富，探讨推动媒体融合向纵深发展。中国青年报社结合党史学习教育，把报庆日作为办实事、开新局的"融媒云厨"改革再出发日，初心不改，云速飞翔，加速做强新型主流媒体步伐。同日一版刊登评论《初心不改 云速飞翔——70年风华正茂中青报"融媒云厨"再出发》，进一步提出推进"一体化"深度融合的具体举措。

在中青报"两把锤子"自我革命中，中青融媒"视觉锤"优秀创新创意项目应运而生。团中央领导出席中国青年报社融媒云厨技术中台规划、"2021·视觉锤"融媒创新创意项目发布仪式并讲话，对中国青年报社各项工作特别是媒体深度融合成绩给予了充分肯定，要求中青报不改初心，继续聚焦主责主业，全心全意为党育人、为青年服务、为全团服务，进一步加快一体化融合步伐，加强全媒体人才队伍建设。

第二节 推进党建业务和人事管理改革

中国青年报社坚持推进党建业务高质量深度一体化融合，继续推动人事管理深层改革。一方面，以从严推进巡视整改"回头看"为抓手，进一步加强基层党支部的规范化建设、深入推进党史学习教育。另一方面，在党建业务高质量深度一体化融合前提下，于2020年中下旬制定《中青报十四五全媒体人才培养规划》，在2021年实施第一年抓铁有痕，踏石留印。

作为深化体制机制改革的一个突破口，中青报正在全面加强人事管理和动态绩效考核制度深层改革。进一步开拓人力资源成长通道，站在五年全媒体人才规划下，正在重点聚焦培养扶持优秀融媒专家型人才、优秀融媒经理人、优秀融媒制片人、优秀融媒创意创新人才、优秀融媒技术人才等。

聚焦主责主业，结构性科学调整绩效考核，选拔第二批全媒体人才进入中青报全媒体人才库，并面向全媒体人才集中开展党史学习、技能业务专项培训；严格按照德才兼备的原则选拔任用了一批中层干部；为青年人才办实事，将中青记者之家酒店部分房间改造为公寓供报社青年职工租住等，真正把事业留人、平台留人、待遇留人、感情留人有机结合起来，用人才杠杆撬动融合改革发展活力。

第三节　"融媒小厨"升级为"融媒云厨"

中国青年报社将"融媒小厨"升级为"融媒云厨"，进一步优化全媒体报道流程和机构设置，进一步推动报网端一体化发展。2021年4月27日一版评论员文章《初心不改　云速飞翔——70年风华正茂　中青报"融媒云厨"再出发》，从五个方面对"融媒小厨"升级为"融媒云厨"的具体内涵进行了更明确的阐述。其中一些重点工作和深化改革举措正在一一推进落实中，一些融合改革新成果也在不断形成和出现。

比如2021年上半年，中青报发布了"融媒云厨"技术中台规划，包括报纸数字化储存、转化和应用，移动优先的自主研发系统集成、优化和创新，"中青云"内外功能整合、优化和重构等。在不断适应互联网传播移动化、视频化趋势下，融媒云厨发挥融合优势，催生出包括现象级产品青蜂侠在内的创新产品。

2021年6月，"融媒云厨"、青蜂侠入选由国家新闻出版署主办的"2020年中国报业深度融合发展创新案例展"。中央纪委国家监委新闻传播中心、人民政协报等数十家媒体到报社参观交流。"2021·视觉锤"融媒创新创意项目进一步推动报社视频化发展，50个报社青年团队"破圈"打造的融合视频项目日前受到表彰和激励。

中国青年报社数字内容资源平台（报纸数据库）是报社技术中台的重要组成部分，对正在进行的融合改革向纵深发展提供内容支撑。

经过多年的融合发展，中国青年报全媒体在青年中的引导力公信力影响力持续增强。中央宣传部在建党百年报道、党史学习教育、红色足迹、沿着高速看中国等重大主题报道部署中,高度重视中国青年报,都把中国青年报社纳入"第一方阵",是中宣部重点部署出版"奋斗百年路 启航新征程"专版的4家中央新闻媒体之一,党史学习教育报道多次受到表扬,沿着高速看中国给本报特别安排重点支持,尤其在国际传播和向中外青少年讲好中华文化故事方面,中青报近年来做出了很多努力创新,也受到上级相关部门的重视和肯定。

中央网信办也把许多重要活动交给中国青年网承办。在庆祝中国共产党成立100周年之际,为深入贯彻落实习近平总书记关于办好思政课的重要论述,以习近平新时代中国特色社会主义思想立德树人、铸魂育人,由中央网信办联合教育部、共青团中央、北京大学主办,中央网信办网络传播局、教育部社科司、中国青年报社承办,中国青年网、新浪微博协办的"把青春华章写在祖国大地上"网络主题宣传和互动引导活动2021年6月18日在北京大学启动。期间,北大女生宋玺加入军营的故事、"航天英雄"杨利伟、思政名师张维为的"大思政课",引起社会广泛关注和网络热议。这次活动旨在积极引导广大青年担负历史使命,坚定前进信心,立大志、明大德、成大才、担大任。截至6月24日,全网曝光量超20亿次。

"青年大学习"网上主题团课系列H5紧扣习近平总书记相关重要讲话论述、精神和思想,向广大青年群体进行主题知识宣讲,引导广大青年坚定不移听党话、跟党走。作品采用适合移动端传播的H5形态,同时融合真人视频讲解进行呈现,并加入答题互动,让团员青年可随时随地学习。作品以讲解视频、测试、课后作业巩固三级进阶的形式稳步推进学习进程,让广大青年真正学懂弄通做实。截至目前共推出十一季100余期,总点击量超过68亿,单期平均学习人数超过4500万,单期作品点击量最高超过1.7亿,#青年大学习#阅读量9.9亿,讨论量43.5万。

2021年"青蜂侠"在各平台播放累计已超过50亿次,成为中国青年网实现思想引领和价值引领、弘扬正能量的高地。截至8月,青蜂侠发布稿件达11000条。其中,重大主题报道、热点事件分析、社会暖闻等引导青少年向上向善稿件占比超80%,维护青少年权益稿件占比达12%。

2021年,第一时间碎剪的视频《"请党放心,强国有我"!这是今日青年对党的庄严承诺》在中国青年报微信视频号第一时间发布,成为朋友圈的刷屏之作，播放量达 5 亿，点赞量 2100 多万，转发量 632 万多，评论量 18 万多。

2021 年 9 月 1 日，报社制作的 MV《强国有我》发布，这首歌被称为共青团员和少先队员代表献词的歌曲版。MV 邀请了在天安门广场七一庆祝大会参与朗诵、合唱、担任志愿者和参与鸟巢七一文艺表演的中国传媒大学学生共 100 人合唱。经有关部门推荐，该 MV 目前在高铁大小屏滚动播出。

中青报始终坚持内容创新是最重要的创新。近年来，报社融媒产品不断丰富的同时，重点打造融媒精品，获得一系列重要新闻类奖项。

2019 年，《中国工厂在非洲》《40 秒 40 年》分别获得第 29 届中国新闻奖新闻摄影、融合创新三等奖。2020 年，冰点周刊刊载的《活在表格里的牛》获得第 30 届中国新闻奖报纸副刊一等奖，另有三篇作品获得文字通讯与深度报道、网络评论、短视频专题报道二等奖或三等奖。在 2020 年刚刚公示的第 31 届中国新闻奖拟获奖作品中，报社共 6 篇作品榜上有名。

目前，中国青年报社除共青团中央机关报《中国青年报》外，还有《青年参考》《中国青年作家报》《青年时讯》3 张子报，拥有中央重点新闻网站、团中央官网中国青年网，中央主要新闻网站、新闻文化视频网站中青在线以及中国青年报客户端等 5 个客户端，在微博、微信、抖音、今日头条等第三方平台注册的机构账号 100 多个，在团中央宣传部指导下与团中央新媒体中心正在深度融合，移动端用户 2 亿多，主要移动端平均日活量达 1300 多万。按一体化深度融合思路推进"融媒云厨"的品牌再造、机制转化、流程优化和产品赋能，以价值创新为目的，用数字化技术驱动业务变革的发展路径。全面实施新文创品牌助力行动，以"融媒云厨技术中台"数字化工程为基础，以"青·文创"品牌助力行动为统筹抓手，举起"有思想的视觉锤，有品牌的产业锤"，砸出书香飘逸的文化光芒。10 月是报社的文化月，通过发布文创产品和举办品牌活动，结合助力冬奥，让"每朵雪花都温暖"，传递人类命运共同体核心价值观。同时，利用现有空间，打造"媒体＋阅读（书店、书房等）＋体验基地＋文创产品产业"线上线下新业态。报社新媒体收入已经超过传统报纸广告，在抗疫等巨大压力之下，整体品牌运营呈现上升趋势。

第十四章 "学习强国"APP的融合创新之路

郝天韵[①]

习近平总书记在党的十九大报告中指出,要增强学习本领,在全党营造善于学习、勇于实践的浓厚氛围,建设马克思主义学习型政党,推动建设学习大国。三年多以来,"学习强国"APP正是本着这样一个指导方向而打造的多技术应用、多资源聚合、多媒体呈现、多技术应用的融媒体平台。这段话深刻揭示了信息技术不断发展环境下媒体融合的必然趋势,更为包括"学习强国"APP在内的媒体平台做大做强主流舆论阵地指明了根本遵循与发展方向。

历史经验和现实实践证明,创新媒体融合发展是壮大主流思想舆论、宣传巩固思想文化阵地的战略举措。上线三年多的实践经验和业绩成果证明,"学习强国"APP是媒体融合创新的一大成功典范,在各个方面进行了有益的探索和尝试,不仅打通了采、编、发各个工作环节,融合联动,同时也在新闻性、综合性、思想性、互动性、服务性等方面,不断满足广大党员干部和人民群众日益多元、便利、自主的学习需要。

第一节 产生背景与意义

由中宣部出品、各级党组织协同管理的网络学习平台"学习强国"APP于2019年1月1日正式上线。这一平台立足于传播国家主流意识形态,以推动习

[①] 郝天韵,《中国新闻出版广电报》记者,主要研究方向为新闻出版、广播影视、传媒发展等领域。

近平新时代中国特色社会主义思想的理论精髓深入人心为根本宗旨和出发点，以宣传党的路线、方针、政策和引导广大受众学习党的理论知识为主要任务，聚集各大主流媒体，传播党的声音，及时准确地报道经济社会发展新闻事实等重要信息。上线三年多以来，"学习强国"APP依托其传播制高点、全新的信息网络传播方式，以及广泛的涉及面等传播优势，已成为各单位党员干部必备的"掌中书"。"学习强国"APP可以说是媒体融合进程中的时代产物，同时也是党和国家巩固和宣传主流舆论阵地的主动作为。"学习强国"APP的产生有其历史必然性，可谓是"应运而生"。

党的十九大报告指出，"牢牢掌握意识形态工作领导权。意识形态决定文化前进方向和发展道路"[①]。

首先，随着媒体融合不断发展，信息的传播渠道日益多元化，受众需求也更加多样化，主流意识形态传播有效性的内涵和外延不断丰富，以智能手机、平板等智能设备为载体的移动终端成为智能化传播的新阵地。面对当前意识形态领域的复杂形势，要牢牢掌握意识形态工作领导权，核心在于牢牢掌握网络意识形态工作的主动权和领导权。自"学习强国"平台上线以来，紧紧围绕习近平新时代中国特色社会主义思想的理论与实践开展思想宣传工作，以主题鲜明和结构完整的思想内容成为现阶段动员全体党员干部加强政治理论学习和促进主流意识形态有效传播最权威、最全面、最丰富的平台，引发全国范围内的学习热潮和传播盛况。"学习强国"平台的上线丰富了我国主流意识形态传播路径，是在新形势下对思想政治教育工作的创新探索。

其次，全媒体的快速发展带来了传播生态格局的深刻变化，"学习强国"作为传播平台和学习平台，在传播过程中，更加注重在传播渠道、方法、手段、形式上创新，实现主流意识形态的全方位、多层次、立体化传播，使正能量更强劲、主旋律更高昂。

最后，通过社交式与生活化的场景营造、兼具知识实践与价值引领等多重属性的"学习强国"APP，是当下党员群众的实际需求。"学习强国"平台是融媒体大背景下党的宣传教育工作的一种创新，它打破地域、时间、空间的限制，其广泛的参与性、双向互动性，以及精巧的策划、新颖的形式、丰富的内容，

---

① 习近平.决胜全面建成小康社会夺取新时代中国特色社会主义伟大胜利——在中国共产党第十九次全国代表大会上的报告.北京：人民出版社，2017：41.

满足了不同受众的需要，提高了党的宣传教育工作的传播力和影响力。

第二节　实践现状与创新成果

通过前期的融合创新，不断发挥政治、组织和资源优势，"学习强国"APP不仅仅成为全党开展大学习集大成的学习平台，更是引领思想文化传播的主流阵地。

一、整合媒体，覆盖广泛

目前，"学习强国"平台拥有手机端、PC端、电视端三大终端，手机端即APP，有"实播中国""青春中国""法治中国""理论""读书""党史""用典""军事"等四十多个板块，聚合了大量可免费阅读和观看的图书、期刊、古籍、电影、歌曲、戏曲、电影、公开课等资料，为用户提供海量、免费的图文和音视频学习资源；PC端有"学习新思想""十九大时间""学习理论""红色中国"等板块的一级栏目，涵盖丰富理论与知识内容；电视端"强国TV"也已在江苏、浙江、湖南等省市上线。三大终端让主流意识形态的"学习之音"真正"飞入寻常百姓家"。

横向来看，作为拥有300万个学习组织和数以亿计的个人用户大型时政类融媒学习平台，"学习强国"APP受众群体涵盖了老中青各年龄段的党员与群众，自2019年1月1日推出便下载量使用量攀升，成为主流媒体运用媒体融合聚合资源的典范，极大程度提升了主流意识形态的传播效率与覆盖面，为全媒体背景下主流媒体有效传播主流意识形态丰富了内容、拓宽了渠道、强化了效果。

纵向来看，"学习强国"强有力地整合众多媒体形式，形成了一个系统完备的融媒体传播矩阵。在内容上，打通了稿件采、编、发的各个环节，层层修改、层层筛选、层层审查，持续发挥着主流思想的凝聚力与引导力。在形式上，平台将多种媒体形式进行重组、融合。一方面抓住了报纸期刊的传统优势传播，另一方面利用新媒体平台，将文字、图片、音视频等多种形式进行融合，特别在"微"字上下功夫，增加短视频、快闪等内容，这也契合了当下受众短频快的接收习惯。将传统媒体深耕并擅长的深度内容资源，与新媒体分发形式的多样化传播默契配合，融合了报、刊、台、网、微、端、号等各种资源于一体，不仅使多种媒体内容与形态优势互补、整体发展，而且关联着省市、地市级学习平台各类"强国号"，达到了真正意义上的媒体互通，资源共通，从而增强主流舆论的传播效果，形成强有力的舆论声势。

二、注重内容，综合统筹

可以说，"学习强国"是掌握并占领移动端主导权的官方话语传播平台，在传播过程中坚守主流价值、聚集优质内容、创新传播方式，为传达治国理政新理念和社会主义先进文化提供了科学的传播渠道。上线三年多以来，"学习强国"学习平台为用户提供了丰富的知识信息和理论资源，并持续巩固内容优势，在思想性、新闻性、综合性、服务性等方面，综合统筹各类内容信息，不断满足广大党员干部和人民群众多样化、自主化、便捷化的学习需求。

在思想性方面，平台集纳了国际、政治、经济、社会、文化、历史、科技、党史等多个板块、多个栏目，内容权威、形式多样的学习资源，彰显出了思想的力量和理论的分量；在新闻性方面，平台始终保持对新闻时效性，力求达到让广大党员群众"一键尽知新鲜事"；在综合性方面，平台发布的内容主题各异、主体多元、形式多样，既有新思想新理论，同时也涉及涵盖人们生活中的衣食住行各个领域，是从宏观到微观融汇贯通的综合平台；在服务性方面，点开"学习强国"APP，首页屏幕下方有"强国通""百灵""电视台""电台"等五个板块，为不同需求的受众群体在不同情境下提供多元选择。

其中，"强国通"板块可以创建和加入学习组织，同时还可以发起视频会议、与好友展开密聊；"百灵"视频板块基于个性化需求推荐用户感兴趣的信息，内容贴近生活；"学习"板块中包含"要闻""新思想"等学习频道，使用户获取信息更加高效；"电视台"和"电台"板块聚集了大量可视可听的新闻广播、网络视听、读书频道等节目，以及海量免费学习观看的慕课和公开课，呈现多元化的学习形式。

值得一提的是，作为信息集成平台，"学习强国"学习平台尤为注重发挥主流媒体的内容生产优势，多元呈现主流内容，在综合统筹《人民日报》、新华社、央视网、中国新闻网等多家主流媒体报道的基础上，平台联合各个省市、地方平台共建地方"强国号"，不断拓宽内容生产渠道，展现地方特色。在全国性平台上，用户能够从多角度了解党和国家的路线、方针、政策，也可以借助权威丰富的学习资源提高自身理论水平与政治素养；在地方性平台上，用户可根据自己的关注点对家乡或喜爱关注的省市进行信息检索，及时掌握地方新闻。

三、技术加持，精准呈现

多种新技术的交叉运用，为"学习强国"APP有效传播主流话语提供技术保障。在先进的技术手段加持下，"学习强国"APP在资源聚合方面积累了充分的实操经验和成熟的筛选标准，成功聚合了传统媒体与新兴媒体、主流媒体与商业媒体等内容资源，对于内容的优质输出、舆情的高效引导方面成效显著。

同时，依托"基于用户数据，采用多元终端，多维提升用户体验"的服务技术与信息编码技术等，将丰富内容精准呈现，利用图、文、音、视等不同体裁形式创新学习、互动、答题系统，通过多种功能性搜索技术确保精确查询，通过互联网技术和思维实现学习激励和积分兑换等等。

技术赋能，"学习强国"APP在内容聚集与用户使用方面取得了显著效果。一方面，充分运用先进网络技术构建的新型学习与社交平台，通过学习与社交融合的方式为成员之间相互讨论、表达意见、分享资源提供了优质服务，吸引越来越多的用户主动融入主流意识形态传播实践中。另一方面，牢牢把握主流意识形态传播的主动权，平台重视用户信息偏好，建立了线上线下相结合的学习反馈机制，能够对用户持续学习进行有效激励，现已成为覆盖全体党员干部和人民群众线上学习的重要阵地。

四、强化服务，贴近生活

作为一个基于信息服务的学习平台，"学习强国"APP不断强化服务功能，始终以用户为中心，贴近生活、贴近工作，已然成为党员群众们常用、爱用的学习阵地。

比如，在"学习强国"APP中，"强国通"和"强国视频会议"能使用户足不出户就召开视频会议，尤其是在抗击新冠肺炎疫情期间，做到了"隔离"与"开会"两不误；在阅读、收听、观看学习等过程中，用户可以点击"分享""收藏""发表观点"等功能选项，使有用信息在分享与交流方面实现功能最大化；平台设置的"争上游答题""强国运动""双人对战"等功能，又极大程度上满足了用户个性化需求和挑战心理。

毋庸赘言，"学习强国"APP最突出的就是其"学习"功能。平台采取的社交式学习情境参与方式，极大提升了用户兴趣度和黏性，使每一位用户都可以成为主流意识形态的传播者和践行者。比如，鼓励个体党员在党组织群体内部进行知识分享、生活娱乐等社交互动活动，来强化价值共同体联系，表现为以个体党员为坐标原点，继而吸引其周遭的同事、家人，以及同学、朋友等参与到"学习强国"的知识分享行列之中，由点及面搭建起了全民性的互动学习网络，好似"水的波纹一般，一圈圈推出去，愈推愈远，也愈推愈薄"[①]。

针对不同主体的多元化的知识需求与智能化的生活趋势，"学习强国"APP逐步完善学习、运动等生活化功能，并相应推出奖励机制。在学习层面，目前"学习强国"APP平台内部已经形成了一系列以鼓励知识学习为目的的考核标准——完成平台登录、阅读文字、观看视频、智能答题、专题考试等操作，都将获得相应的学习积分。当用户学习积分累计到一定程度时，其在该领域的话语身份也随之上升，并将获得与之匹配的学习身份：如"一心一意""再接再厉""三省吾身""名扬四海""学富五车"等。在运动层面，"学习强国"APP中的"体育频道"与"推荐频道"相继展开"全民健身知识""在家健身"等活动，以强化用户对自我身体健康的关注。

综合来看，"学习强国"APP更像是一个有着丰富选择的"自助餐厅"，在这个"餐厅"里，用户可以自主选择一种或多种表现形式的内容，进行阅读、收听或观看。用户在"学习强国"平台中的知识参与行为，并非是偶然的、随机的活动，而是以特定的学习共识与竞争为前提的系统性实践。种种功能提升充分调动用户的主动性与参与性，增加用户黏度。

---

① 费孝通.乡土中国.北京：北京大学出版社，2012：44.

第三节　面临挑战及路径优化策略分析

不可否认的是，在融媒体时代，全民参与的全媒体传播强势崛起，给主流意识形态传播带来不可避免的危机与挑战，网络环境的变化催生着传播的主体、客体、内容和媒介发生了显著变化。受众的主体性、差异性、选择性和参与性不断增强，受众群体和个体间的信息需求不断变化增长，传统的传播范式已经不能满足融媒体时代主流意识形态传播的高标准和高需求。[①] 在"众声喧哗"的时代，主流舆论阵地面临着前所未有的挑战。

"学习强国"APP 的开发与建设、运营，作为一项系统工程，仍然面临着诸多挑战与难题，需要进一步从实践角度思考、调整。比如，在各类商业平台竞争下，如何进一步增强用户黏性，留住用户；如何为用户创造价值，将其打造成为覆盖全民的学习、社交圈；如何放大优势，吸引融媒体复合型人才，使党的创新理论更接地气；如何创新融合传播形式，构建健康学习生态；如何从技术及政策保障等方面为其保驾护航等。

基于此，笔者建议从内容建设、平台功能、机制革新、场景重构、制度保障等方面进行升级。

一、创新话语体系，加强内容建设

"学习强国"APP 要提升传播力与影响力，首要路径是创新主流话语表达体系。

首先，平台要牢牢守住思想防线，构建马克思主义主导意识形态话语体系，并在此基础上不断丰富马克思主义理论体系的趣味性和生动性，主动掌握网络语言体系下的主流话语权，不断提升与充实马克思主义意识形态的语言魅力。

其次，平台要与时俱进，积极转变传播思维与方式，打造立体化、互动式的话语语境，讲好中国故事，引导广大受众认同和践行社会主义核心价值观，拥护和弘扬主流意识形态。

[①] 董潇珊. 从"学习强国"平台看主流意识形态传播的有效性. 南京航空航天大学学报（社会科学版）第 23 卷第 1 期，2021（1）.

"学习强国"APP代表着主流媒体与主流意识形态,不仅承担着宣传党的思想方针路线的重要责任,更要肩负起传播马克思主义理论的根本使命。这需要不断加强内容建设来正面引导,构建极具创造性社会效应的主流意识形态话语阵地,使广大用户在潜移默化的学习中认同、理解主流价值观,达到成风化人、润物无声的主要目的。

二、强化各项功能,打造多个"学习圈"

目前,网络传播呈现"圈层"化的趋势,因此,"学习强国"APP可通过构建多个"学习圈",从而打造集党建学习、文化传播、思想引导等为一体的融媒体平台。

1.强化党建功能的"学习圈"。可以通过打造线上党支部,逐步开发"线上开党会""线上上党课""线上交党费""线上党史知识问答""打卡考核评价"等功能,形成良好的线上党组织生活氛围,进一步促进思想理论的党内学习与传播。

同时,需着重加强党史、新中国史、形势政策理论等内容布局,签约一批理论专家学者,促进党内对于高端理论的学习研讨,并吸引带动更多的人学习研究党史与政策理论等。

2.强化学习功能的"大众圈"。通过将数字资源不断丰富完善,进而打造智慧知识数据库,如精品课程、电子书籍等;提供核心数据库和文化资源库的查询,完善用户学习行为分析系统和管理系统;开发学习交流互动功能,形成兴趣学习圈和知识性交流平台。

3.强化服务功能的"生活圈"。"媒体内容与用户信息需求的关联强度越大,就越能够引起用户的关注和讨论,舆论引导的内容也越容易被用户接受。"[1]新形势下,要深入挖掘学习平台的服务功能,使其与政务、民生、商用全面有机结合,突出行业功能和内容的接近性,打通学习服务的"最后一公里"。

综合来看,"学习强国"APP仍需要积极搭建融媒体平台、不断拓宽传播渠道,发挥报刊、电视台、电台、网站、手机客户端等载体传播主流意识形态

---

[1] 冯莉,丁柏铨.以媒介融合之力,提升主流媒体舆论引导水平——以人民日报、新华报业、上海报业2019年全国两会报道为例.传媒观察,2019(4):10-17.

的作用，实现主流意识形态传播多样化、立体化和效果最大化。

三、巩固学习生态，提高学习质量

"学习强国"最重要的是"学习"，要以培养用户使用"学习强国"APP的习惯为出发点和落脚点，加强深度应用，提升用户黏性与活跃度。"让'学习'不再简单停留于一种信息的阅读，而是实现一种深度思考，将学习的效能发挥到最大化，形成一种深度学习的新样态"[①]。

一是打造垂直生态，进一步挖掘用户个性化需求和兴趣点。根据"学习强国"APP后台大数据，分析用户的兴趣点，有侧重地打造垂直场景，吸引不同群体的关注。

二是丰富积分体系，进一步完善激励机制。在积分激励的表现形式上，单一的分数排名已经不足以激发兴趣，还可以进一步丰富激励体系，让学习升级的表现形式更形象化、视觉化、体系化。比如针对不同"段位"设计一些形象、丰富、有趣味性的标识或头像；积分激励上，可进一步开发与优化积分兑换奖励措施，如购书卡、知识服务卡、视频网站会员卡、博物馆文创纪念品等模式。

三是进一步激活平台互动功能。在垂直圈层的基础上，打造兴趣小组、学习交流群等，活跃各类圈群的互动度，进一步优化平台的功能和定位。

四、实施动态管理，革新平台机制

"学习强国"学习平台是一个复杂的系统工程，需要强有力的机制保障平台的顺畅运营及用户真正有效地学习，为广大党员和人民群众提供最科学、最优质的学习内容和最佳的学习体验。

在内容管理方面，要充分保证稿件在提交过程中层层管控、层层落实责任。如建立和完善全国平台与省级平台内容管理联动制度，针对发稿质量、选题、版权等建立健全机制，形成更为严密的工作体系。

在学习管理方面，建立起更加有效、紧密的工作机制。如结合平台开展学习活动的实际，明确各级学习管理员工作职责，并将其纳入其日常所在单位的工作考核之中；明确工作要求、工作评价标准，建立考核机制，充分发挥各级

[①] 梁腾.融媒体语境中主流话语传播的构型——基于"学习强国"APP的考察分析.传媒，2019(12):44–46.

各部门学习管理员在学习组织中的作用，赋予他们平台宣传员、学习发动者、信息搜集员的角色，成为党员干部学习的好帮手、好参谋，等等。

同时，还应加强学习管理反馈机制，形成党员群众与学习平台良性互动。充分发挥每一学习小组管理员作用，建立学习管理员定期向上级学习管理组织汇报总结的机制，并就本组织学习情况、学习内容及学习中遇到的问题定期进行反馈，利用"学习强国"APP有关栏目对部分管理问题进行消化，如"学习问答"栏目，开设有关专函回复通道，对有关问题进行回复，激发学习管理员的工作积极性。

五、健全各项保障，落实配套措施

在政策保障方面，应由中宣部全盘规划、整体统筹，配套出台政策措施，制定机制保障、表彰激励、经费保障、数据分析、法治保障、责任追究、监督检查等规定。比如鼓励各级宣传管理部门改革创新管理机制，对于优化机制的单位或给出优化建议的个人给予荣誉鼓励；把学习管理纳入个人考核管理，与其他学习平台、考试平台等进行整合，推进学习平台与地方媒体再次进行深度融合。

在资金保障方面，可以在全国统筹设立"学习强国"APP专项资金，开展全国性评优评奖等。一方面由全国平台统筹，如通过项目制给予各地方平台经费支持；另一方面由全国平台出台相应经费标准，支持地方宣传部门建立相关的经费保障制度，有效引导社会各方面广泛深入共同关心和参与"学习强国"学习平台的推进工作。

在人力资源保障方面，一要建立起"学习强国"APP专家人才库，打通高校专业人才培养和输送途径，与部分高校建立起双向人才交流渠道，为党的宣传舆论事业储备人才；二是要加强体制机制建设，从干部晋升、薪酬福利等人力资源管理方面制定相应配套政策；三是在人才评定上，将其纳入对媒体从业人员的专业资格评审体系，加强"四力"人才队伍建设，对高水平、高素质、高管理人才开展评定工作。

在媒体融合迅速发展时代背景下，"学习强国"APP的兴起是探索主流意识形态传播新路径的一大成功尝试，该平台注重运用互联网思维进行内容和形式的传播创新，有助于增强主流意识形态的传播力、影响力和引领力，强化广大党员与普通群众政治学习的热情和兴趣，不断提高党员干部、人民群众的思想觉悟和理论高度。然而由于网络与媒体环境的错综复杂，"学习强国"APP仍面临挑战，从"学习强国"APP这一案例可以看出，主流意识形态的有效传播需要国家、政府和各界媒体的共同努力，既要从宏观层面把握社会主流价值，也要充分发挥媒体功能，从微观角度贴近民心、民生、民情，增强文化自信和民族价值认同，从而为促进社会的和谐发展建设积极正面的舆论阵地。

# 经营管理融合创新篇

第十五章　中央广播电视总台：
资本合作　资源共享　内外共振　多元共赢

栾轶玫[①]

2020年11月3日，"推进媒体深度融合"被中央列入"十四五规划和二〇三五年远景目标"，无疑，媒介融合将成为未来媒体高质量发展的重中之重。自1999年媒介融合这一概念被引入中国以来已走过20个年头，过去20年媒介融合经历了哪些传播实践？媒介融合研究了哪些内容？未来媒介融合将走向何方？这些都需要现实解题。对2000—2020年CNKI期刊库相关文献的分析，梳理出中国媒介融合研究20年的语境变迁：媒介融合研究经历了从"全媒体"到"融媒体"到"全媒体（四全媒体）"的概念变迁；经历了从市场竞合启动的媒体流程再造到融入国家治理体系的内容变迁。[②]作为媒介融合的头部平台，国家媒体的代表"中央广播电视总台"一直走在媒介融合创新的前沿。本文从"资本合作、资源共享、内外宣共振、多元共赢"探讨总台自三台合并后融合创新的举措及成果。

2020年，全国有线电视实际用户2.10亿户，其中有线数字电视实际用户2.01亿户。广播节目综合人口覆盖率为99.4%，电视节目综合人口覆盖率为99.6%[③]。人民网研究院对我国295份报纸、300个广播频率、34家电视台的融合传播力进行评估结果显示：中央级媒体融合传播力继续领跑全国，中央广播

[①] 栾轶玫，中国人民大学新闻学院教授，博士生导师，新闻与社会发展研究中心研究员。

[②] 栾轶玫. 从市场竞合到纳入国家治理体系——中国媒介融合研究20年之语境变迁. 编辑之友，2021，（03）.

[③] 国家统计局. 中华人民共和国2020年国民经济和社会发展统计公报. http://www.stats.gov.cn/tjsj/zxfb/202102/t20210227_1814154.html.

电视总台保持了领先优势[①]。中央广播电视总台的电视客户端"央视影音"和广播客户端"云听",在9个安卓应用商店下载量分别为6.08亿次和3226万次[②]。

第一节 "资本合作"打造新型视听行业引领者

2020年,媒体融合向网络融合迈进了一大步。传统媒体和互联网媒体从简单的业务合作向更为深入的资本层面融合迈进。国家广播电视总局于2020年11月下发《关于加快推进广播电视媒体深度融合发展的意见》,鼓励广电机构控股参股互联网企业、科技企业,从政策上对广电入股互联网公司进行了支持。而于2020年9月成立的多种资本参股的"中国广电网络股份有限公司"标志着全国有线电视网络整合取得突破性成果:"全国一网"解决了多年以来中国广电机构面临的"三网融合"问题。

国家广播电视总局在《关于加快推进广播电视媒体深度融合发展的意见》中指出"用好市场机制。增强市场竞争意识和能力,鼓励通过合资合作、兼并重组、利用多层次资本市场融资上市等打造形成一批拥有知名品牌、主业突出、核心能力强的新型广电企业"。

通过资本合作打造新型广电企业。资本合作指的是"政府和社会资本合作指政府通过特许经营权、合理定价、财政补贴等实现公开的收益约定规则,引入社会资本参与城市基础设施等公益性事业投资和运营,以利益共享和风险共担为特征,发挥双方优势,提高公共产品或服务的质量和供给效率"。广电机构通过控股或参股互联网企业、科技企业,推动媒体融合项目技术研发、市场开拓与金融资本、社会资源有效对接。中央央广播电视总台(下文简称"总台")在三台合并后为构建"广电+"生态体系,开展了多元的"媒体+"业务。

总台与社会资本之间的合作主要体现在两个方面:一方面,互联网企业为总台提供平台、客户端等硬技术,助力"5G+4K+AI"等新兴技术的开发,打

[①] 唐胜宏,王媛媛,王京.2019媒体融合传播指数总报告.传媒,2020,(15):14-15+17.
[②] 人民网.2020年媒体融合传播指数总报告.http://yjy.people.com.cn/n1/2021/0426/c244560-32088214.html.

造前沿融媒体技术系统；另一方面，总台将自身的品牌价值赋予各大企业，通过广告、直播、整合营销等形式提高企业的知名度。

一、与互联网公司深度合作推进媒体融合

从2020到2021年，总台为"打造国际一流现代传媒航母"加速推进媒体融合，与华为、阿里、腾讯、百度、新浪、京东等新媒体平台和互联网公司在大数据、云计算、AI技术、全媒体联合运营等多方面深度合作。在云平台合作方面，与阿里联合打造"混合云平台"，提升内容分发平台在国内外的推送能力；在大数据合作方面，共同开发大数据应用技术，开展多终端用户收视行为分析；在移动客户端合作方面，共同开发功能强大的移动客户端；在人工智能合作方面，双方建立人工智能联合实验室，在视频内容生产、制作和发布的各个环节进行人工智能技术应用研究，促进节目形态的创新，提升用户体验。此外，总台与腾讯在2020年共同建设"5G新媒体平台"，合力打造"央视频"视听新品牌，有效利用腾讯平台的多样资源，在"央视频"APP预装、应用商店投放等方面进行推广，协助"央视频"提升影响力。

二、"融媒体传播全案"推动媒体可持续发展

2020年是"品牌强国工程"元年，2021年总台的"品牌强国工程"升级为"融媒体传播服务方案"。这个方案是"融媒体发展、融媒体服务、融媒体传播"合力方案，是传统电视端和新媒体端"双屏联动"的整合营销全案。茅台、娃哈哈、京东、联想、宝能、国美、中国邮政、中粮、华为、海尔、中国银联、山东省文化和旅游厅共同成为总台2021"品牌强国工程"战略合作伙伴。总台为"品牌强国工程"入选企业配置旗下央视新闻、央视财经、央视体育、央视频、央视影音等新媒体端传播资源，客户可以通过新栏目《第一发布》，实现大小屏同步直播展示、宣传企业的新产品、新理念和新方案，企业品牌在大屏、小屏上都能获得持续的传播势能。2021年4月16日总台还启动了"品牌强国工程——乡村振兴行动"，通过提供免费广告、新媒体产品、融媒体传播活动等优质资源，打造乡村振兴品牌，助力乡村振兴战略。

此外，总台还与阿里在内的企业在公益广告和新媒体广告开展合作，制定

公益广告项目，致力于社会公益事业。实现事业产业有机统一、良性互动，增强自我造血机能，推动可持续发展。

第二节 资源共享搭建融媒体传播生态

总台合并后的资源共享体现在两方面：媒体内部的资源共享以及与互联网公司之间的资源共享。前者包括主持人、记者、影像文字资料、媒体矩阵等，后者包括社交平台、版权、用户流量等。

一、三台实现跨频道/频率融合传播

中央广播电视总台成立后，融合创新成为最主要的发力方向。"三台三网"加速融合，同时总台还在融合转型上积极发力，与新媒体、互联网巨头深化合作，构建新型传播矩阵。

1.三台实现跨频道/频率融合传播。总台充分发挥视频和音频内容生产和传播优势，通过新技术手段联通央视、央广、国广以及总台所属媒体平台，实现跨平台、频道和频率的融合传播。中央广播电视总台打造的12集广播纪实文学作品《梁家河》即是在资源共享基础上，利用各台优势，充分发挥广播音频特色与多媒体传播特点改编录制而成，并通过央视网、央广网、国际在线多频道多渠道分发。此外，总台推出的大型网络综艺《央young之夏》也是三台资源共享融合传播的范例，"央视新闻、央视财经、央视文艺、央视一套、CGTN、欧拉中心"等总台新旧媒体矩阵联动传播，在节目"播前、播中、播后"矩阵传播形成声量共振。

2.央视频通过账号森林搭建内容共享生态。中国首个国家级5G新媒体平台"央视频"是总台推进媒介融合的产物。作为主流媒体的首个"视频社交媒体"，央视频的建设是积极响应国家广电总局提出的"移动端首发、优发相关指标权重总和一般应高于50%"。"央视频"以短视频为主，兼顾长视频和移动直播，聚焦泛文体、泛资讯、泛知识三大品类，广招天下内容供应商：每一

个在央视频注册的"台内号、政务号、媒体号、机构号、县级号、达人号、自媒体号"都是总台新媒体平台的内容来源，这些"账号森林"共同搭建起中央广播电视总台新媒体内容生态系统，打造总台自有的优质网生内容、网红队伍与用户社交圈，形成个性化品牌集群，最终实现媒介深度融合的总目标。

二、与商业平台资源互惠实现破圈传播

2021年8月21日，总台5G新媒体平台"央视频"和抖音、快手等平台合作，推出大型网络综艺《央young之夏》，以"主播嘉年华 燃情盛夏夜"为主题的公演直播，实时观看人次累计达6000余万，短视频播放量累计达7亿次，相关话题总阅读量达20亿次。这档综艺在公演形式、策划创意方方面面展现出资源共享、资源互惠带来的复次传播效能：《央young之夏》在公演未开始时就在"央视频"客户端上放出大量排练短视频、探班直播、线上发布会等集中预热。此外，它还创新了与社交平台的资源互惠模式，微博、抖音、快手、B站等平台纷纷以"流量支持"和"内容共创"等多种方式为这档节目进行宣传，积蓄了节目的全网爆发力。

此外，与社会机构的资源互惠也是推进总台媒介融合的重要尝试。"央视频"针对疫情期间找工作难的问题，与多个企业合作推出"国聘行动"，活动上线3个月就吸引1.7万家企业参与，向求职者提供160多万个优质岗位。2020年12月启动的"国聘行动"第二季有超2万家企业参与，招聘信息总触达超10亿。这些举措都体现了总台通过资源共享、资源互惠的方式推进媒体深度融合，实现高质量发展的努力。

三、与社会机构资源共享打造传播矩阵

总台为助力县级融媒体中心建设搭建的"全国县级融媒体智慧平台"，截至2021年2月19日，已有100家县级融媒体中心矩阵号入驻，总台在"节目研发、技术支撑、内容分发、媒资共享"等方面为其提供支持，从而形成了自上到下的"覆盖广泛、资源共享、传播高效、可管可控"的移动传播矩阵。

除了地方媒体外，总台还联手国家部委为首的社会机构，找难点、找痛点、想办法、搭桥梁，通过多样合作充分发挥媒介在社会治理中的"智能中介"作

用。2020年6月总台携手国家有关部委举办大型融媒体公益助农活动"我的家乡我代言",借助总台平台优势,利用新模式、新业态,帮助贫困地区打造"带货达人"和"乡村互联网营销师"等乡村代言人,推广家乡优质资源,为脱贫攻坚注入持续动力。

2021年8月总台"乡村振兴观察点"项目正式启动。该项目践行总台融合发展"先网后台"战略,以总台"央视频"为平台,充分发挥新媒体优势,先行启动了"乡村振兴UP主"短视频讲述乡村振兴发展故事,源源不断为电视节目《振兴路上》输送鲜活内容,通过"大屏小屏联动"的传播模式,聚焦乡村振兴生动实践。

第三节 内外宣共振提升总台国际传播力

国家广播电视总局在推进媒体深度融合中指出要"积极对接国家重大区域战略,在宣传、技术、产业、对外合作交流上整合资源、协同发展,服务国内大循环为主体、国内国际双循环相互促进的新发展格局。强化制度保障,支持结合区域优势特点,推进节目联合制播、服务便利互通、产业联动发展,共建共享新平台、新品牌、新业态"[①]。总台制作的很多专题片、纪录片等,如《典籍里的中国》《摆脱贫困》,都是先在国内产生热度,再风靡国外,一部作品实现了对内和对外的双重传播,形成了"内外宣共振"的传播局面。

一、战略合作

总台自2019年以来先后与俄罗斯签订了《关于中国环球电视网英语、俄语频道和央视中文国际频道在俄罗斯播出许可及提供相关转播准备服务的协议》,并与俄罗斯政府机关报《俄罗斯报》共同打造的"中俄锐评"联合评论

---

① 国家广播电视总局于2020年11月下发《关于加快推进广播电视媒体深度融合发展的意见》。

工作室[1]；与巴西国家传媒公司、巴西旗手传媒集团和巴西环球传媒集团分别签署了合作协议。在视听素材交换、内容共享、联合制作、合作传播、人员交流、广播电视和 5G 新媒体技术等领域开展全方位合作。

二、产品输出

首先，脱贫攻坚的对外传播。总台解读"精准脱贫"故事，通过脸书、推特等海外社交媒体广泛传播。总台制作的大型专题片《摆脱贫困》通过 44 种语言向海外 200 余个国家和地区持续推送，引发美国、英国、加拿大、德国、澳大利亚、芬兰、俄罗斯、塞尔维亚、巴西、越南等多国主流媒体高度关注。总台 CGTN 发布的特稿《摆脱贫困：中国领导人的庄严承诺》《精准扶贫：中国特有的扶贫道路》，获得美联社、雅虎财经、法新社、美国晨星网、欧罗巴通讯社、澳联社、加拿大商业期刊、印度《今日商业》杂志等 1100 多家海外主流网络媒体转载，累计触达海外受众 6.96 亿人次。[2]

其次，传统文化的对外传播。总台与 BBC 世界新闻频道、英国野马制作公司联合制作的纪录片《中国的宝藏》，该片拍摄了中国 8 家博物馆、5 个世界文化遗产以及 20 多件稀世珍宝，包括故宫博物院的大禹治水图玉山、良渚博物院珍藏的良渚文化遗存等[3]，在 BBC 世界新闻频道首播后引起很大反响。2021 年 5 月播出的被网友誉为"封神之作"的《典籍里的中国》得到海外主流媒体的广泛关注。《香港文汇报》海外版、《华尔街日报》、法国欧洲华语广播电台等媒体纷纷为节目点赞，美国《华尔街日报》报道说："自 3 月上传至 YouTube 以来，央视节目《典籍里的中国》已被观看 2.5 亿次。"[4]

再次，抗击新冠肺炎疫情的对外传播。2020 年 2 月 CGTN 推出回顾武汉封城 1 个多月发生的真实故事的英文纪录片《武汉战疫纪》在 YouTube 累计播放量超过 1700 万；相关视频被 21 个国家和地区的 165 家境外电视频道和新媒体

---

[1] 央视网. 中国中央广播电视总台与俄罗斯 SPB 电视集团签署合作协议. http://news.cctv.com/2019/06/07/ARTIFIOuW5xPTx4KDNvtclQa190607.shtml.
[2] 央视网.《摆脱贫困》海外持续热播 网友赞脱贫人民笑容最美. https://www.cctv.com/2021/03/08/ARTIfw3mJ3KH4gQPjdBzgWWr210308.shtml.
[3] 环球网.《中国的宝藏》中文版将于 1 月 10 日起央视播出. https://3w.huanqiu.com/a/bfa444/9CaKrnKoMap.
[4] 央视网.《典籍里的中国》"火"到海外 被网友称为"封神之作". http://m.news.cctv.com/2021/05/07/ARTIoq844ffjgwECUcWM5aYW210507.shtml.

平台采用，4家境外媒体机构的9个频道完整播出。短短一个月的时间，《武汉战疫纪》视频观看量突破2000万，海外观看量高达500万。①。

第四节 多元共赢助推总台媒体深度融合

多元共赢模式分别体现在技术先导的融合创新、内容传播的推陈出新、媒介经营的联动创新。

一、技术先导的融合创新

总台坚持技术先导的融合创新，在"两会""北京电影节"等多次大型报道中都采用了5G超高清视频传输系统与4K超高清采、传、编、播全流程集成制作系统。"5G+4K+AI"的技术先导的布局为总台的大型报道融合创新打下了良好基础。近一年里总台在广州设立粤港澳大湾区总部、广东总站，在深圳设立大湾区新闻采编中心，分别在5G新媒体技术、4K超高清频道落地、4K/8K节目技术研发等方面利用技术先导优势推进媒介融合创新。总台在两会等大型报道中积极使用5G、4K、AI等新技术推进媒介报道的融合创新。2021年两会总台联手科大讯飞推出轻交互产品《AI助手带你走进部长通道》，利用AI技术对真人的声音、动作、表情进行复制而成的AI助手"爱加"带领受众走进两会部长通道，人工智能的加入建构起"我与部长随时随地对话"的空间，创新了两会的报道形态。

二、内容传播的推陈出新

1.内容呈现的融合创新。内容呈现的融合创新是指同一个内容用VR、短视频、h5等不同形式呈现出来，提高受众的触达度与喜爱度。如央视网2021年两会期间推出的《AI看两会》系列特稿，用人工智能、大数据解读两会高频词、

---

① 德外五号．2020年主流媒体融合传播效果年度报告．http://www.cm3721.com/toutiao/17647.html.

关键词、重要议题与关切话题，并用"词云图""h5"等形式呈现，增强了报道的趣味性、可读性。用"手绘、动画"的形式推出两会系列视频，用网言网语解释民众关心的两会新词、热词、关键词，以数字"可视化"的形式拆解《政府工作报告》中的大量经济数据，以"数读、动画、动态视频"等形式一目了然地呈现国家发展图景，用变化的数字有力呈现我国经济的快速增长，内容呈现的多样态、内容语态的年轻化，都很好地提升了传播力。

与此同时，内容呈现的融合创新还表现在"综艺+戏剧+影视"等多种表现形式的叠加组合应用，比如《歌声里的中国》《故事里的中国》等通过歌曲并辅以"综艺、戏剧、影视"等多种形式，讲述与民族记忆紧密连接的中国故事；《海报里的英雄》以抗战"影片海报"为切入点，歌颂抗战英雄[1]。此外，Vlog、创意短视频成为内容呈现的亮点，如两会期间网红记者王冰冰的Vlog"冰冰帮你问"吸引了大量网友关注，其中第4集《当你老了》播出当天阅读量就高达1.8亿。

此外，内容传播的创新还表现在传统内容的渠道分发创新，传统的连续剧、专题片、晚会等以拆条、切片化、网络直播、点播等形式传播出去并在抖音、微博、快手等多个平台分发。除了中文版还可以制作成多种语言版本大屏小屏同步传播。

总台2021年推出特别节目《沿着高速看中国》则更是形式上推陈出新、大小屏深度融合的代表。这个节目采取"跨屏幕跨平台"传播策略，截至4月19日，相关内容在总台平台跨媒体总触达人次为1.98亿次。其中，电视端累计观众触达人次1.24亿次。这档节目充分体现了"融合创新"，既有演播室场景又有记者直播连线；既有航拍实景又有虚拟地图；既有UGC又有PGC内容生产。

2. 内容传播的全链条营销。总台今年推出的《沿着高速看中国》特别节目内容推广上采取"全链条营销"策略，大小屏结合、线上线下共振、跨屏跨平台宣推、播前预热播后火热、报道主题与次生话题兼顾。节目在央视新闻频道播出同时，央视新闻客户端、抖音、快手等全网13家媒体平台并机直播。在

---

[1] 广电时评. 2020年度广播电视创新创优节目名单. https://mp.weixin.qq.com/s?src=11&timestamp=1630833960&ver=3296&signature=w7qFrayhO*lXGDZ2euWQ13H8uOP0lI2NtrqMoFmRYbYKOlAVZbhj3syv7PVffw2XHc91Gm4ynbi0qfla4VQYM2QSXOhSxD6ZWWMEazQ5nG3ivFsA0I3gI6EZMBAOU0l8&new=1.

微博、学习强国等推出专题，阅读量短时超过百万。首播之后将电视直播中的亮点人物、故事"拆条"分发，在微博、抖音、快手和B站等平台上实现复次传播，延续舆论声量。

3. 内容宣推的多圈层联动。首先，总台与自己旗下子媒体的联动。如央视综合频道2018年播出改革开放献礼纪录片《我们一起走过——致敬改革开放40周年》后，央视财经新媒体旋即围绕这一纪录片推出了三场网络直播，网络直播观看量近1500万次，通过导演揭秘幕后故事、亲历者讲述等拓展了传统电视纪录片的内容与增量受众，以更亲民更生活化的方式反哺了传统纪录片。总台中秋晚会等大型活动也通过"子媒体联动"的方式扩大传播声量。一场中秋晚会，有央视综艺、中文国际、外语频道、央视网等多频道参与，综艺频道播出的特别节目《万家邀明月 一起盼中秋》联合"央视网"设计微信摇一摇互动H5，吸引众多受众参与，依托多平台传播矩阵，取得良好传播效果。

其次，总台与微博、抖音等平台的联动。总台与新浪微博、B站、抖音、快手等新型社交媒体进行跨平台联动成效显著。纪录片《我们一起走过——致敬改革开放40周年》播出前，综合频道联手"国资小新""共青团中央"等多家社会机构的微博，发布"改革开放40年，我参与我自豪"微博互动，通过跨圈层联动，为节目预热。此外，总台联手新浪微博使得"央视中秋晚会"话题阅读量达4.1亿。联合抖音发起"带团圆回家"征集代表"团圆"含义短视频的活动，4天时间视频播放量突破20亿，刷新了抖音话题挑战纪录①。

总台在抖音、快手平台共有超50个百万级以上头肩部账号，其中"央视新闻"粉丝量已破亿。与短视频平台的联动有利于总台利用交互话题和流行文化吸引年轻用户，2020年底，"央视新闻"与抖音合作推出的"2020年最后一个拥抱"，短短一个月时间就获得9.3亿播放。

吸引年轻人的另一策略是在年轻人聚集地B站主动推出移动直播、UP主视频、互动活动等实现破圈传播。比如疫情初期白岩松在《新闻1+1》节目中连线钟南山，第一次传出新冠肺炎"人传人"的消息，B站"央视新闻"UP主据此制作并上传了《钟南山：肯定新型冠状病毒肺炎人传人，病毒很可能来自野味》短视频，立即引爆舆论，这条不足3分钟的视频在B站获得高达276.5

---

① 央视网. 央视多频道中秋融媒体报道传播效果良好. https://www.cctv.com/2018/09/28/ARTINtwystnkG4OWjLOfOIzq180928.shtml.

万次播放、10260 条评论、6166 条弹幕[①]。

三、媒体经营的联动创新

1. 直播带货。"直播带货"成为总台成立后这两年媒体运营创新的一个重要特色。从"为湖北拼单"到"新消费·爱生活"再到"买遍中国",总台推动直播带货火爆全国,总台新媒体经济收益喜人:"央视新闻频道"的"买遍中国"直播带货单场产品销售额 3 个小时突破 14 亿元;"央视新闻客户端"今年上半年的收入比去年提高几十倍;去年 11 月才上线的"央视频"目前日活跃量已经超过 1 千万[②]。

2. 春晚营销。春晚营销也是这几年总台媒体经营的亮点,通过和新媒体商业平台联手,春晚营销体量取得重大突破。2019 年后"快手"成为春晚红包项目的互联网企业。"央视大屏快手小屏"抢红包看春晚成为春节的固定模式。2020 年总台春晚,海内外观众总规模达 12.32 亿人,相对前一年提升 5900 万人,其中新媒体端直播用户规模达 6.06 亿人,比前一年增加了 7900 万人。通过总台新媒体平台及快手、腾讯、爱奇艺、优酷、微博等第三方合作平台对春晚内容的点播总到达人次为 30.66 亿次。[③]

3. 版权经营。版权经营是总台成立以来媒介经营的一个重点。近两年世界杯、奥运会、欧洲杯以及春晚等重大赛事和重大节目的版权经营均实现了快速增长。通过多平台全媒体投入,央视、央广、国广三台共享节目资源,融合报道,并与互联网平台联合版权运营实现最大收益。今年"腾讯"成为总台 2020 东京奥运会及 2022 北京冬奥会赛事转播视频战略合作伙伴,此外,快手作为总台短视频战略合作伙伴,首次活动了奥运转播权。

中央广播电视总台自成立以来在"资本合作、资源共享、内外宣共振、多元共赢"方面不断推进媒介深度融合与媒体的高质量发展,总台旗下的新媒体矩阵发展迅速:截至 2020 年 4 月,"央视影音客户端"累计下载量达 8.29 亿次,成为中央主流媒体中下载量最大的新媒体产品;"央视新闻客户端"新媒体总

[①] 广电独家.重磅!2020 年中央广播电视总台创新研究报告.https://www.sohu.com/a/439874132_613537.

[②] 彭建明.彭健明:2021 年的"品牌强国工程"是一个"融媒体传播服务方案".国际品牌观察,2020,(30):59-60.

[③] 广电独家.重磅!2020 年中央广播电视总台创新研究报告.https://www.sohu.com/a/439874132_613537.

用户数已突破 4.3 亿,牢牢占据主流媒体领先地位;两微平台(微博及微信)央视网官方账号累计粉丝数及订阅用户数合计 6351 万,其中微博平台 4812 万,微信平台 1539 万。海外社交平台粉丝及关注订阅总量超过 8500 万人;4G 播控平台覆盖 4G 用户数已达 7.52 亿,聚合内容服务牌照方及内容提供方共计 227 家,是中国最大、最专业的手机电视集成播控平台。而 2021 年 7 月公布的国家广播电视总局 2020 年度广播电视创新创优节目名单和优秀组织机构名单中总台在 35 个获奖节目中占了 11 个。在媒介深度融合的新征程中,中央广播电视总台无论节目创新还是技术先导都力图成为行业的引领者,通过融合深化实现自身的高质量发展并推动社会治理的现代化。

第十六章 北京日报报业集团的媒体融合之路

彭莹[①]

当下与新兴媒体的融合成为中国传统媒体发展格局中的立足点和新方向，随着移动互联网的快速发展，传统传播语境下的媒体融合的经营管理模式亟需进行进一步地更新和升级，国内不同的主流媒体也逐步开始进行各自的转型。

本研究基于现代互联网传播语境，通过对北京日报报业集团旗下的不同报纸为研究对象进行比较，运用定性研究法，采用文献研究、案例分析和对比分析的方法进行概括，进而揭示北京日报报业集团的媒体融合进程、特征与规律，总结优势，对北京市区域型媒体的经营管理融合的创新之路提供借鉴。

第一节 报业集团的融合进程

一、报业集团简介

1. 基本概念。20世纪后下半页开始，随着国际商业环境中竞争的加剧和资本主义经济垄断的发展，大型的国际性报团开始出现，并由此逐渐快速发展成为大型的国际传媒集团，报业集团是在国际传媒产业呈现集团化发展的影响下产生的概念。报业集团又称"报团""报系"或"报链"，其定义由国外引入，一般由两种及以上报刊的报业公司兼容构成。报业集团除了在经营报纸、杂志

---

① 彭莹，中国人民大学博士，北京城市学院讲师，主要研究方向为出版融合、新媒体。

产业之外，还进行广播电台、电影公司、采矿、造纸公司等其他工商企业的管理经营。

20世纪90年代开始，中国报业开始出现大型集中化趋势。国内的报业集团一般以党政机关报为组织核心，同时经营其他相关实业。2000年3月28日，北京日报报业集团正式组建，是一家具备九报三刊一社一网一端（北京日报客户端）的现代化综合性报业集团。即《北京日报》《北京晚报》《北京晨报》《北京娱乐信报》《京郊日报》《北京商报》《首都建设报》《北京社区报》《竞报》《新闻与写作》《大学生》《支部生活》，同心出版社、京报网、北京日报客户端，北京日报报业集团根据自身报纸的媒介特点，以一系列新媒体产品的成功建立为立足点，将自身的优势融合到了移动互联网当中，逐渐探索出了一条具有鲜明主流特色和时代创新型的纸媒融合改革之路。

2. 技术概况。从口语传播时代现在的新媒体与数字传播时代，人类传播的历史变迁伴随着媒介技术的迭代发展，信息技术的成熟应用不断带动人类文明的演变。

当新媒体的出现使得媒介融合的形式已不再新鲜，目前传媒实业通过新媒体技术与网络经济的结合愈发紧密，集群性和融合性显著的新媒体产业的发展如火如荼，促进了新的信息传播产业生态环境及新的产业结构的形成，成为促进经济发展的积极因素。而传统报纸业的经营管理仍然处于一种混沌状态，即如何找到一种有效的方式使新媒体的加入能够为自身探索出一种前景广阔的发展模式。

3. 资源概况。对于报纸业来说，在内容体现方面表现为其刊登的新闻报道，传统媒体报道内容的稀缺性和信息的时效性，随着传统媒体与新媒体进行融合更新进程的加速，报纸业的优势正逐步减弱。

而在经营方面，因为年轻用户群体的不断流失，尤其是大量的青年群体转向新兴媒体，广告商也随着年轻消费群体将投资方向转向新媒体移动端，报纸广告资源的流失已十分棘手。因此，在改变报纸发行方式的同时，报纸业也应当积极丰富发行内容，不断加大对年轻群体的吸引力度。

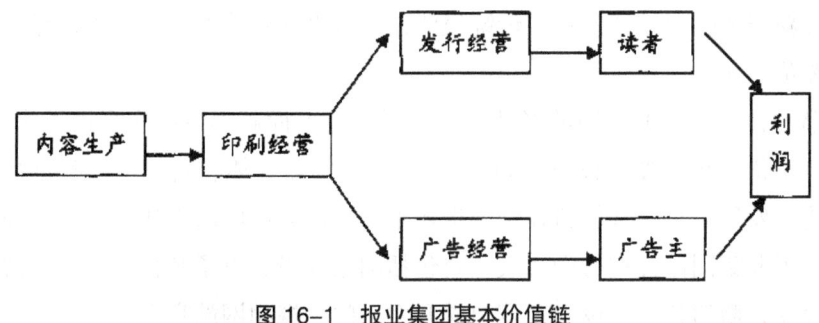

图 16-1 报业集团基本价值链

资料来源：寇超颖《媒介融合下我国报业集团价值链建构研究》第 26 页

二、经营模式概况

1. 传统经营模式。报业集团传统的利润获取模式采取纸质印刷和发布广告为主，如图 16-1 所示。

由此可见，传统报业的经营广告收益模式具有很强的依赖性和被动性。在新媒体繁荣的时代，由于年轻用户的大规模流失，广告收益自然也被大量分流，对报业发展带来的阻碍十分显著。

2. 多元经营模式。相对于传统经营模式，报纸业管理者开展了更加丰富的盈利渠道，利用集团的原宣传部门成立广告公司向社会提供广告的咨询、代理和户外媒体的设计、制作以及组织文化交流活动等业务，还可以利用政策、资源优势，进入教育、文化创意园区等产业，以报业为机体，在上下相关产业开展多元化经营。

北京日报报业集团旗下成立了多家广告公司，譬如北京日报新闻发展总公司投资的北京报乐广告有限公司，是一个集业务代理、企业策划、形象设计、创意策划于一体的融合报纸、电视、广播广告为一身的综合性广告公司。同时党务报刊作为重要的宣传阵地，可以充分依靠相关政策，报请国家财政补贴，引进国有资金入驻，解决基础资金缺乏问题。2015 年 3 月，北京日报印务有限责任公司再次运营。北京日报报业集团通过吸收资本进入、争取国家政策补贴的方式，解决了北京日报印务有限责任公司人员调动、公司经济、项目发展的难题，北京日报印务有限责任公司通过市场经济的抉择，拓展新兴领域，进行贸易交易，通过资源整合实现多元化发展。

3. 新媒体融合经营模式。传统报业在与网络新媒体的的融合中，经营模式亟须改革创新。

第一，对于报业集团的经营渠道来说，一方面新渠道即实现通过未来5G网络、手机平板等便携设备、VR及数字电视等新媒体和新技术设备进行内容电子化的发行，是融合创新在传统报业生产结局方面的新表达。另一方面，许多大型报业集团已经进行的实践主要包括网站建设、电子刊物发行、微博官方账号设立、微信公众号设立、客户端开发、门户视频网站官方账号的实时更新等，结合虚拟演播室、人工智能机器人等新技术设备最新应用，形成新媒体矩阵推送的运营模式，彻底打破了报纸杂志文字和图片表达的单一性，打通了新媒体不同设备不同形式的模块式工作，构建"中央厨房"式的集合中心，实现"一次采集、多种生成、多元传播"的全媒分发。

第二，在报纸发行方面，截至2017年1月，北京日报报业集团主要报纸日发行量超过220万份，占北京地区报纸发行总量60%以上[①]。北京日报报业集团坚持走现代企业化管理，强调搞好资产运营和知识创新，不断整合新闻核心业务和其他产业，实行办报与经营并举的措施。

北京日报报业旗下目前拥有新闻大厦、印务中心等进行实体经营，业务范围多样。北京日报报业集团自筹资金兴建了大型的印务中心，集印务、配电、监控、邮发、供气供暖于一体，可以同时完成制版、印刷以及装订、分发等系列任务，并装备有成套系统的大型胶印轮转机、现代化报纸的运输线和自动化辅助设备、大平板扫描仪、计算机直接制版系统和晒版生产线，是北京市重要的印务基地。

第三，面对新媒体的广告流量冲击，大型报业集团把握机遇，参股多家涉及新媒体、广告等的公司，涵盖了报刊的主营业务外，还包括广告咨询、房地产开发、日用品销售、汽车展销会、交易博览会等众多方面，形成新的产品理念和营销模式。

例如，2004年北京日报报业集团投资的北京新闻大厦，位于长安街中心，距离天安门仅1800米，集住宿、餐饮、娱乐、会议、休闲等多种功能于一体的标志性建筑。新闻大厦以信息化技术设施为国内外各界人士提供了一个现代

---

① 周文韬 张晓红. 我国党报经营融合发展路径研究. 报刊观察, 2018, (2): 30.

化的新闻文化交流活动场所，并对自身经营状况的改善有着积极作用。2016年7月，北京日报报业集团旗下的《北京晚报》同样也与中粮集团联合打造了"北晚优品"电商网站，这是《北京晚报》精心打造的电商平台，依靠《北京晚报》自身58年的知名度，结合中粮集团在食品质量上的安全把控，通过向报刊群体的介绍，针对家庭消费中的基础用品食品为顾客提供高性价比的产品，同时平台还将为注册用户细致服务，以网络大数据分析为基础，为会员提供专属的物质供给和生活保障服务，有效解决两家联合集团的收益问题，同时促进集团品牌影响力的传播，以北京晚报的公信力联合中粮集团的影响力打造优质安全的报商购物平台。

三、融合改革概况

1. 建立新兴媒体品牌。2014年8月，北京日报报业集团认真领悟《关于推动传统媒体和新兴媒体融合发展的指导意见》的文件精神，提出"办报纸和办新媒体两翼齐飞"的发展战略，大力着手发展各部门与新媒体结合的发展项目。经过全方位的综合探索，"长安街知事""行走京津冀""北京最新鲜""京呈""东张西望""周末逛北京""艺绽""理论周刊"等一系列微信公众号品牌在各自的内容板块逐渐具备了传播力和影响力。在新兴品牌的融合进程上，从全方位发展到精品化扶持，北京日报报业集团明确了融媒体延申式的的产品架构。在拥有的九报方面，集团重点经营《北京日报》《北京晚报》两张报纸，在新媒体融合和微信矩阵方面，努力打造"北京日报""长安街知事""艺绽"三大新媒体品牌，积极带动"行走京津冀""周末逛北京""京呈"等其他原创新媒体品牌。

2. 打造重点经典品牌。北京日报报业集团经过不断的技术积累和口碑建立，新媒体品牌的矩阵式传播效果有了进一步提升。集团开始对在新媒体领域有着成熟的传播力和引导力的新媒体产品给予倾斜性的宣传，与传统媒体品牌进行适度分离，此类新媒体延伸发展的模式是对传统媒体未来转型发展的创新探索，将彻底激发重点品牌带动新兴传媒的矩阵潜能。截至2017年1月，北京日报报业集团在新媒体方面的微信公众号已达129个，总订阅量近1000万人，官方微博粉丝超过 2400 万人[①]。

3. 改革内部管理模式。按照审议通过的《北京日报报业集团深化改革融合发展工作方案》，北京日报报业集团实行了一系列大刀阔斧的内部改革，包括关停《京郊日报》和《北京文摘报》，完善休刊人员的安置等工作。

在管理模式上，为了避免许多报业集团面对新媒体的冲击采取大量招聘新媒体人而造成的混乱局面，北京日报报业集团采取"原班人马，与时俱进"的模式，即继续任用原来的传统媒体工作者，在办报的同时做新媒体工作。如此一来，集团不必再单独招聘新媒体人才，同时，让集团的新媒体转型发展与传统媒体员工的进步齐头并进。经过一段时间的适应磨合期，员工在工作中逐渐掌握了新媒体的方法和形式，抓热点、求时效、新形式、互动性成为报社里大多数员工秉持的生产法则，也同时解决了传统媒体员工的思想担忧问题，推进了内部的融合文化。

北京日报报业集团以新媒体客户端为核心平台，对旗下报纸、网站、微信公众号、微博官方账号的内容进行资源整合，进一步促进了传统纸媒和新媒体的创新整合。

第二节 《北京日报》微信矩阵的融合进程

一、初期建设到品牌打造

党的十八届三中全会提出了推动媒体融合发展的重大任务，中央专门印发了《关于推动传统媒体和新兴媒体融合发展的指导意见》。面对新时代下的发展趋势，《北京日报》走在改革前列，实施了积极创新的机构重组方案。

2014 年起始，《北京日报》着力布局建设微信公众号矩阵，《北京日报》微信矩阵度过了前期资源整合的初始成长阶段。截至 2016 年 4 月，《北京日报》

---

① 李蕾.媒体融合：探索与思考——以北京市属媒体的媒介融合实践为例.媒体融合，2018，（3）：65.

微信矩阵拥有的微信公众号已达19个①。《北京日报》官方微信公众号作为基准点发力，凭借"长安街知事""北京最新鲜""艺绽""行走京津冀""京呈""东张西望"等一系列颇具影响力的微信公众号，借助新媒体传播优势，经过7年的快速积累，成为颇具传播力、影响力的官方新媒体渠道，牢固和宣扬了思想文化阵地，稳定了主流思想理论的宣传阵地。

二、微信端案例——"长安街知事"

2014年11月，北京日报时政部成立了时政类微信公众号"长安街知事"，现已成长为全国领先的时政类新媒体，侧重于对重大时政新闻进行独家、权威、客观、深度的报道与解读。作为北京日报社新媒体拳头产品，创办七年来坚持做可靠的政事分析和客观的时政新闻，在深耕细化人事、反腐等领域的同时，积极探索向更广阔的新闻领域出击。在2020年抗击新冠肺炎疫情等新领域发力，制作的系列报道多次获得主管部门肯定，助力脱贫攻坚的108集系列短视频《京心助梦》系列报道取得圆满成功。2021年，长安街知事微信公众号超过2500篇原创内容，多篇爆款文章阅读量突破1000万次。微博官方账号粉丝突破1500万，今日头条超过500万粉丝，获赞超过2700万。2020年11月2日晚，第三十届中国新闻奖评选北京日报社"长安街知事"微信公众号荣获中国新闻奖"新闻名专栏"一等奖，体现出长安街知事微信公众号既是符合主流思想，又是高度具有市场价值的全面新媒体平台。

三、APP客户端案例——"北京日报与北京号"

2018年10月北京日报客户端上线，2019年12月，北京日报客户端推出了新媒体开放平台"北京号2.0"版本，全新上线的"北京号2.0"版本是北京日报社根据上级要求，进一步实施新媒体融合创新的最新力作，是主流媒体构建主流价值创新的新探索。

北京日报客户端的定位"新闻+政务+服务"，以北京号的嵌入式形式，与新闻、直播、"艺绽"、服务四个方面构建全新新媒体客户端框架。新闻方面设有热点、视频、城事、文娱、经济、产经新闻清风北京等6个栏目，每个

---

① 黄玉迎.北京日报微信矩阵发展分析.新闻战线，2016，（6）：91.

栏目下设共计 42 个频道。直播包含时事新闻、健康养生、新闻发布会、记者见面会、天气预报等多方面讯息，还可提供预告以及回放功能。"艺绽"包含文艺日历、文艺地图、文艺品类三个模块。服务方面提供包括政务、教育、交通、生活四个方面全方位细致化的模块。

北京号是北京市内首个基于客户端的专业用户生产内容平台，对接北京市多家政务单位和驻京机构，作为北京日报客户端的一个独立频道，处于中心位置且拥有独立端口，北京号深度联通北京日报客户端与其他各媒体单位的新媒体账号，兼具信息来源的广度和服务群众的深度，依托自主可控平台的优势，为用户提供丰富多彩的内容生产与精准分发服务，实现多渠道立体式的新媒体传播，彻底改变了报纸和客户端单向发布的格局，打造了集资讯、互动、运营、服务于一体的全新媒体生态。

北京号实现了政务新媒体的交互式运营服务，除了把优秀稿件推送到北京日报客户端热点频道，北京号运营团队还精心打造了互动式运营产品。比如，2020 年新冠肺炎疫情来袭后，北京号联合北京各区精心制作了"战疫有我，北京在行动"系列短视频，在北京日报社新媒体矩阵进行分发与推送。节目获得了头条新闻、网易、搜狐、抖音、快手等多家媒体的转载，成为网络现象级的热点产品。

北京日报客户端以北京号为桥梁和纽带，实现了市级融媒体与各区各单位融媒体的有效对接和协力传播，进一步激活了融媒体创新的方式方法，提升政务服务功能，持续壮大"北京声音"，使北京日报客户端的影响力和传播力持续上升。作为北京日报报业集团融合发展的拳头产品，北京日报客户端与北京号此次的产品结合，是主流媒体参与构建兼具主流思想与创新融合的网络经营模式的全新探索。

第三节　融合启示与发展建议

一、融合发展的启示

北京日报报业集团自 2000 年正式组建，经过二十余年的发展，目前拥有九报、三刊、一社、一网，并且在互联网快速发展的环境下打造移动互联网精品产品。在媒体融合发展的历程中，北京日报报业集团在多元化经营和这两个方面做得可圈可点。

1. 多元化经营。在传统媒体时代，北京日报报业集团整合了纸质报纸、期刊、出版等优势资源，依托北京的区位优势与地理、人口资源，获得了良好的社会效益与经济效益。旗下的报刊包括中共北京市委机关报《北京日报》、都市报《北京晚报》《北京晨报》，以及在读者群体中具有较大影响力的《信报》和《北京商报》。此外，集团旗下期刊和同心出版社也颇具影响力。

北京日报报业集团在坚守传媒媒体阵地的同时，将经营与管理并举，走出了多元化经营的道路。

一是一体化整合。北京日报报业集团于 2015 年兴建了北京日报印务有限公司，给予其资金与人才方面的支持。北京日报印务有限公司成立之初，集团投入的资金部分用于职工的转企改制，在新公司起步期，集团给予资金用于解决发展初期遇到的经营问题。北京日报印务有限公司实行完全市场化运作模式，除了将发展壮大报纸印刷主业作为己任，还积极投入跨界经营，拓展商业印刷、文化产业等业务领域。

二是进军资产业务领域。除了与主业相关的印务、发行等业务以外，北京日报报业集团还拥有与资产相关的业务。集团投资兴建了新闻大厦，作为新闻文化交流活动场所于 2004 年投入使用。新闻大厦的地理位置优越，资产增值潜力巨大。

另外，报业集团投资了位于北京郊区的记者之家与休闲中心，进入旅游营销、文化服务领域。

2. 建立新媒体矩阵。在传统媒体式微的环境下，北京日报报业集团及时把握住移动互联网的趋势，建立了新媒体矩阵。"矩阵"原本是一个数学概念，在传媒领域中用作对多种媒体渠道组合的统称。布局新媒体矩阵，可以有效地扩大用户的触及范围，并能够分散经营风险。

北京日报报业集团的新媒体矩阵布局分为两个类型。其一是依托于具有传统优势的纸质媒体，开发微信公众账号、客户端等移动互联网媒体终端。比如"北京日报客户端"、《北京晚报》微信公众号；其二是诞生于移动互联网环境中、具有互联网基因的媒体产品，比如"长安街知事""艺绽"等。

二、发展中面临的问题

虽然在媒体融合发展中取得了卓越的成绩，北京日报报业集团依然面临着一系列的问题。

1. 产品发展问题。在传统媒体和新媒体融合的产品初步探索阶段，现有各家新媒体的内容采编以及最终产品推广效果的奖励体系还是以传统媒体业为主。传统媒体在融合创利用了新技术的方式，但在顶层设计上，还没有完全确定新媒体节目和传统媒体报刊以及融合产品的发展顺序和激励措施，在人员管理、薪酬绩效方面存在模糊区域，导致少数新媒体人过度工作，而传统媒体人尚未入局的局面。

2. 经营模式问题。与传统媒体以广告盈利为主的范式不同，新媒体经营模式复杂庞大，除了可以通过广告，还有微信公众号合作、直播电商带货、建立营销公司、投资基金等方式，资金来源与新媒体产品的受欢迎程度成正比，所以新媒体的能力波及范围是可以通过播放量等实时数据来确定，广告投资商能够根据网络监测数据实时变化推测新媒体最大能力范围，选择合作时长。这种局面促使传统媒体正在舍弃过去单一被动的过度依靠纸媒刊登商业广告来获取收益的经营模式，目前政务媒体与网络新媒体融合的状态来看，目前没有探索出一条可行性创新盈利道路。

3. 人员构建问题。面对新媒体来临的巨大浪潮，各个集团的新媒体人才基本都是来自原有传统人员，由原有员工蜕变为新媒体采编人员，但在原有传统员工在满足日常工作都已承受高强度、高压力的状态下，一套人员两线作战，让原有传统人员面对新旧交替工作的全天候工作，疲惫不堪，难以长久，全行业各集团在复合型人才的选拔方面广泛出现严重稀缺的状态。对于传统媒体而言，想要做好新兴媒体的融合创新，必须引进新鲜血液，迫在眉睫的就是要招聘更多善于把内容和技术进行整合的新型复合人才，用创新人才支撑整个新媒体的网络以及客户端运营维护。

三、未来发展的建议

针对北京日报报业集团目前存在的问题，本文提出如下发展建议。

1. 加强媒体顶层设计。与传统媒体依靠报刊发行量来竞争的局面不同，新媒体表现出了强大的兼容能力，因而媒介融合创新需要从一定程度上加强顶层设计。目前各个媒体呈现出自建品牌的各自为政，体现出缺乏全媒体平台主导的大局意识。在初期建设阶段需要以某一头部的领导集团带动、根据各媒体的特色分门别类、建立板块结合的新媒体格局，是政务媒体下一步进行媒体融合发展的选择路径，通过加强顶层设计，实现资源的整体重组，将相关资源整合，带动传统媒体业的结构转型。

2. 建立新型融资机制。利用报业集团内部的资源和政策优势，争取中央财政补贴，利用财政补贴解决集团基础性财政匮乏问题。在解决基础问题的基础上，从内部经营体制入手，建立报业集团新媒体发展专项基金，各部门按照业务与营收挂钩施行逐级下沉政策，由集团统一管理，专项投资，明示管理，为传统媒体进行新媒体拓展领域的延伸供应有力保障。

3. 探索人才管理模式。应当采用什么样的人才管理模式，是许多报业集团需要面对的挑战。媒体融合进程中需要既懂互联网技术，又懂传媒运营规律的复合型人才，报业集团需要重视组织内部的人才培养，同时不能忽略从组织外部吸纳年轻化的人才团队。在人才管理方面，由于新兴媒体具有"7×24"不间断工作的特性，报业集团也应当不断适应媒体融合发展规律，做出人员工作安排的调整。

第十七章 三亚传媒影视集团融合发展实践探索

张玮[①]

推动传统媒体与新兴媒体融合发展，是党中央规划着眼巩固宣传思想文化阵地、壮大主流思想舆论做出的重大战略部署，也是在数字化技术升级、媒体深度融合、资本进入媒介市场和信息环境发生重大变化背景下，地方媒体寻求自我转型与融合发展的重要选择。

2019年10月，三亚市委市政府对三亚日报社、三亚广播电视台和三亚电影文化公司进行重组，以"一报、两广、一台、两网、一端"为格局，以"中央厨房"为技术平台支撑，构建了集多元化信息产品为一体的全媒体产业集团。成立后的三亚传媒影视集团，坚持以先进技术为支撑、内容建设为根本，深化改革，守正创新，对内容、平台、渠道、管理、经营等方面的历史遗留包袱，展开了多样化、全方位、深层次的改革探索。

在深化改革过程中，三亚传媒影视集团深谙媒体转型与融合发展的重要性。为有效推动所属媒体的深度融合进程，夯实媒体融合高质量发展基础，集团领导在不断引领思想创新的同时，通过商业模式重构和传播逻辑再造，来提升三亚传媒的传播力、公信力、引导力和影响力。

两年来，三亚传媒影视集团在内容上已由融合之初的单一、传统、单调的内容产品，发展到了多元、交互、融合的纸媒版面和音视频产品共存的局面。其中《三亚日报》凭借二维码、超链接等方式不断提升内容的融合交互，目前已吸引微博粉丝增至62万、微信用户20万、抖音粉丝12.6万，并一举扭转了

[①] 张玮，博士，中国食品安全报副总编辑，河北传媒学院媒介融合与经营管理研究所所长，硕士生导师，高级记者、教授，主要研究方向为新闻传播、媒介融合、媒介经营管理。

《三亚日报》长期以来发行下滑的局面。

在平台融合上，集团形成了从传统的单兵、单线作战，到"中央厨房"的办公移动优先、选题一体策划、信息一次采集、内容多种生成、信息多元发布的全媒体矩阵融合联动局面。比如2019年，三亚电视台信号虽覆盖有线电视用户150多万户，但微信粉丝尚不足5万，在集团多媒体矩阵联合互动下，2020年就使电视台的微信粉丝上升到了10万余，并实现了从传统媒体的单一渠道传播，发展到当前的精准对接、高效畅达的全媒体传播。

在体制机制上，三亚传媒改变了先前各个媒体平台山头林立、各自为政的固化僵化状况，建立了规范化、人性化、科学管理、权责明晰的现代化企业管理体系，为经营创收造就了良好的工作环境。2020年度，三亚传媒影视集团疏通条块壁垒后，整合全盘资源，超预期完成了年度总目标，取得了经营性收入同比增长143.99%的佳绩，成为国内地级市中具有代表性和研究价值的传媒机构之一。

第一节 筑牢"三大基底"，构建融合发展良好态势

技术、资本和人才是媒介融合的重要支撑，也是激发媒体转型的内生动力，亦是媒体单位构建良好融合发展生态的三大基底。在传统媒体改革发展的道路上，往往面临着资金短缺、技术落后和专业人才缺乏的现实阻碍，使得很多传统媒体的融合发展后继乏力、壮志难酬。三亚传媒影视集团通过透视国内媒体融合发展实践现状，吸取影响融合发展进程中的问题和经验教训，从顺应融合发展的层面主动求变，以筑牢技术、资本和人才基底为先，进一步打牢"融媒体生产、全矩阵传播、全方位经营"的良好环境和融合基石。

一、强化技术赋能，筑牢媒体融合发展平台基底

技术创新能力是媒体融合发展的重要基础，也是解放媒体内容生产力、提高集团化发展及可持续增长力的重要因素。在融合战略发展规划的整体布局下，2020年，三亚传媒影视集团成立了融媒体中心，作为负责统筹全局、协调集团融合发展的战略平台，正式向技术赋能发展进军。

中心依托当前先进的云计算、大数据、人工智能技术,利用"中央厨房"平台夯实技术基础,有力支撑起了《三亚日报》、三亚广播电视台、"天涯之声""三亚之声"、三亚发布 APP、大三亚 APP、掌上三亚 APP 等平台的产品制作传播与评价反馈系统,突破了过去"老媒体只有纸质、新媒体只有网文"的单调传播内容和单一传播渠道。在技术赋能下,融媒体中心以超常规的内容生产力,实现了传播力和影响力的跨越式发展。2020 年,三亚传媒影视集团新媒体平台全年共发布稿件近 4 万篇次,总阅读量近 3 亿人次。其中,抖音 1000 万 + 流量的视频作品 2 个、微博 100 万 + 流量作品 5 篇、新媒体部创作的微信 10 万 + 阅读量作品 5 篇,新媒体平台总粉丝数超过 100 万人,比去年增加了 65 万粉丝,数量翻了一倍多。

集团融媒体中心的设立,不仅夯实了融媒平台的技术基底,还较好地搭建起了融媒体生产系统、大数据舆情分析系统和综合服务业务系统,使得集团的政务服务、生活服务、商业服务、社交传播、教育培训、党建管理六大板块的流程得以简化,建设水平得以拔高。很好地形成了分工有序、工作高效、守土有责、沟通便捷、合作有力的运行机制,为集团媒体深度融合发展奠定了技术基础。

二、创新运作模式,筑牢媒体融合发展资本基底

在媒体融合创新中,运作资本是手段而不是目的。自"文化体制改革中经营性文化事业单位转制为企业和进一步支持文化企业发展两个规定的通知"与"关于深入推进文化金融合作的意见"政策实施以来,国家对文化传媒领域的发展与改革持续加码,政府各部门积极推动文化产业与金融业对接合作,文化与资本的交融正在成为一种深层次媒体融合形式。

对此,挂牌后的三亚传媒影视集团,通过对融合发展形式的缜密分析,在认真吸取同类企业资本运作失败教训的前提下,进行经验总结,展开专门研究。在筹备成立资产管理部门的同时,集团管理层就以"传媒控制资本、资本壮大传媒"的互哺理念,利用融资、并购、投资、孵化等运作方式,展开个性化投融资。2020 年,三亚传媒影视集团通过入股海南岛国际电影节有限责任公司,全面参与第三届海南岛国际电影节的筹办和宣传工作,借助这一平台,不断培

育发展壮大三亚影视产业；通过积极探索媒体融合发展投融资机制，稳妥引进优质非公资本参与混改，使可经营性资产与资源得到了进一步优化整合，经营收入比上一年增长了143.99%，取得了集团成立后的开门红，探索出了一种适合地方媒体集团资本运作的新模式。

三、完善考评体系，筑牢媒体融合发展人才基底

习近平总书记在党的新闻舆论工作座谈会上指出，"媒体竞争关键是人才竞争，媒体优势核心是人才优势"。因此，人才不仅是媒体最珍贵的资源，也是媒体融合创新的竞争优势，更是媒体融合成功与否的关键要素。

近年来，随着新媒体技术的不断发展，传统媒体中大量的业务骨干或精英离开工作多年的岗位跳槽到新媒体，导致部分传统媒体人才大量流失，不仅影响到采编业务能力和出品质量的提升，还制约了新旧媒体的融合发展步伐。基于此，在事业单位转为国有企业化运作的背景下，三亚传媒影视积极谋划体制机制改革创新，强力推行宣传经营两大体系一运行、互助发展的总体管理架构。在建立现代企业制度、规范企业法人治理结构的同时，积极践行党委会领导下的董事会负责制。通过不断完善绩效考评和薪酬体系，为愿干事、想干事的人才创造良好的工作环境和发展空间；通过对现有员工进行优化提升和转型，为人才提供充分施展才华，实现自我价值的舞台。

对此，在日常运营管理过程中，三亚传媒影视集团针对不同群体采用不同业绩的考核奖励办法，形成了纸媒、广播、电视、网站和两微一端明确规范的融媒体考核机制，以此激发采编人员学习运用融媒体技术的积极性。目前，集团已初步实现了三亚日报社与三亚广播电视台，在编与聘用人员的同工同酬；打破了人员在编与聘用的差别，增加了员工"五险一金"的缴费基数。同时，通过放大中层干部比例，让有能者居之、无德无才者退之，以此提升基层员工的奋斗热情，保持高层学习进步动力。此外，集团还分期、分批对符合条件的三亚日报社、三亚广播电视台相关干部及部门负责人逐一进行调整，并根据工作需要，分门别类将其聘任到集团中层管理岗位。这种赏罚分明、逐渐换血、平稳过渡的管理模式，不仅较好地精简锤炼了队伍，也有效提升了团队的业务素养。

第二节 依靠区位优势，提升对外融合传播影响力

传统媒体与新媒体所建构的传播体系，打破了媒体之间的沟通壁垒，推进了各国新闻信息的快速延伸和扩展。主流媒体作为对外传播的主力军，是传播本土文化、提升国际影响力的重要窗口，肩负着讲好本土故事，传播好地方声音的重要职责。

一、发挥融合优势，讲好海南故事，扩大三亚传媒影视国际传播影响力

新时代新征程，做好新时代党的对外传播工作，使命光荣，责任重大。2018年4月13日，习近平总书记在庆祝海南建省办经济特区30周年大会上发表重要讲话，宣布党中央赋予海南经济特区改革开放新的重大责任和使命，决定支持海南全岛建设自由贸易试验区，支持海南逐步探索、稳步推进中国特色自由贸易港建设。作为新时代对外开放重要门户的三亚市，如何利用融媒体传播优势在国际窗口讲好海南故事、展示三亚形象，成为集团高层面对的紧迫问题。

2020年10月，为响应国家号召，在三亚市委、市政府的指导和中国社会科学院新闻与传播研究所的智力支持下，挂牌运营即将一年的三亚传媒影视集团，从加强海南自贸港对外传播工作需要出发，与新华社新闻信息中心联合组建了海南自贸港（三亚）国际传播中心。自此，三亚传媒影视依靠区位优势和自身实力，自觉肩负起了海南自贸港与世界沟通的职责使命。

肇始运营的三亚传媒影视集团国际传播中心在自我发展的同时，积极围绕"根据地思维"，依靠三亚区域优势和外部资源实力，实现借船出海，谋求合作共赢。一方面，利用新华社新闻信息产品总出口和管理中心的全媒体传播资源优势，了解国内国际舆论导向，丰富本部新闻内容，确保平台稿件的安全输出；另一方面，通过自身优质稿件"反哺"新华社内容发展，两者相辅相成，互利共赢。目前，国际传播中心已与200多家国际媒体达成战略共识，并陆续在Facebook、Twitter、Instagram、、微信公众号、微信视频号等平台开通集团官方账号，以致力于快捷有效地开展对外交流沟通，更好地对外发布三亚信息，

讲好三亚故事。

据不完全统计，中心官方账号开通至今，Facebook平台粉丝量已突破28万，粉丝遍布亚太、欧洲、美洲、非洲等40多个国家和地区，贴文曝光量超1500万，单帖互动量达到百万粉丝级别大号规模。Twitter平台粉丝量也突破1万大关，贴文曝光量超700万，账号与帖文获得了新华社泰语、印尼语账号转发。

二、坚持内容为王，壮大媒体矩阵，提升三亚传媒影视国际传播引导力

提升媒体在国际传播中的号召力，不仅要求传播者具有全球的视野和立足世界看问题的角度，还需要摒弃原先固有的、落后的传播理念与方法，用平等对话、交流沟通的内容，替代刻板僵化、千篇一律、枯燥乏味的说教模式。同时，还要精准把握好海外受众的接受心理、接受习惯，有针对性地根据媒体矩阵特点，进行新闻的定制与推送，把中国悠久灿烂的传统文化和参与全球发展治理的理念和观点及时地、准确地传播出去。

三亚传媒影视国际传播中心自成立以来，始终坚持以习近平新时代中国特色社会主义思想为指导，在实践中不断摸索对外传播的切入点和着力点。通过优质内容引领，不断优化表述方式方法，制作出了大量的、广受用户欢迎的融媒体产品，较好地提升了三亚传媒影视在国际舆论的影响力和引导力。2020年，共计制作了318篇与《海南自由贸易港建设总体方案》相关的报道，为"自贸港"的建设工作营造了良好的舆论氛围。此外，中心利用"央媒＋地级市融媒体中心"深度融合模式，通过资源整合，优势互补，构建出了网上网下一体、内宣外宣联动的主流舆论格局。

比如，国际传播中心在三亚市重点活动、国际性重点活动和外交活动期间，在海外主流媒体刊登"大三亚"外宣传播内容，扩大"大三亚"的国际影响力；中心依托新华社先进的媒体融合技术，利用新华社开发建设的现场云、MAGIC媒体大脑短视频智能生产平台、虚拟主播等智能技术，创新外宣内容形式，生产出了一批优质的对外传播作品。不仅增加了传播内容的吸引力，而且提升了三亚传媒影视的国际传播引导力。

三、依靠区位优势，拓宽对外传播渠道，打造国际传播媒体联盟集结地

拓宽对外传播渠道，必须壮大国际传播媒体阵容。因此，打造具有国际话语权的媒体集群，不仅需要与境外媒体展开合作交流，还要增强国内媒体的传播意识。简而言之，对外交流沟通唯有国内国外媒体相互联动，方能提升在国际传播中的影响力和舆论引导力。

基于此，三亚传媒影视集团在依托新华社为其提供的对外输出端口的前提下，联合216家国际主流媒体，带动国内1185家优质媒体和海南省内53家本地媒体，入驻海南自贸港（三亚）国际传播中心平台。从多方位、多角度、多渠道宣传三亚，以此壮大三亚声音传播矩阵，提高三亚在国际上的知名度和美誉度。同时，集团还与海南省陵水、乐东、保亭三县签署了"海南自由贸易港（三亚）融媒智库"合作协议，围绕媒体融合、国际传播等议题进行研究分析，对外发布相关研究报告，共同做好三亚地区的国际交流和对外传播。

目前，海南自贸港（三亚）国际传播中心的媒体矩阵仍在不断成长壮大，其面向国际社会的传播优势、技术优势和区位资源优势越发明显。未来，三亚传媒影视集团将进一步用好国家对海南的政策支持，依托三亚雄厚的城市经济实力，继续在海南自贸港建设中发挥融合传播的影响力。同时，利用全媒体平台资源及其在国内和国际完善的媒体联盟力量，不断拓宽对外传播渠道，尽快把三亚传媒影视集团打造成国际传播媒体联盟的集结地。

第三节　利用技术赋能，不断提升内容产品黏性

在全媒体时代，虽然信息环境、舆论生态、传播方式均发生了较大变化，但内容始终是媒体立身的基石。如果放弃对精品内容的追求，传统媒体转型发展势必会陷入更为艰难的生存环境。对此，融合视域下，"内容为王"仍不过时。

为使技术赋能新闻生产，提升内容产品黏性，扩大地方媒体在用户中的影响力，三亚传媒影视集团领导班子十分重视新闻采编流程的再造问题，在充分

调研的基础上，很快形成了移动优先、一体策划、一次采集、多种生成、多元发布的传播新格局，有效提升了新闻的及时性、可读性和互动性，提高了内容的原创水平和权威性，增加了内容的智能化、场景化和沉浸化。

为提升内容产品黏性，三亚传媒影视集团想群众所想，急群众所急，将群众关心的热点问题视为提升用户关注度的重要抓手。面对一个时期以来社会上网络诈骗猖獗的问题，为提高群众防骗意识，增强辨别能力，三亚传媒影视采编部门以制作法制类内容为突破口，以群众关注的"防诈"事件为着力点，创造与百姓息息相关的爆款产品，以此引发公众的关注热情。比如2021年1月18日，三亚广播电视台官方抖音号发布的"租高档别墅、开豪华跑车……这群高消费的'90后'究竟是什么来头"的防诈视频，发布4天，突破了1.1亿人次播放量，赢得了80多万点赞，粉丝增长突破20万大关。不仅大幅提升了用户的关注度和互动性，也提高了三亚传媒影视的影响力。

当下，碎片化信息的传播与接收方式，无疑加大了优质内容生产的困境。传统新闻媒体在面对互联网冲击和主流地位不稳的情况下，如何更好地打造原创内容产品，及时反映百姓愿望、意见和要求，成为传统媒体人不得不面对的现实问题。为此，三亚传媒影视在集团开始运营的同时，就在云计算、大数据、互联网技术的赋能下设立了融媒体中心，并率先建成了融媒产品制作传播、大数据舆情分析和综合服务业务三大板块。这些智能编辑系统和智慧舆情大数据平台，不仅能使采编人员迅速展开全方位、多角度、立体化的内容生产，还能使传播发布的内容产品更加直观和生动。在面对重大突发事件时，集团融媒体中心首先会发挥技术赋能的媒介优势，以微博、微信、抖音作为窗口，进行全媒体音、视频、图文直播，并及时与用户互动，提升用户的视听体验和互动体验。

比如2020年11月疫情防控期间，在传统媒体遭遇采、编、播困局的背景下，新媒体技术负重而行，实现了破冰突围，集团内部各媒体部门之间协调配合，为三亚战"疫"迅速发声。新闻采访部、报纸部、电视部、广播部、新媒体五大部门联合起来，根据各媒体优势特点明确责任分工，生产出了大量百姓关注度高、需求急迫的高质量抗疫作品。如《硬核三亚 决战"阻击战"》作品被三亚发布、三亚政务等微信公众号全文转载，受到市委、市政府主要领导的点赞支持；《谢谢你，每一个在三亚坚守的人》《三亚战"疫"：这些身影温暖你了吗？》等内容，受到网友广泛好评。据不完全统计，疫情期间仅集团旗下《三亚日报》刊登的疫情防控新闻就超过了4000篇次，新媒体平台推送的新闻达到了1.5万多条，总阅读量高达2100多万。其中被《人民日报》、中央广播电视总台等省级以上媒体转发采用的优质稿件有20多条。极大地缓解了公众的焦虑情绪，获得了广大用户的高度认可，有效扭转了新媒体点击率、电视收视率、广播收听率低迷的局面。

　　在日常报道坚持内容为王的前提下，三亚传媒影视集团关注百姓生活需求，细分受众市场，策划重大选题，打造了众多广受用户欢迎的原创内容、特色内容和刷屏爆款内容。作为传播三亚故事、助力乡村振兴建设的主力军，三亚传媒影视采编人员先后到市内各大贫困地区开展脱贫工作。通过挖掘典型人物、报道百姓事迹，引发社会各界关注，及时帮助群众解决问题。2018年7月26日，在实施的"记者包村"、全市贫困村"包点到人"行动中，《三亚日报》扶贫小组在抱安村开展帮扶脱贫工作时，发现黎族姑娘小吉芬右脚残疾，迅速成立了临时全媒体融合报道组开展救助。总编辑任一线记者负责采访提问，副总编进行记录，编委负责抓拍视频，退休老记者担任摄影。整体内容生产之后，《我想读书上大学》《我想让我的脚好起来》《我想穿漂亮的鞋子》《我想和同学在操场上快乐地奔跑》等原创文章，很快便在《三亚日报》、三亚新闻网、新华社"现场云"、官微、微博、掌上三亚APP推出，瞬间引发读者和网友的强大反响和后续关注，当天视频点击量就突破了千万大关。在海南省脱贫攻坚大比武中，三亚市市长阿东还把三亚传媒发布的系列报道作为典型案例，以脱贫户女儿小吉芬"奔跑梦"为题，面向全省讲述了三亚脱贫攻坚的一线故事。当然，除了上述案例外，三亚传媒影视独创的三亚"守桥哥"、"三亚神鹿"、扶贫女法官欧颖等多个新闻创作，也都得到了网友们的一致好评。

　　此外，在脱贫攻坚、投资引资、重点项目推进、创文巩卫、美丽乡村、生态文明建设等方面，集团推出的《决胜全面小康 决战脱贫攻坚》《我们的十三五》《制度创新提效能》《共绘文明新画卷》《聚力招商强服务》《乡村振兴谱新篇》《新项目建设赋能新未来》等专题报道，为推进三亚构建和谐社会也发挥了积极作用。不仅提升了地方主流媒体影响力，也为持续引领媒体融合向产业融合纵深扩展奠定了坚实基础。

第四节 开拓市场蓝海，打造媒体融合发展"新航母"

受益于海南自贸区自贸港的政策支撑和雄厚的城市资源实力，三亚传媒影视集团自成立以来，按照"6+N"战略方针，在报纸、广播、电视、新媒体、网站和户外六大宣传媒介基础上，开拓出影视演艺、文化服务、电子商务、艺教培训、租赁业务、商业地产等多种业态。不断开拓市场蓝海，扩充媒体经营业务范围，完成了由依托传统业务到多元产业齐头并进的融合格局，在重大突发性事件和市场乏力的逆境中实现弯道超车，集团营收保持连年稳步增长。

一、政府业务全案营销

为持续提升三亚旅游在国内市场的热度，充分用好海南省离岛免税新政，紧抓出境游"回流"现象等机遇，受三亚市旅游推广局委托，三亚传媒影视集团在2020下半年旅游旺季到来之前，在全国重要客源地城市积极推介三亚旅游资源，完成了三亚冬季旅游在武汉、重庆、广州、长沙、上海、昆明、成都、贵阳、海口等城市的整体营销方案。

此外，三亚传媒影视集团还通过城市地标灯光秀、新闻事件策划、粉丝互动抽奖、网红打卡活动、广播电视宣传、户外LED屏传播、新媒体推广等形式，将三亚的免税购物、水上运动、美食、婚庆、邮轮、亲子、人文风光等特色内容介绍给全国人民，让"温暖三亚、温情三亚"的品牌深入人心。

二、广告业务稳步推进

互联网技术的不断发展和新媒体产业的逐步兴盛，给传统媒体经营带来重重阻力。过去，主要依托广告收入生存的报纸、广播、电视等传统媒体遭受了"滑铁卢"式重创。加上体制改革后对媒体单位提出的市场化发展和自负盈亏要求，传统媒体行业不得不痛定思痛，寻找探索新的发展路径和融合模式。

三亚传媒影视集团成立后，为进一步提升广告经营收入，经集团党委研究，一举收回了旗下报纸、广播、电视三家代理广告公司的经营权。对拟继续合作代理的广告公司，集团在符合市场合理定价的基础上，对广告产品进行重新市场定价并与代理公司续签。同时，集团对收回的广告业务专门成立了广告经营部门，组建起了一支专业化的广告运营团队。通过全新传播模式和集团化多元服务吸引用户，彻底改变了原来被动的广告经营局面。在收回广告经营权的 2020 年度，集团的经营性收入就大幅度超过了计划目标，比原定目标收入增长了 20%。

三、影视业务强势发展

三亚传媒影视集团积极扩展业务领域，依托海南独特的人文风光和雄厚的影视资源，投身到海南影视文化建设行业。集团挂牌运营不久，就承接了大量专题片、广告片、宣传片、汇报片的策划，文案撰写和设计，拍摄等业务。如已经制作完成并交付使用的新华社"千城早餐"之三亚"港门粉"、非遗宣传片"非遗传承 健康生活"、抗疫宣传片"春暖花开 我在三亚等你"、亚沙会倒计时 200 天活动"亚沙的城光"等，均受到了用户的高度赞扬。

同时，基于集团入股海南岛国际电影节有限责任公司的实际，集团专门派出了 5 名管理人员进入电影节公司团队，全面参与第三届海南岛国际电影节的筹办和宣传工作，并借助这一平台不断培育发展壮大三亚影视产业。目前，海南岛国际电影节已成功举办了两届。

四、直播电商不断扩大

直播电商作为新兴的商业模式已成为城市发展、企业升级的重要动力。在推进媒体深度融合发展中，集团管理团队首先跳出了媒体人看媒体的单向思维，并从群众当前需要解决的突出性问题出发，充分挖掘和发挥集团融合优势，用经营思维服务群众，打造基层群众靠得住、信得过的主流媒体。

三亚传媒影视集团地处三亚，独特的热带季风气候和优质自然资源，孕育出了丰富的农产品。为更好解决因信息不畅造成的产品滞销问题，三亚传媒影视集团积极围绕"服务"这一融合目标，组建了一支七人小组的产品营销团队，借助集团平台，通过线上线下双向配合开展产品销售，缓解农户生存压力。

2020 年 2 月，集团与三亚市农业农村局共同发起"抗疫助农，西瓜义卖"活动。在主持人、技术保障、摄像、后台、前端、编辑、审核等团队人员的努力下，利用"线上销售+企业社区团购"方式，完成了农产品从销售到配送入户的一体化服务。据统计，仅"公益卖瓜"这一活动，电商平台就收到了30万斤的订单，并达到了实际销售配送24万斤的好成绩。截至目前，集团公益售卖农产品已达数十种，产品整体销售可观，有效促进了三亚优质水果品牌形象的建立，提升了三亚农产品的品牌价值。

为持续发挥直播电商带来的经济价值，迎合用户需求。三亚传媒影视集团顺势而为，在上述基础上又创立了以电商直播与达人营销为主的商业模式，并与多家科技文化企业开展战略合作，利用电商直播基地落户的方式，促进本地优质农产品的销售。2020年6月，三亚传媒影视集团与三家科技文化公司开展战略合作，共同打造了三亚首个电商直播基地——鹿直播海南自贸港直播基地。基地的落地运营，翻开了海南"传媒+直播"的产业化发展的新篇章。预计未来两年内，该基地将销售优质产品超1万种，年直播带货金额近2亿元。直播基地不仅促进了三亚融媒产业与电商产业的转型升级，亦使集团的媒体深度融合发展迈出了关键一步。

未来，三亚传媒影视集团将继续围绕三亚特色旅游业、特色农业、跨境电商、食品加工、游艇等领域，整合三亚及海南优势产业资源和物流资源，联动全网红人资源及电商直播平台，搭建网红直播电商新渠道平台，孵化本地网络红人，发展大传媒集成经济。

五、其他业务多级延伸

除了发挥媒体营销宣传优势外，三亚传媒影视集团不断抢抓市场机遇，将产业触角逐步延伸至会议会展、学习教育、房地产等领域。并积极承接多家企业项目，举办多场车展、赛事、庆典活动等，以此提升集团的整合集成能力。如"寻找最美三亚人"大型公益活动、2020年云上"三月三"线上晚会、"天涯之声"国际名车展等，均取得了不菲的成绩。其中，2020年11月集团主办的"海南自贸港（南部）国际车展"，四天汽车总销量1035台，总金额达1.81亿元，逛展人流量10000余人次。

另据了解，目前的三亚传媒影视集团已承接了三亚第六届亚洲沙滩运动会的相关业务。届时，将有来自亚洲43个国家和地区的3000多名运动员，以及亚洲各国政要、亚奥理事会大家庭成员、体育官员、媒体记者等1万余人到三亚共襄盛会。相信在不久的将来，三亚传媒影视集团定会以傲人之姿，立在媒体深度融合发展的前沿。

第五节　迈步深度融合，大胆探索发展新路

　　媒体融合发展作为一项国家战略，需要长期坚持和不断探索。三亚传媒影视集团近年来在融合进程中取得的显著成就，对引领行业起到了积极示范带头作用。结合三亚传媒影视集团整体情况，本文认为，要推动三亚传媒影视集团深度融合发展，尚需注意以下几个方面问题。

　　首先，三亚传媒影视作为地方主流媒体，要始终坚持党管媒体的理念。在不断增强党史学习教育基础上，需要继续完善集团组织架构和创新体制机制，以红色能量促进新闻宣传和企业经营工作的开展。同时，作为党领导下的传媒企业，三亚传媒影视既要时刻保持高质量党建引领媒体融合高质量发展的理念，又要不断推动媒体集团化改革进一步向纵深推进，以更好发挥党组织对新闻宣传和媒企经营的监管作用。

　　其次，作为已在融合发展中取得显著成绩的三亚传媒，仍需要继续整合资源，加快推进媒体转型步伐、优化新媒体矩阵。按照中共中央办公厅、国务院办公厅印发的《关于加快推进媒体深度融合发展的意见》中所指出的"以互联网思维优化资源配置，把更多优质内容、先进技术、专业人才、项目资金向互联网主阵地汇集、向移动端倾斜"，把新媒体做大做强，实现内容生产、流程设计、播发调度、效果评价、绩效考核、技术支撑等方面的深度融合，提升三亚传媒影视融合传播的影响力。

　　第三，基于媒体深度融合已经进入关键期，面对新形势下的挑战和机遇，三亚传媒影视集团亦要进一步加强人才工作的顶层设计和整体规划，用好"人才工作站"，招聘、培养一批能够适应融媒体时代发展的复合型人才；打造一批名记者、名编辑、名主持；组建一支符合时代发展的全媒体人才队伍，补齐人才短板。同时，作为融合型的媒企集团，还要能够通过内部挖潜，从集团内筛选出一批有想法、有拼劲的骨干人员，作为集团中层干部的储备人员培养，

为内容生产和各项产业经营开发奠定坚实的人才基础。

当然，经营作为企业的生命线，三亚传媒影视集团还应在"6+N"发展战略和六大宣传平台（报纸、广播、电视、网站、新媒体、户外）基础上，深入挖掘"根据地"资源，进一步强化对传统广告、新媒体广告、户外广告、影视创投、数字经济、艺教培训、活动会展、日免零售等产业项目的经营；加快可经营性资产与资源整合，积极探寻新的经营路径，构建"传媒+"产业格局，扎实推进三亚传媒影视集团的转型升级和产业发展。

第十八章 东南网：融合语境下打造全媒体一体化服务供应商

曾武华　林诚悦[①]

传统媒体和新兴媒体的融合改革正在进行，既是网络媒体又是传统媒体的东南网，20年来，在长期资金投入不足、高端人才短缺、技术水平较为落后的不利情况之下，在做强主业、提升服务、创新产品、转型新兴媒体等方面，做了一些尝试和探索。近5年时间，东南网保持在福建日报社（报业集团）营收正增长的第一梯队。

第一节　发展历程

东南网在融合改革道路上分阶段作过多次探索。东南网成立于2001年，由福建省新闻办公室主办、福建省互联网新闻中心承办的"福建东南新闻网"，当时隶属于福建省委宣传部。2009年，"福建东南新闻网"与"福建日报网"进行了融合升级，同年10月18日，正式启用新名称"东南网"。全新的东南网作为福建官方新闻门户网站，隶属福建日报社（报业集团）。随着中央文化体制改革工作的部署，2013年，作为省级重点新闻网站的东南网完成转企改制全部工作，实现了企业化运营和管理的转身。五年间，东南网从一个由政府全额拨款的事业单位转型为自负盈亏的传媒企业——福建东南网传媒股份有限公

---

① 曾武华，福建日报社编委会委员、福建东南网传媒股份有限公司董事长、总编辑；林诚悦，福建东南网传媒股份有限公司管理中心主任助理。

司（当时的上市后备企业）。2018年东南网（公司）年营收收入与划转后初始营收相比翻了四番。

第二节 融合带来的问题

2018年底，随着福建日报社（报业集团）融合改革，负责新闻客户端《新福建》经营的部门以及福建日报社主管主办的海峡网、闽南网并入东南网（公司）。但融合毕竟不是简单做加法，三网合一，平台扩充，队伍壮大，盈利模式却因为内外双重环境的变化，面临前所未有的挑战。

内部环境而言，整合的三个网站生长环境不同、运营机制不同、员工结构不同、技术底层架构不同。虽然政务类业务作为党端营收主渠道被完整保留，但部分商业、行业市场大幅萎缩，东南网（公司）原本相对稳定的业务形态同样面临新兴媒体、移动媒体、商业平台的冲击，必须快马加鞭跟上运营调整的变化，快速构建新产品线、培育新市场；海峡网、闽南网技术后台与东南网也完全不同，在规范等保建设的强制要求之下，怎么实现数据迁移和三级等保全覆盖也成为一个难题。

外部环境而言，当前媒体融合改革走向了"深水区"；特别是商业化、市场化及新的网络传播平台的出现，分化了传播效果。思想舆论宣传和文化传播的形式凸显出了大众化、感性化、社交化的特点，并出现了分众化、标签化的趋势。越来越多的互联网企业凭借其强势的资本运作、高薪吸引带来的人才优势、先进的科技手段、符合年轻人的网络语言表达等特质，加入了宣传资源争夺中来，大大压缩了党媒在传播服务市场竞争中的生存空间。随着政府采购愈发规范化，绩效考核评价体系不断完善，原有源自党媒政治属性而形成的"结盟"机制被打破。东南网如何依靠政府但不依赖政府，培育自身"造血"功能，找到自我生存、自我成长的空间，成为发展的当务之急。

第三节　创新融合发展的探索

从"相加"走向"相融",东南网的管理层面对现实困境,作了一番思考、探索和布局。其中探索最核心问题就是:东南网应当如何提升内容生产能力、经营转化能力、技术创新能力,成为政府能够依靠、受众能够信赖、市场能够认可的全媒体一体化服务提供商?笔者认为,从内容产品化、渠道多样化、用户中心化、平台智能化的方向入手,有助于打磨出适合自己、适配客户、适应发展的长效盈利模式。下面将结合实例从以下几个方面解析东南网创新融合发展的探索。

一、"守正""创新"并进　提升内容产出能力

媒体融合不仅仅是把不同媒体、不同平台进行合并,更是内容产品、传播主体、受众群体之间的交融。因为"守正创新""内容为王"是党媒的立身之本,这就要求信息内容生产、服务水平、市场运营一体成长,基于优质内容生产吸引受众和用户,使用户有更多获得感、认同感、信任感。

东南网始终坚持统筹考虑差异化内容呈现,强化一体化传播思维。新闻网站本质上仍然是传播媒介,新闻网站的内容生产绝不能是简单地把传统媒体的内容复制到网络媒体进行传播,应避免因生搬硬套传统模式,使网站成为"'新'的传统媒体"。虽然东南网早在划转的第二年(2010年)在福建日报上开通《东南网事》版面(现更名为《网事》),率福建传统媒体之先开启了报、网联动,但网站与报纸的内容并非相互补充的关系,而是齐头并进的。在媒体融合再造生产流程的过程中,东南网在重要主题、重要事件、重大策划上,始终循着一体化传播的思路,统筹考虑网端、报端、移动端的差异化内容呈现,以满足不同受众获取信息的需要。

2020年,各家媒体用尽浑身解数进行抗疫报道。如何获得独家新闻?制造"爆款"?如何利用侨胞优势,利用东南网在海外8个国家和地区设站的触角,捕捉新闻事件,打开报道面,突破国际传播路径?疫情期间,东南网总部与海外分站保持密切联系,关注境外疫情信息。2月份,东南网正与闽籍旅日侨胞

刘丹蕤商谈建日本站事宜,通过交流,敏锐捕捉到她将冒着生命危险协助"钻石公主"号邮轮中国港澳台籍乘客撤离这一新闻点。利用东南网日本特约记者(之后建立东南网日本站)发回前方第一手独家信息的优势,东南网总编辑、分管副总编辑牵头成立了特别报道工作组,前后方24小时密切联动,对这一新闻事件进行了全球首发,先后共策划组织了三波报道,形成了《走,我们回家》系列融媒体报道,在福建日报的报、网、端,以及学习强国学习平台,境内境外媒体平台、网络社交平台等传播渠道同步分发。

　　网络平台上的报道更加注重即时新闻的时效性。以短视频为"先锋",快速剪辑、大量推送独家现场图片和视频,用影像化的表达向受众传递最直观的现场感和紧迫感,也为各家媒体的二次传播提供了很好的内容素材;纸媒报道侧重该事件的深入追踪,福建日报连续刊发4篇报道,有2篇被网信办在福建省169个微信公众号中推送;社交平台抓取事件最抓眼球的内容信息进行加工,运用平台的交互特性,带动海内外网友点赞、评论,流量可观。东南网积极地引导疫情期间的正面舆论,整个事件的融合传播引爆全球,形成了境内外媒体联动的声势。据不完全统计,相关报道被中国日报、参考消息等国内有影响力的媒体以及500多个网络平台、海外20余家媒体转载或引用,全国各地媒体转载阅读量超1亿次。由省级媒体主导,对疫情之下的单一事件报道在全球形成如此大规模的传播,引起如此热烈的反响,实属少数。"钻石公主号"事件报道的相关新闻作品荣获第三十一届(2020年度)中国新闻奖通讯与深度报道一等奖、福建新闻奖国际传播(网络专题)一等奖、福建新闻奖报纸系列报道一等奖等3项新闻奖。这是东南网做好国际传播、讲好中国故事、推动"人类命运共同体"对外话语体系构建的有益尝试,更是提升内容产出能力的一次实训。

　　2021年9月,福建省内疫情出现反复,莆田市执行了严格的防疫措施。城际交通管控,物资转运困难。由于药品需从福州发出,在得知莆田(含仙游)有8名白血病患儿面临断药后,东南网立即介入,福州、莆田两地记者与当地公安部门、志愿者、患儿家长取得联系,用镜头记录陪伴药品在转运"生命线"上奔跑的全过程。东南网为此独家直播《莆田仙游白血病患儿药品将尽 多方联动紧急送药——疫情之下爱的接力》,时长达4个多小时,在中国警察网、莆田警方在线、东南网、天山网、澎湃新闻等20多个平台上同步分发,累计播放量超300万人次。导播团队还对直播内容进行即时拆条,以短视频新闻的形式在朋友圈中广泛传播。本次直播精准发力，及时策划，多地联动，采编团队以参与者和观察者的双重视角，传递疫情之下人间有爱。塑造抗疫正面形象，取得良好传播效果，是东南网在境内抗疫报道"战场"上又一次较为成功的实战。

二、借第三方平台抢占移动阵地，积蓄流量为经营赋能

在移动互联网时代，媒体和受众的边界变得模糊，内容的分享推广更多地转移到了手机、平板电脑、电子触摸屏等小屏终端上，我国网民总体规模超过10亿，媒介的多样性使得受众注意力被重新分配。受客观因素影响，东南网移动客户端开发建设受限，但通过对移动传播矩阵的重新布局，逐步找到了自身的发力点。

1. 进入新浪、腾讯、网易、百度、今日头条等商业平台开设账号，力求在移动端快速打响网站品牌，打造第三方平台传播集群，借平台流量优势大量"吸粉"，提升网站整体传播力、影响力。从2019年到2020年，包括三个网的网端、移动端在内，全平台浏览量从10亿左右跃升至了50亿，第三方平台媒体矩阵累计粉丝数达到1338万。在此发展过程中，不断对平台内容分发的策略深化、细化、优化。以自主运营的海峡网抖音号为例，一年内，实现了近亿浏览量从无到有、从有到十几条的重大突破，粉丝数从40万迅速增至340万，净增粉300万。

2. 围绕媒体核心功能构建聚合海量用户、提供多元服务、支持多边资源价值交换平台的角度出发[①]，积极主动参与"文明风"网站、"学习强国"福建学习平台等国内重要宣传平台的建设中去。

依托东南网承建福建"文明风"网站的成熟经验，推动了各设区市乃至县区的思想道德教育、志愿服务、社会公益、文明城市创建等正能量传播，2020年由东南网承建各地文明系统的网站、频道、专题、专栏、微信公众号等数量超过20个，它们也成为了东南网原创内容的重要传播渠道之一。

在中宣部提出"一平台两中心"三大建设任务后，东南网主动对接相关部门，组建专门团队，自2019年起承接了"学习强国"福建学习平台的编辑运维工作。

---

① 宋建武，陈璐颖，王泱.2019年中国新媒体行业发展报告//中国新媒体年鉴2019.时代文艺出版社，2020:813.

福建学习平台作为全国非试点省份中第一个上线的省级分平台，影响力日趋增强，稳定保持在第一梯队，东南网也于2020年6月就开通了"东南网"强国号，进一步丰富了自有优质内容的传播渠道。而东南网平台与"学习强国"福建学习平台的深度黏合，打开了一片新的发展空间。双方密切互动，多次联合策划融媒体产品。2021年4月，与福建省内10家县级融媒体中心共同发起了"寻找红色记忆 见证我的城"环闽动车融媒体联动直播活动，除东南网自有平台外，直播在"学习强国"总平台APP的推荐频道、实播中国频道以及30余个媒体平台、商业平台同步推出，当日累计播放量达161万人次。自5月起，为献礼建党百年，联合采访报道福建省内来自各行各业的普通人，记录个人的获得感、幸福感，拍摄制作了9期《Ta改变了我们》系列微纪录片；由东南网策划发起《百名馆长讲党史》大型融媒体采访，共同邀请福建省各地博物馆负责人讲党史，以"党史文物（或党史故事）+短视频"的形式，让党史学习教育"活"起来。

东南网通过"借船出海"，在各商业平台和新兴传播阵地日益发声，推动主力军挺进新战场。编创能力、分发能力、吸粉能力被原有的网群合作单位和新客户看到，有力地推动代运维服务从网端向移动端深化，截至2020年年底，东南网代运维的微信、微博、抖音、头条等平台账号超过150个。

三、放大主流媒体公信力、影响力，提升经营转化能力

主流媒体的引导力、公信力、号召力是商业网站、自媒体无法比拟的，利用和放大主流媒体这些特性和优势，才能更好地提升运营和服务水平，增强融合传播效果，进而转化为良性的经营盈利模式[①]。

1.官方媒体的政治属性决定了"体制内的市场"仍然是东南网开展经营拓展的重要区域，深化与机关厅局的政务合作，需要不断提高全媒体资源整合供应水平，有效提升一体化品牌服务能力。从早期的信息发布，到建专栏、建网站，再到开设以微信、微博为主的政务公众号，代办、代运维是很长一段时间内维持新闻网站营收的主要盈利方式。而今纯粹的信息售卖已经过时，政务新媒体潮也正在褪去，早期的传播渠道会随着网络媒介的变化出现价值下降，甚至被弃用。政府机关对于宣传工作的需求也开始更注重于个性化的表达、深层价值

---

① 张光辉.媒体融合背景下经营转型策略与模式创新.中国报业，2021，（04）.

的挖掘及效果的考评。如何提高新闻政务服务能力是当务之急。新闻网站如果长时间思维不进化，自身本领不增长，资源不能有效整合，无法吸引政府机关为内容付费、为创意付费，势必将陷入效果危机、信任危机、运营危机，在竞争市场中失去重要席位。

首先，建立政务服务的市场思维，构建客户群体"朋友圈"。如前文所述，当前政务服务市场已被多方瓜分，无论是以市场思维服务好政务客户，尽力争取到足够大的蛋糕，才能够让有影响力的客户去影响那些同样有影响力的潜在客户，将注意力放到有公信力的平台上来。在这一点上东南网建网群、聚资源、拓阵地的初衷始终未曾改变，政务客户数量保持正增长。

其次，做"跨界"资源整合，"一揽子"策划提升服务水平。传统媒体的采编经营分离，是内容团队只做内容的事情，经营依赖于广告部门。内容变现必须与其他经营环节协同配合，才能产生1+1>2的效应，成为网络新媒体的主流盈利模式。"互联网条件下的传媒产业链的有效形成，只能依赖产业要素之间的外部整合与'混搭'才能具有竞争力。"[1]一方面，在网群和"两微一抖多号"代运维的常规服务之外，东南网的视频、直播、舆情、文创、海外传播特色优势往往被植入服务项目中，为客户提供一揽子宣传推广计划，再以扁平化的团队结构实现服务效能最大化。另一方面，与集团内部专业媒体合作，共享资源，在垂类上深度开发。如，与福建卫生报、海峡教育报不间断开展视频直播合作，2021年中招"探校"系列推出10期视频直播。

第三，创新合作机制，对接文化产业发展，推动媒体多元化发展。媒体与文化产业密不可分，精准把握文化产业发展方向，精细对接项目运作，是突破融合发展瓶颈、走多元化发展路线的有效途径。东南网近年着重打造多个品牌项目：与主管主办部门常态化合作福建文创奖，已连续举办七届，并催生"东南网艺术频道"落地；海峡两岸新媒体创业大赛从2015年底创办至今，孵化了多个创业项目；全国网络媒体清新福建行、福建自媒体协会等，以"媒体+平台""媒体+服务"等不同模式延展产业链条，撬动产业发展。此外，随着VR、AR、AI等新技术应用不断涌现，东南网创新合作机制，涉足线上乃至线下数字化展馆建设，导入相关技术企业力量，承接了福建红色文化展馆、爱国

---

[1] 喻国明.传媒业的脱困之路与端口建设.新闻与写作，2016，（03）.

主义教育展馆、精神文明展馆、中国石材城党群（人才）服务中心之水头镇智慧党建体验馆等特色项目建设。

2. 抓住客户动态需求，丰富服务手段，延伸服务范围。新闻网站的传统经营方式通常有基于采编资质的信息服务、基于视频摄制的视听传播服务、基于技术支撑的网站建设、基于商业价值的广告刊播。仅仅靠这些粗放式的经营模块，不加以"雕琢"利用，对自身的优势资源进行二次开发、滚动开发，难以应对由于媒体融合发展形势不断变化带来的经营冲击。靠优势资源驱动实现长效的赢利，可以选择从相对容易进入的行业或项目入手，通过持续不断的服务改进和升级，创造更大的品牌价值。2018年初，东南网受福建省农信社委托承办新春联欢晚会，依托网站本身视听传播平台资源，加上专业视频团队有针对性地创意编排，特别是开场短片《农信芳华》以几代"农信人"为切入点，深度植入农信社的文化品牌价值，整场晚会获得了满堂彩，由此打开了双方合作通路。其后通过微信公众号代运维1对1服务，把东南网的视频、广告、展会等资源对接到农信社的各类线上线下活动中去，先后制作了区块链技术精准扶贫试点应用项目数字中国建设峰会专题片，策划了"书香农信，以文沁心"农信朗读者读书分享活动、"中国梦 劳动美"2018年福建省"防风险 享支付"知识与技能竞赛，甚至参与了2018农信马拉松这一大型赛事的启动和搭建工作，全年与农信社进行深度融合对接。农信社合作案例成为东南网转变服务形态、丰富服务手段的一次成功实践。网络媒体变身品牌整合营销服务商，既得到了企业的认可，也体现了主流媒体的价值，服务团队更得到了很好的锻炼。

四、借助"外脑"研发自身服务产品 提升技术创新能力

当前，技术更新迭代速度很快，媒体在技术研发上天生就存在短板，抛开新闻主业，投入大量资金、人力用于技术研发、技术创新是不现实的。借助科技企业"外脑"，着力于媒体数字化转型，推动内容建设和先进技术共通共融，才能推动主流媒体往智能化、集约化、平台化方向转型，从而实现全程媒体、全息媒体、全员媒体、全效媒体的良性发展。2020年2月，东南网较早引入人工智能AI主播"小晴"，用语音转化、视听转化两种内容生产方式，削减了疫情期间"足不能出户"的影响，提升了新闻报道生产效率，后来也被成功推

广到与外单位的专栏频道合作中去。同一时期，东南网还以信息服务为主导，联合多家科技企业打造了福建首个综合性公益服务平台——福建疫情防控公益服务平台，通过平台上新闻播报、信息收集、物资对接、远程问诊、复工复产岗位发布等18项功能满足了群众一站式信息获取的需要，紧紧黏附住受众，取得了良好的社会效益，如通过物资对接打通莆田40万斤滞销青枣的销路。平台随后又推出"海外版""台港澳版"。

东南网与专业技术公司的合作层级与深度不断推进，在下一代互联网协议IPv6部署、数字化展示、舆情数据应用、文本智能纠错等方面进行了深度合作，也逐渐从完全使用现有技术运维尝试向自主研发转型，"新闻媒体网站集群IPv6升级改造项目"入选全国IPv6规模部署和应用优秀案例。2020年，东南网协助研发运维了网信指令传达系统"指尖上的八闽"目前运行良好，自主研发的新时代文明实践中心应用程序在3个县实地部署；2021年，东南网联合福建日报总编室共建更新本地知识库，推出了集合政务用语和普通文本纠错于一身的本地化软件——啄木鸟智能文本纠错系统。这些本土化的项目不仅拓宽了网站运营创收的增值空间，也促使东南网技术部门开始谋划向专业技术型企业转型的可能路径。

第四节 对未来发展方向的几点思考

一、媒体融合进入改革深水区，顶层设计尤为重要

东南网从事业单位转型成为企业，体制改革已逐渐明朗，而实际运营中，从单兵作战到协同发展，机制改革道阻且长。主流媒体除了把住正确政治方向、坚持正确舆论导向外，在管理上更要重视策略导向，做好顶层设计，认清互联网发展形势，沉下心来研究市场规律，改革创新管理方式，根据自身条件科学合理决策，强化团队整体执行力，才能使有限的资源在可行范围内得到最大的开发利用。

二、保持内容的原创动力，需要完善治理机制，以产品思维增强内容变现能力

当优质内容变成稀缺资源，流量不再是衡量网站运营优劣与否的先行指标，进一步以产品思维增强内容变现能力，应当是下一阶段融合发展的重要课题。但谈到内容变现，绕不开的是版权纠纷问题。如何妥善处理官司，解决历史遗留问题？如何规范队伍，强化版权意识？如何用好原创内容，增强变现能力？一方面是"一键转发"为海量信息生成提供了便利，催生了随意用稿甚至篡改、洗稿等乱象，媒体融合可能导致以往的上网内容稿源归属不清、权责不明；另一方面，出于对自身内容创作的保护，业内争夺版权变现资源的现象也在增多，版权纠纷已开始从媒体与商业供稿公司之间向媒体与媒体之间转移，长此以往难免造成恶性竞争趋势。《著作权法》的实施对新闻单位维权有着积极的促进作用，但行业乱象还需要媒体和政府部门形成合力，从媒体公益属性这个基本点出发来化解矛盾，同时完善反侵权的治理机制。

三、传统媒体与新兴媒体融合，人才是竞争胜出的关键

媒体融合步伐走得快不快，很关键的一点是基础扎实、业务精湛的"一专多能"型人才是否充足。希望很美好，现实很"骨感"。主流媒体优秀人才的"出走"，呼唤着体制机制的变革。以思想政治教育为引领，跟紧发展趋势和潮流，有目的性地培养高素质的综合型人才，以合理的激励机制激发团队持久的创造力和行动力，才能在竞争中胜出。

四、放大媒体功能，形成"跨界"能力

媒体是文化产业中的独特一员，放大媒体自身功能，可延伸自身产业链，连接文创、影视、动漫等行业，发挥协同效应，降低经营风险。如通过跟影视公司开展主旋律电影合作，主流媒体参与电影的出品、宣发，使得单一媒介资源向多种媒介渗透，形成"跨界"能力，也是推动媒体文化产业发展能力的一种积极尝试。

专论：县级融媒体中心研究

第十九章 县级融媒体中心舆论引导力建设的特征及趋势

马莉[①]

作为我国主流传播体系"最后一公里"的县级融媒体，虽然单个体量小，但数量众多，覆盖面广，加强县级融媒体中心建设，是推动媒体融合向纵深发展的基础环节。2018年8月，习近平总书记在全国宣传思想工作会议上发表重要讲话，提出"要扎实抓好县级融媒体中心建设，更好引导群众、服务群众"，从国家战略层面提出了县级融媒体建设的发展方向。"十四五"规划也明确指出要"建强用好县级融媒体中心"。在党和国家一系列战略规划的推动下，县级融媒体经历了媒体建制重构和运行机制再造，逐步从数量增长期向提质增效期过渡。近两年，各地县级融媒体中心在融合与创新的同时不忘初心，稳步践行习近平总书记关于媒体融合发展的重要指示精神，因地制宜、大胆探索，不断强化"自我造血"的可持续发展模式，走出了一条县域媒体舆论引导力建设的新路径。

第一节 县级融媒体中心舆论引导的宏观特征

《关于加快媒体深度融合发展的意见》指出，要把县级融媒体中心建成主流舆论阵地、社区信息枢纽和综合服务平台。县级融媒体中心围绕中心、服务大局，强化引导功能和服务功能，在基层社会治理、引导主流舆论、乡村文化

---

① 马莉，宁夏广播电视台主任编辑，中国传媒大学硕士研究生，研究方向为网络新闻及新媒体。

振兴等方面的积极作用不断彰显。

一、参与基层治理：县融模式

"基层强则国家强，基层安则天下安"。基层治理是国家治理体系的基石。县级融媒体中心是基层宣传工作和精神文明建设的主渠道，在提升基层治理信息化、智慧化水平上开启了"县级模式"。

首先，党和国家的方针政策能否真正落实落地，关键要看基层。按照"媒体+政务"的理念，县级融媒体从单纯的新闻宣传向政务服务领域拓展，推进政务公开，强化解读回应，积极传播党和政府的声音。与此同时，在舆论监督上，县级融媒体是维护基层意识形态安全的主阵地，发挥着独特的作用。《一键问政》《直击一线》《清廉绵竹》《问政东乡》等栏目纷纷上线，直面群众关切和社会热点难点，做到句句有回应，事事有落实，受到了群众的广泛关注，节目收视率屡创新高，推动解决了大量社会问题。

其次，基层治理要坚持以人民为中心，提高基层服务能力，着力解决人民群众操心事、烦心事、揪心事，才能不断提升人民群众获得感、幸福感、安全感。县级融媒体发挥多渠信息平台优势，逐步深化数据共享开放，开通综合服务平台，面向用户提供政务服务、生活服务、便民缴费、交通出行、医疗服务、教育培训等，推动更多事项"掌上办"。基层综合服务突出民生事项，用服务聚民心，及时呼应人民群众多层次、差异化、个性化的新需求、新期待，更好地夯实了基层治理的根基。

再次，移动互联网时代，基层民众参与公共事务的热情空前高涨，县级融媒体是畅通和规范基层群众诉求表达、利益协调和权益保障的有效通道。北京丰台区融媒体中心"社区新闻发声人"，动员和鼓励社区群众直接参与到基层宣传工作中来，主动发现身边有"温度"的人，生动讲述社区有"鲜度"的事，让更多的群众成为新时代传递正能量的"网红"，助力基层社会治理和社区文化建设，激活基层民众的责任感，建设人人有责、人人尽责、人人共享的基层社会共同体。

最后，县级融媒体还是推动基层社会治理转型与治理能力提升的重要环节。通过互动栏目，在线收集群众、网民意见建议、问题反映，对接政府部门信息化平台，建立职能部门认领处置、纪检和组织部门督导问责的线下工作机制，成为了畅通民声民意的社会舆论"蓄水池"和社会情绪"拦河坝"。山东沂南县积极打造的"微网格、微心理、微平台、微队伍、微家风"五微共治的基层社会治理自治模式，将大量社会矛盾化解在基层，实现了"微事不出格、小事不出村、大事不出镇、矛盾不上交"。

二、引导主流舆论：守正创新

舆论主体多元性、传播渠道移动化、舆论生产情绪化，使得基层舆论引导和共识凝聚的难度大大增加。县级融媒体中心及时转变理念，牢固树立互联网用户思维，深度融入基层舆论生态，深刻影响基层舆论格局，增强公信力和传播力，成为了基层舆论引导体系的重要推动者。

一是推进信息生产领域供给侧结构性改革，用更贴近基层和群众、更符合传播规律的新闻作品和信息产品引导群众、服务群众。县级融媒体善于从普通人、普通家庭等小角度切入，用真实、励志、感人的故事，来展示国家政策和中央精神给人民生产生活带来的巨大变化。如长兴传媒集团的专题片《了不起的企业家》以老中青少四代人的奋斗故事讲述了浙江长兴工业发展40年的变化与成就；《我们的村干部》从产业、人才、文化、生态、组织五个角度讲述身边故事，以新担当、新作为展现乡村振兴的新气象。

二是既及时宣传和准确解读党的理论方针政策，又反映人民群众的意愿要求，做到党性和人民性的统一，打通基层宣传思想工作"最后一公里"。县级融媒体将工作重心下移，派出记者担任乡村宣传员，宣传党的方针政策和创新理论，上连天线，下接地气，实施乡村全覆盖，切实让基层宣传工作强起来，为新闻宣传事业注入了新的生命力。如尤溪县融媒体中心的《尤溪新闻》设置"今日话题""记者体验"等专栏，邀请党员干部和基层群众畅谈体会感想、细说发展故事、反映民情民意，大大提升了新闻节目的可看性和引导力。

三是强化价值引领，主动发现和输出正能量，增强民众的政治认同感与乡土认同感，凝聚思想共识、凝聚百姓人心。2020年2月，东乡区珀玕乡农村妇女李活英匿名捐赠4万元用于抗击新冠肺炎疫情。她捐款时的监控画面被东乡区融媒体中心编辑成短视频作品《收废品夫妇捐款4万不留名》发布，获得

342.4 万播放量及 24.5 万点赞。随后，中央广播电视总台、《江西日报》又作了深度挖掘和连续报道，相关图文在"东乡发布"微信公众号阅读量突破 10 万+。

三、服务乡村振兴：有为有位

乡村振兴，宣传先行。随着城乡数字鸿沟显著缩小，互联网已经成为推进乡村振兴的重要手段。县级融媒体充分发挥"全媒调度、全网传输、全域覆盖"的优势，在县域资源推广、乡村数字信息共享、乡村文化繁荣等方面优势明显。

第一，乡村振兴要持续推进，靠"输血"远远不够，更重要的在于本地自身具备"造血"功能。县级融媒体深谙本地特色，在拓宽信息面、提供帮扶渠道，打造可持续发展的产业链方面具有先天优势。广东高州市融媒体中心举办的"果乡·广东高州荔枝美食厨王争霸赛"，通过现场直播、短视频、图文宣推，打造了一批"网红餐馆""网红厨师"和"网红菜式"，不仅有效缓解了高州荔枝因密集上市造成的滞销，增加了果农收入，还带动了城乡荔枝饮食文化的兴起，许多顾客慕名而来品尝冠军菜"贵妃寻梦"，间接带动了乡村旅游和服务业的发展。

第二，信息技术的广泛接入、内容生产的融合创新、公共管理的高效智能，是县级融媒体构建全媒体传播体系的数字基础，同时打通数字共享的"最后一公里"也是县级媒体融合创新的使命和责任。县级融媒体的记者走进田间地头，了解农民生产销售需求，及时推送农业信息引导农民调整种植结构；拍摄制作农科技术讲解视频，同步上线网上课堂，帮助农民提高农产品质量和生产效率；将媒体平台与企业信息平台连接，发布市场动态，提供电子商务服务；通过图文推送、专题报道、电视消息、短视频宣传优惠政策，刊播特色项目招商宣传片，吸引乡贤企业家回乡投资，从根本上提高农民群众致富能力。

第三，我国县域经济有很多优质的潜在资源，如生态旅游、传统工艺、乡村艺术等，亟须用有效的人文治理方式将其盘活、转化。县级融媒体善于资源整合与推广，可逐步探索"媒体+文化""媒体+文创""媒体+教育"的模式，推动乡村文化产业实现社会效益和经济效益双赢。北京大兴融媒体中心利用区内红色资源，挖掘平南红色文化，策划了一系列融媒产品："我们一起学党史"系列短视频；"党史百年天天读"专栏；5 集纪录片《平南记忆 红色大兴》；

15集原创评书《千年风雨话大兴》；制作H5《星火地图》《建党百年手绘》；在政务微博设置#我们一家都是党员#、#我的第二生日#、#北京红色印记#等互动话题；推出建党系列"红直播"，以及"致敬百年 百日打卡"活动，参与人数超12万、阅读量30万+、收集好评无数，完整绘制了大兴区党史学习教育网红打卡地图，让踏寻"红色之旅"成为群众生活新风尚。

第二节 县级融媒体中心舆论引导的微观特征

县级融媒体是中央和地方与基层百姓的"中间"环节，承担着"上情下达、下情上传"的核心任务。在不断增强"四力"，做强基层"四全"新型主流媒体的转型赛道上，"长兴模式""分宜模式""尤溪模式""项城模式""安吉样本""浏阳现象""玉门方案""贺兰经验"等竞相领跑。

一、内容创优：精耕本土引导群众服务群众

优质的内容是融媒体时代多元与高效传播的根本。本土化、贴近性是县级融媒体最大的优势。精耕本地内容，讲好本土故事，传播本土声音，做好本地服务，成为县级融媒体的立身之本、成事之基。

1.本土新闻出新出彩。县级融媒体遵循"本地人写，写本地事，给本地人看"的原则，鲜活呈现本土好故事、好人物、好画面，大量地域性原创新闻连连刷屏，美丽乡村、典型人物、特色农产品的出镜率、阅读量、点赞量节节攀升。河南郏县的《豫味老家 乡愁郏县》、新疆兵团第十师的《胡拥军：将忠诚镌刻在边境线上》、北京丰台区的《卢沟桥畔一场跨越年龄的对话》、湖南长沙雨花区的《疫情防控"夫妻档"，有一种浪漫叫与你并肩战"疫"》等一大批优秀作品，荣获"学习强国"平台2021年全国县级融媒体中心优秀作品双月赛大奖。

2.精品栏目叫好叫座。富有泥土气息和人性温度的专栏，是县级融媒体，提升节目可看性和吸引力，增强本土用户黏性的制胜法宝。长兴传媒集团的民生栏目《小彤热线》是浙江省新闻名牌专栏，近距离关注本地百姓生产生活，

深受本地受众欢迎。玉门县的《百姓有话说》、项城市的《马上就办》、大兴区的《言之有理》，还有新冠肺炎疫情防控期间仁寿县的《无接触购物》栏目等，都是跟老百姓拉家常，为老百姓办实事的"贴心人"。

3. 爆款视频破圈突围。县级融媒体的传播触角要想突破区域限制，跻身头部流量圈层，不仅要在重大主题、重磅消息、重要活动、重大危机面前不缺位、站稳位，还要以足够专业的新闻敏感，抓住全国性热点，全国性话题，以及美景、美食等全民关注点。在"锦绣中华·大美山川"微视频大赛中，《尤溪 ONE DAY》和《福之洲·绿之城》作为"这里是福建"的代表作在"央视新闻＋"展播。2019年第十四届中国（浏阳）国际花炮文化节期间，浏阳市融媒体中心通过开幕式晚会和焰火大会两场直播，《今日，浏阳朋友带你去看烟花的"奇幻之旅"》等9个"爆款"短视频，收获全媒体传播总量突破4700万人次，话题播放量达到2273万人次，创造了品牌节会融媒传播的"浏阳现象"。

4. 践行公益大爱有声。县级融媒体"想人民群众所想、急人民群众所急"，以服务基层群众、传递社会担当为宗旨，策划和报道公益活动，收获了民众褒评，产生了社会共鸣，引导力、传播力、公信力进一步强化。浏阳的"爱心早餐"不仅给予了环卫工人一份关切，还在社会营造了奉献爱心的良好氛围，彰显了一座城市的情怀，展现了公益力量的汇聚。长兴传媒集团整合电视栏目《温暖》、报刊《星星公益》、广播《和美之声》、新媒体《为爱发声》等四大公益品牌，常年组织开展各种公益宣传。"智慧尤溪"客户端上线的"公益求助"、"北京丰台"客户端推出的"有事您说话""公益短视频"等，切实履行媒体社会责任，贴心服务群众、帮助弱势群体。

二、机制创活：开发人才激发动能再造优势

截至2021年3月，我国县级融媒体中心挂牌超过2400个，基本上均被列为县委直属（正科级）公益一类（或二类）事业单位，归口县委宣传部管理。一批先行先试的县级融媒体中心，从初建起，就由县委牵头宣传、发改、财政、人社等部门，在政策、资金、人才等方面开足"绿灯"，为融媒体中心的可持续发展保驾护航。

1. 重塑组织架构。县级融媒体按照采编、经营两分离原则，根据升级再造

全平台生产流程的要求，采用中心制或部门制，有的还探索了工作室制。管理层进一步完善党委会领导下的事业法人治理结构，实行编委会抓新闻主业、经管会抓产业经营、行管会抓行政后勤保障，在明确分工的同时又以项目为抓手紧密合作，实现事业产业双丰收。在事业单位企业化运营的政策指引下，一部分县级融媒体积极培育市场主体，进一步推进"融媒体中心+国有公司"的运行体制改革，实施项目市场化管理、公司化运营，为产业发展注入了新的生机与活力。

2.改革分配制度与激励机制。打破身份、职位、职称限制，实行"同岗同责、同工同酬、优劳优酬、灵活轮岗"制度，以全员绩效考核的方式，将待遇向业务带头人、业务骨干、项目负责人、一线艰苦岗位倾斜，大幅提升了员工的工作激情和活力。浙江长兴还在此基础上，建立了中层管理人员和业务骨干双轨提升机制，进一步打通晋升通道，对前者实行中层年薪制，对后者采取特殊人才年金制和首席人员首席待遇制，为员工提供了充足的成长空间。

3.完善人才队伍建设。高质量发展离不开高层次人才。县级资源相对薄弱，区域市场小，引进人才、留住人才、培养人才、发展人才是县级融媒体当前面临的一场大考。面对人才瓶颈，县级融媒体坚持对外引才选优、对内培强育优，下大力气打造一支能够适应媒体融合发展和互联网平台运营，涵盖内容生产、商业运营和技术支持等多专业能力的人才队伍。广东高州市融媒体中心通过"走出去"与"引进来"，扩大与省内外高校合作，建强县级融媒体建设研究实践基地，以特聘、特邀、兼职等方式吸引优秀人才。湖南浏阳市融媒体中心通过开办专题培训、邀请专家讲座、派出骨干参加实训等方式，引导现有人员向全媒体人才转型。西部欠发达地区，人才困境尤为突出，但换个角度来看，这些地区虽然引进人才困难，却成长出了一批深入田间地头、厂矿车间，和人民群众坐在一条板凳上谈心交心，深受基层人民欢迎的"土记者"。

三、产业创效：服务变现资源创收多元经营

媒体融合事业的长期稳定发展依赖于新媒体商业模式的创新。县级融媒体只有抓住移动互联网发展红利，围绕县域经济发展重心，紧扣基层百姓消费需求，重塑商业模式，在做大做强主业的同时提升服务和营收能力，才能更好地做强产业，反哺主业。

1."融媒+服务"。运维当地政务新媒体和承接县区内各单位宣传项目是目前县级融媒体通行的增量业务。以移动互联网技术为依托，以新媒体执行团队为卖点，为合作单位提供新闻宣传、信息发布、数据共享、新媒体托管、账号运维、技术研发等一对一精准服务。如江苏邳州市融媒体中心的"政企云"项目，以银杏融媒平台为载体，吸引全市50多家政企单位合作，实现直接创收500多万元。此外，一些内容创制能力强的县级融媒体中心还拓展了出县跨省业务。福建尤溪充分利用人才优势，承接其他省市宣传片、纪录片、微电影的拍摄制作业务，精湛的技艺赢得了客户的普遍认可，一部质量上乘的佳作可获利200多万元。

2."融媒+活动"。县级融媒体还面向市场探索多元经营，为企业提供线上线下的策划、创意、推广、执行"一揽子"解决方案，间接带动或直接参与产品销售，助力客户树立品牌形象、打开更大市场。河南项城融媒体中心利用良好的公信力为房地产商免费发布广告，销售楼盘，每套盈利5000元，仅此一项增加收入800多万元。各类大型庆典、晚会、展览、展销会、旅游节，以及一些专业领域活动、颁奖典礼、成果展示汇演等，也是县级融媒体探索多渠道增收的市场蓝海。2018年分宜县融媒体中心在此类经营项目中实现经营收入1200万元。浏阳市融媒体中心每年承办政府、单位、企业以及跨区域活动200余场，全程开展全媒体直播，"直播浏阳"品牌深入人心。

3."融媒+商贸"。县级融媒体以互联网营销为突破口，尝试全媒体销售，主持人带货、孵化主播等，进一步激活了本地名优产品和特色旅游，为县域经济发展添注动力。河北香河融媒体中心创立了中国（京津冀）广播电视媒体融合发展创新中心（香河）短视频拍摄基地。基地打造的农产品电商培训基地，根据果农、菜农的需求，直播带货，帮助广大农户拓宽销售渠道，让农户学会"吆喝"。并依托香河融媒体平台百万粉丝号，为本地农产品进行推广引流，成为了广大农户的"经纪人"。

第三节　县级融媒体中心舆论引导的传播特征

2020年9月，中共中央办公厅、国务院办公厅印发了《关于加快推进媒体深度融合发展的意见》，指出"要按照资源集约、结构合理、差异发展、协同高效的原则，完善中央媒体、省级媒体、市级媒体和县级融媒体中心四级融合发展布局"。在全国一盘棋的媒体深度融合进程中，县级融媒体要牢牢占据基层舆论引导、思想引领、文化传承、服务人民的传播制高点。

一、多端一体：借梯登高多级联通同频共振

在传播体系方面，结合自身定位及特点，县级融媒体通过建设自主可控的采编平台，按照"一省一平台"的综合布局，接入省级新媒体平台，实现了媒体资源统筹共享，形成了省、市、县互联互通互动的新闻素材库和新闻生产链。在一手新闻和特色新闻的获取上，县级融媒体对省市级媒体，乃至中央媒体都有着极大的优势互补。四级联动，互联互融已经成为应对重大主题宣传、突发公共事件和社会热点话题跨越式提升的重要抓手。如分宜融媒体中心打通传播渠道，形成了省、市、县新闻宣传协同作战的"羊群效应"。

在技术支撑方面，由省级平台提供技术，县级融媒体以合作共建的模式，加强与省级云平台的资源对接，内容共享，服务共用。如东乡区融媒体中心与江西省级平台"赣鄱云"合作，实现了媒资数据归集、完成了视频会议系统和省级技术平台数据埋点建设，建成了依托省级技术平台客户端设置专门板块为主要载体的移动传播矩阵。

在上行渠道方面，县级融媒体利用第三方智能化技术平台建立自己的信息出口，积极入驻人民号、央视频、现场云等国家级主流媒体平台，开通抖音、快手、视频号、今日头条等商业平台账号，并源源不断地推送优秀作品。新华社和中央广播电视总台还分别上线"县级融媒体专线"和"全国县级融媒体智慧平台"，助力县级融媒体形成渠道丰富、覆盖广泛、传播有效、可管可控的移动传播矩阵。如央视新闻移动网在其客户端"央视新闻+"开设"最前沿县级融媒体"入口，从节目研发、技术支撑、内容分发、媒资共享等方面为县级

融媒体中心进行全方位赋能，并启动"联合报道计划"，由央视联合县融矩阵，重点打造了"庆祝新中国成立70周年之盛锦中华""新时代达人·72小时打卡最美乡村""我给两会带个言"等多个系列报道项目。

在下沉扩容方面，县级融媒体进一步与市区县、乡镇村的各级政府部门、企事业单位微信公众号等宣传平台融合，构建微信矩阵，实现同频共振、二次传播，延伸覆盖面，放大传播效应。北京大兴区成立"融媒体分中心"覆盖全区街镇和重点委办局，构建起新闻发布的"同心圆"，形成"1+N"的多层多点分中心架构。

二、精准有效：全媒矩阵分众传播分类覆盖

在全媒构架方面，县级融媒体中心将当地广播电视台、党委政府网站、内部报刊、官方客户端、微博、微信公众号等所有县域公共媒体资源整合，形成了"一次采集、多种生成、移动优先、全媒传播"的格局。"中央厨房"或"新闻中心"是具有中心指挥功能的流程中枢，可以实现统一指挥和集中调度、资源整合和及时共享、运营管理和业绩考核等多样化功能，让不同的媒体平台协同作战，最大化地发挥传播优势。

在精准推送方面，遵循不同类型媒体传播规律，深入分析不同受众需求、不同渠道特点，有针对性地调整新闻宣传策略，进行内容再造，多端发布、分众传播、分类覆盖。如北京海淀区融媒体中心主动对接海淀区"两新两高"战略实施、中关村科学城建设、智慧城市建设，推出《你好，北区》宣传推介活动，以"场景+体验+互动"形式带领网友走进中关村科学城北区，人工智能、IPv6、石墨烯等前沿技术大量"圈粉"，6场活动总访问量超过3000万。

在传播效果方面，宣传群众、凝聚群众、服务群众，将县域受众的目光重新聚集到基层媒体上来，切实增强基层媒体的传播力、引导力。江西共青城融媒体中心结合党的基层阵地资源整合，将新时代文明实践中心、党群服务中心、基层公共文化服务中心与融媒体中心平台融通联动、资源共享，加载"点单派单系统"，推出居民点单、中心派单、志愿者接单、群众评单的精准服务模式，真正使生活服务精准贴近居民需求。

在个性化传播方面，创新报道内容、报道方式和手段，将传统媒体的深度

与新媒体的灵动相结合，运用H5、图表、动漫、直播、VR、互动小游戏等手段，制作短视频、VLOG、快闪、微电影、微纪录片等多种产品样式，满足了受众多样性的媒介接触偏好，特别是吸引了不少年轻受众。长兴传媒集团以"五水共治"为主题制作的H5《寻水的鱼》网络活动人数超50万。北京大兴融媒体中心推出的《VR全景看机场》4天时间阅读量超50万，点赞量4500余人次。

三、多维互动：圈层社交发动群众敢言会言

就社交图谱而言，三四线城市和县域乡镇正在成为互联网社交崛起的主导力量。亲戚、同乡、同宗、同族、左邻右居——社交群体的圈层逻辑在基层社会依旧是显效和有效的，其社交关系本质上还是最基本的熟人信任社交。县级融媒体更能发挥地域特色，解读当地文化，用当地老百姓的语言和表达方式传播信息，让受众喜欢听、听得懂，才能悟得清。温州鹿城区融媒体中心推出系列方言短视频《爸妈，听话！预防新冠肺炎，请听闲婆张大姐5句劝》一度获得32万+的点击量。正是将媒体站位置身于基层民众真实的生活场景，在尊重公众权利的前提下，秉承与基层民众协商沟通的平等视角完成意见传播的典型。

就反馈路径而言，县域媒体受众面小，反馈渠道随之缩短。受众及时反馈，媒体迅速回应，受众与受众之间也能便捷地进行线上线下的互动交流，如此强互动性增强了信息的引导力，而对基层反馈的跟踪与了解，更是县级融媒体舆情监测的重要一环。北京大兴区的"老街坊"记者团、丰台区的"社区新闻发声人"，将镜头对准群众，把话筒交给百姓，广泛发动群众，引导群众发声，从信息源、核心议题、价值理念等方面，作出正确的疏通和引导，在化解基层矛盾，消除社会隐患中发挥了重要作用。

就舆论生态而言，基层社会呈现出新旧观念冲突、价值多元、复杂多变的态势。县级融媒体树立用户思维，通过议程设置培养意见领袖，借新媒体平台之力，把"部门管理者"变成了"综合服务者"，把"信息接收者"变成了"内容生产者"。四川仁寿县融媒体中心为政府职能部门开设栏目，并交由对方管理和使用，社区、医院、学校、企事业单位和个体，都可以注册"仁寿号"利用后台功能制作发布内容；古蔺县融媒体中心推行"全民宣传"的理念，建成覆盖乡镇、村、社区的364人"全民通讯员"队伍，发稿量、浏览量、转发量

均大幅提升。

就舆论引导而言，县级融媒体是政府与基层受众之间沟通的桥梁。一方面，要用权威准确的信息、全局理性的观点与群众意见主张进行合理沟通，引导基层民众的多方意见达成共识；另一方面，要做政府与基层群众关系连接和情感沟通的纽带，以人为本，传递温情、传递社会责任。2020年初新冠肺炎疫情期间，有太多感人的真实故事、民间力量。成都市双流区融媒体中心《老婆，辛苦了！女儿，爸爸欠你一个拥抱……》感动和激励了全区干部群众，以"正能量"引导基层民众"心连心、肩并肩"，众志成城，齐心战"疫"。

第四节　县级融媒体中心舆论引导力建设趋势前瞻

我国县域疆土幅员辽阔，东中西部地区经济发展不平衡，乡村人口比重较大，县级媒体资源基础薄弱。在加快推进媒体深度融合的崭新机遇面前，县级融媒体转变观念，锐意进取，建设和运营都上了一个新台阶。但长远规划不够、人才队伍匮乏、内生动力不足、服务意识不强、集群效应不显等现实困境，也制约着县级融媒体的舆论引导力建设和进一步的长足发展。立足当下，县级融媒体要按照国家顶层设计，落实相关规范要求，通过区域合作促进平衡发展，通过技术驱动紧跟行业进程，通过多级联动实现可持续发展。着眼未来，5G和AI带来的技术更迭，将再次推动传媒产业演进升级，县级融媒体要顺势而为，依托新技术的合理化应用赋能基层新闻宣传与综合服务，用更科学更先进更可持续的方式来加强基层舆论引导力建设。

一、亲民化

县级融媒体与当地受众具有强连接性、强关系性，大大提高了信息传播的认同感，而深耕本地长期树立的独特形象，也持续强化着受众的记忆度。因此，亲民化将是其舆论引导力建设的趋势之一。内容的亲民化表现在从拼海量向拼质量转变，从聚容量向聚人心跨越，从内容优势向传播优势和发展优势转变；

技术的亲民化表现在平台与需求连通，注重用户体验。

湖北省保康县融媒体中心始终坚持"以人民为中心"的发展思路，坚守"与生活同源、与群众同心、与时代同行"的目标方向，新闻报到"心坎上"，服务汇聚"同心圆"。线上打造人民群众"手尖上的保姆"，线下设置新时代文明实践站，开通"群众点题"志愿服务，回应群众诉求，目前招募志愿者44359人，服务群众2万多人次。江西大余县5G智慧电台开播，在实现全平台高效传播的基础上，通过5G智慧电台连通覆盖城乡的应急广播大喇叭，把党和政府的声音送到田间地头，打通了引导群众、服务群众"最后一米"。

二、视频化

5G时代，传播渠道的低层次信息技术升级后，图文的传播地位无疑会被再次削弱，"视频+"的地位将进一步巩固。随着AR、VR、大数据、云计算等技术成熟度不断提升，新视听产业将通过对沉浸感、参与度、永续性等特征的要求，激发媒体采用诸多工具、平台，协同联动，提供超量优质内容。

县级融媒体需适时引入"5G+4K"全媒体直播、虚拟演播室、3D建模、动漫等视频新技术，扩展视频类的产品。北京丰台区融媒体中心将全媒体超高清融媒虚拟演播室、5G视听平台、融媒指挥中心、融媒创新产品展示等统一规划建设，打造具有前瞻性的网络视听新技术集成应用平台和互动体验终端。"直播+活动""直播+展览""直播+导游""直播+教育""直播+电商"……一些县级融媒体已经形成了"直播+"常态化。甘肃玉门融媒体中心采用"5G+4K"传输，以VR全景呈现的方式，打造"沉浸式"直播，让网络观众零距离感受活动现场氛围。

三、智能化

随着人工智能技术的发展，构建一个网络互联、万物皆媒的智媒传播体系已经成为可能，这对县级融媒体中心的发展来说既是机遇也是挑战。在AI技术的支撑下，信息传播和舆论引导的移动化、社交化、智能化特征将更加明显。

AI赋能县级融媒体中心的生产流程，将大大提升新闻采编效率，丰富宣传形式。人脸识别、自动拆条、智能写稿、会议机器人、沉浸式虚拟机器人……

浙江德清县融媒体中心通过 30 余款媒体机器人，助力采编人员更好更快处理新闻，还能利用"媒体大脑"、AI 虚拟主播、时政动漫平台等智能化工具，对新闻素材进行自动分类，高效率、智能化生产文字、图片、AI 主播视频、数据新闻等全媒体产品。

县级融媒体中心正在不断探索"智慧融媒"发展新路径，为用户开创更加丰富多元的、能够充分满足受众个性需求的应用场景，这将极大提升舆论引导的能力和效果。智慧工业、智慧园区、智慧农业、智慧安监、智慧 IP 广播、车联网等，都将在智能技术助力下，为基层社会综合管理保驾护航。2020 年，北京海淀区融媒体中心建立了全国首个区级"智慧城市融媒实验室""5G 融媒实验室""AI 融媒实验室"，坚持以先进技术引领驱动融合发展，重塑媒体格局。

未来已来。顺应万物互联、万物皆屏、万物皆媒的趋势，新一轮的技术迭代将推进我国媒体高质量融合发展，县级融媒体中心将进一步提质增效，打造立体互联的传播格局，为基层舆论引导力建设注入新活力。

第二十章　黑龙江省海伦市融媒体中心基层舆论引导能力建设研究报告

彭柏青[①]

海伦市融媒体中心的前身为海伦市广播电视台，按照习近平总书记关于推进县级融媒体中心建设的指示要求，海伦市融媒体中心于2019年9月30日挂牌成立，是黑龙江省首批13家获得互联网新闻信息服务许可证的县级融媒体中心，将海伦市广播电视台和海伦广播电视网整合为16个科室，属性为正科级公益一类事业单位，对器材设备、固定资产、人员编制、业务功能进行充分整合。合并海伦市广播电视台、海伦市政府网站及海伦市委宣传部新闻组，实现了市域新闻宣传和舆论引导"一盘棋"。通过与省级技术平台对接，构建了"一次采集、多种生成、全媒传播"的全新工作模式，将传统广电媒体"单一、定向、固定"的传播方式和相对简单的节目形式，变为新兴媒体"多屏、移动、社交"的融合传播方式和多样态融合产品，做到同步发声、同向发力、同频共振，不断提高新闻舆论的传播力、引导力、影响力、公信力，让党的声音传得更开、传得更广、传得更深入。

海伦市融媒体中心与中广有线海伦分公司原为一家，后因中广有线海伦分公司转变为企业分为两家单位，但始终在一起共同办公，所以在本地化资源倾斜方面，中广有线海伦分公司对海伦市融媒体中心与龙江网络专线对接给予了大力支持。

[①] 彭柏青，黑龙江海伦市融媒体中心主任。

第一节　发展亮点

一、基础设施

一是完善各项制度。首先是制定完善了《海伦市融媒体中心安全播出制度》《海伦市融媒体中心"三审"责任制度》《海伦市融媒体中心各类节目播发流程》等工作制度。其次是延续完善《海伦市融媒体中心奖评机制》，新闻稿件奖励分为 A、B、C 三档，以评比促进节目质量提升。

二是完善人才队伍建设。其一是先后到国家试点县通河县、宝清县、宾县和省广播电视台学习考察；其二是多次邀请省龙江网络公司技术人员及中广上洋有限公司技术人员到中心开展讲座培训；其三是多次组织员工进行集中座谈，观看学习其他地区融媒体中心直播情况；其四是通过向海伦市委、市政府争取，为中心 7 名无编制工作人员（包括记者、制作员、技术员）解决身份问题，该 7 名工作人员的身份从临时工作人员转变为政府购买工作人员，促使其能安心工作、避免了人才流失问题。

三是改建办公场所。投资 80 万元完善北侧楼房办公场所，打造建设了海伦融媒小主持人培训基地。基地教师由海伦市融媒体中心专业主持人担任，同时将定期不定期邀请省融媒体中心、绥化市融媒体中心、知名艺术院校从事播音主持工作的主持人、编辑记者与知名音乐教师，通过"专业人员＋音乐教师"的方式，多方位、深层次指导学生，促进孩子全面发展。目前有学生 100 余人，除为学生提供学习平台外，每周还为优秀学生提供电视播音、电视出镜的实践机会。

四是改造升级设备。投资 380 万元（国家分三年投入 150 万元，地方投入 230 万元），建立指挥调度中心、搭建"中央厨房"平台及编辑中心更新改造。通过与省级技术平台对接（黑龙江广播电视网络股份有限公司），实现策划选题、内容采集、编辑、审核、发布、监控、评价、反馈等一整套生产发布流程，构建"一次采集、多种生成、全媒传播"的全新工作模式，将传统广电媒体"单一、定向、固定"的传播方式和相对简单的节目形式，变为新兴媒体"多屏、移动、社交"的融合传播方式和多样态融合产品。实现区域内的最大范围传播，提升主流媒体在网络空间的传播力和影响力。融媒体指挥调度中心的成功建设，可实现集中办公生产，完成在线指挥调度，主要包括区域地图、线索跟踪、终端调度、热度排行、生产动态、发布数据、热词分析、选题发布、播控监测等内容的使用。尤其在2021年开展党史学习教育活动时期，融媒调度指挥中心更是发挥了巨大作用，通过全媒传播格局的成功构建，不仅实现了"党史＋疫情防控""党史＋文化""党史＋乡村振兴""党史＋经济发展"等方面内容的统一发声，更加为海伦市推进"一都五城"建设营造良好舆论氛围、凝聚磅礴精神力量。

二、工作创新

海伦市融媒体中心原有电视宣传类节目《海伦新闻》，主要报道海伦市主要领导、各乡镇街道、市直各部门工作动态等相关情况；新媒体平台有"海伦市融媒体中心""海伦网信"两个微信公众号，除及时转载、发布海伦市主要领导、各乡镇街道、市直各部门工作动态外，还及时转发党中央、省委、绥化市委、海伦市委最新政策法规及人民群众关心关注事项。为扎实推进县级融媒体中心建设，海伦市融媒体中心陆续推出新的电视栏目、新媒体平台，拓宽宣传路径、提升宣传覆盖面。

一是创建"海伦融媒"手机APP。海伦市融媒体中心在打造全媒体平台的同时，重点推出"海伦融媒"手机AAP，该APP是一款专为海伦市民打造的新闻资讯本地服务软件，实时更新发布本地的权威新闻和资讯内容，用户可随时随地了解周边发生的重大生活事件，以及享受便捷的吃喝玩乐购服务体验。APP设有资讯、视听、服务、政企四大板块，并可同步播放海伦新闻综合、黑龙江都市、黑龙江卫视和CCTV1、CCTV3、CCTV13等多个频道的电视节目。2020年"海伦融媒"手机APP在全省手机APP转发推送量排名第一位200余天，其中连续80余天位列全省第一。同时还利用APP直播功能，先后开展了"'颂歌献给党　启航新征程'海伦市庆祝中国共产党成立100周年文艺演出""'阳光心态　快乐人生'心理健康讲座"等直播活动。除高度推进"海伦融媒"手机APP发展外，中心还高度配合黑龙江广播电视台工作，"极光新闻"推出以来，中心"极光新闻"关注量、下载量都位于全省第一。

二是成立"海伦融媒"微信公众号。2019年12月成立的"海伦融媒"微信公众号，设有"抗击疫情""精品栏目""便民服务"三个栏目。每天根据近期群众关注、关心的事精心选取资讯，及时上传，每天群发5次、120条信息，并利用留言功能与粉丝沟通。目前拥有粉丝二万余人。成立"海伦融媒"微信公众号前，中心拥有"海伦市融媒体中心"和"海伦网信"两个微信公众号，"海伦市融媒体中心"主要发布《海伦新闻》及相关其他视频类节目，"海伦网信"以发布领导动态、政务信息为主，两个公众号发布便民信息较少，新成立的"海伦融媒"微信公众号有效弥补了这一短板。尤其在2020年新冠肺炎疫情发生后，中心三个微信公众号及时发布海伦市应对新冠肺炎疫情实际举措、疫情防控科普知识、转发推送上级相关报道，占领舆论主阵地，有效弥补了电视新闻、讯息在固定时段播出的短板，可以让市民在任何时间、任何地点了解到想知晓的动态和知识；并在"海伦融媒"微信公众号中开办了《党史》专栏、在"海伦网信"微信公众号开办了《建党百年 学史明理》《学党史 办实事》专栏，在微信公众号醒目位置设置"学史明理、学史增信、学史崇德、学史力行""学党史、悟思想、办实事、开新局"等标语口号。

三是打造抖音、快手官方账号。在全绥化市率先开通抖音短视频号、通过官方认证，粉丝1.2万，发布作品1836个，获赞6.7万，点击量1388余万。快手号发布作品1318个，粉丝1.1万，获赞5.8万，点击量1300余万。抖音、快手官方账号均畅通了评论互动功能，充分发挥网络评论员作用，及时引导、辟谣、解惑。同时依托快手平台，投资十万元，于2020年4月成立"海伦融媒快手直播号"，直播内容主要为可助力群众增收的农副产品。2020年共进行了15场直播活动，销售金额200余万元。2021年，"海伦融媒快手直播号"进一步扩大直播范围，针对人民群众关心、关注的事项，增加了文化旅游、疫情防控、党史教育、农牧业技术知识、法律常识等方面内容，截至目前，共开展了13场直播活动（其中关于党史学习教育直播活动7期）。以海伦市满族剪纸第四代传承人傅清超创作党史系列剪纸为契机，通过直播互动形式，进一步宣传学习党史和开展党史学习教育的重大意义，同时还邀请市老促会、市档案馆同志以直播形式开展党史直播教育活动。同时中心还组织相关工作人员每天及时在抖音、快手3个账号上发布"主播说天气"，进一步满足人民群众需求。

四是创建新栏目《硒都视界》《硒都美食》。对专题专栏节目进行改版、重组，创办的《硒都视界》栏目填补了市大型综合板块类专栏节目的空白。《硒都视界》是一档大型综合板块类新闻节目，由本期头条、新闻新看点、记者微视角、边看边聊、家谈巷议、法理在身边、健康指南针等十余个板块组成，每个板块均以全新的角度、不一样视角去报到关于脱贫攻坚、市政建设、农业农村发展、富硒产业、民生事业、生活小常识、文化旅游、休闲观光等方面内容，截至目前，已播出《硒都视界》107期。《硒都美食》是一档以展示家乡海伦特色美食的节目，以主持人现场品尝、点评的形式让家乡市民了解更多家乡美食。

三、项目建设

一是完成海伦市应急广播建设。该项目资金来源：国家级贫困县国家全额投资436万元用于应急广播建设（全省只有拜泉、青冈、海伦三个深度贫困县）。

海伦市应急广播建设项目完成后，将对海伦市的社会生活产生积极重要的影响，主要体现在以下几个方面。

1.能够充分发挥广播电视台、无线广播电视发射台、广电网络等多种类型广播电视传输资源的效益，并通过完善和加强现有广播电视传输覆盖体系，实现"规划设计统一化、平台建设层级化、传输网络综合化、终端部署多样化"，丰富广播电视传输手段和形式，提高海伦市公共文化服务水平。

2.在健全应急预警机制、提升应急保障能力、应对突发公共事件中的同时，还将有力推进农村广播事业的发展。

依托海伦市应急广播项目，海伦市融媒体中心积极制作村村通"大喇叭"，其内容包含党中央政策法规、中国共产党百年华诞、党史学习教育、疫情防控、文化旅游、移风易俗等方面内容。

二是建设丰山电视转播台。丰山电视转播台建设项目是海伦市融媒体中心通过向海伦市发改局主动申请，报送省发改委、省广电局批准后，总投资200万元的建设项目，其中国家投资160万元、地方财政匹配40万元，项目目前正在建设中。

项目建成后使电视信号覆盖周边6个乡镇，有利于解决乡村电视信号无法覆盖的问题，对于促进海伦市广播电视事业的发展、繁荣基层文化、实现"高质量、不间断、既经济、又安全"优质播出可起到积极作用。

第二节 舆论引导实证研究

在新闻宣传和舆论引导上，海伦市融媒体中心积极发挥主流媒体的正确舆论导向作用，积极引导大众如何理性地、辩证地看待纷繁复杂的社会现象和社会问题，彰显主流媒体的独特价值。

一是在解读党中央、省委、绥化市委、海伦市委精神方面，在《海伦新闻》中开辟相关专栏、在《硒都视界》中深入挖掘，及时报道海伦市主要领导、各乡镇街道、市直部门贯彻落实上级精神的相关情况；在《海伦新闻》中以专访的形式对市委党校、市委学习室等部门通知进行专访，对上级精神进行解读。

二是在民生新闻报道方面，重点强调选题的意义价值与现实根据、采访时机的把握、采访对象和采访地点的选择等，践行"用事实说话"的原则，达到求解、验证的目的，真正起到新闻监督和舆论引导的积极作用。

三是在重大危机事件干预方面，充分利用海伦市应急广播在全市 23 个乡镇、243 个行政村全覆盖的优势，根据不同时期、不同时间节点，选择不同宣传内容的广播音频在 243 个行政村全天候播放。

其一，在新冠肺炎疫情发生以来，通过应急广播及时播放国家、省市最新疫情动态、疫情防控知识、相关政策法规等方面内容，促进人民群众及时知晓最新、最真实的动态讯息，引导人民群众做到不造谣、不信谣、科学防控。

其二，在防汛期间，充分利用应急广播覆盖面大的优势，及时、准确播放灾害天气预警信息、防汛知识、周边雨情、水情、汛情等信息，将防汛信息第一时间传遍各乡镇村，指导全市广大党员干部群众有效应对，对做好汛期的预防、应急和救援工作，增强防灾减灾能力，发挥了不可替代的宣传作用。

其三，在脱贫攻坚转向乡村振兴的转折期，利用应急广播及时播发党中央相关政策法规，乡村文明、自立自强等人物的典型事迹，进一步引导人民群众尤其是已脱贫户和边缘户通过自己的双手巩固好来之不易的脱贫成果、走上更加幸福、富裕的小康之路。

四是在对外宣传方面，始终以"唱响主旋律，打好主动仗"为工作目标，有计划的组织开展了全市各项工作的深度报道。截至目前，在中央广播电视台、黑龙江广播电视台、绥化广播电视台等上级媒体中共播发稿件 300 余条。其中

"就地过大年 千里共'回味'"取得两进央视、一进新华社、一进"学习强国"、三进省台、两进绥化的好成绩；"海伦：赶着大鹅奔小康"取得一进央视、一进省台、两进绥化的好成绩；"海伦：抢抓农时 水稻插秧全面展开"于2021年5月13日在CCTV17《农业农村》中国三农栏目中播出；完成省台春节特别系列报道四期——"牛年我最牛三""牛转乾坤 牛气冲天""牛运亨通 牛年我最牛""牛年我最牛 海伦剪纸传承人傅清超"；完成省台约稿《砥砺奋进新征程》，该报道在全省两会特别节目中播发；在新华社、光明日报、人民日报、黑龙江日报、绥化日报等纸媒和客户端刊发新闻稿件824条，其中在省级级以上权威媒体发稿近700篇。

第三节 舆论引导面临的问题与困境

一、资金不足

海伦市融媒体中心目前已在《硒都视界》《硒都美食》栏目试行全高清播出，取得良好效果。随着人民群众对精神文化水平及视觉效果需求的不断提高，标清播出的《海伦新闻》已无法满足人民群众的要求，中心也想同步推进《海伦新闻》等节目全部实现高清播出，但并未实施，主要原因为资金不足。若想全部实现高清播出，需要采购新闻的编辑机、摄像机、存储设备、采集设备等，如若各项配备设施不齐，采集高清素材速度、存储高清素材空间、节目生成速度均受到影响。《硒都视界》《硒都美食》可实现高清播出的原因为一周一期节目，时间允许，但《海伦新闻》为每天一期，时间不允许，尤其是遇到突发性、紧急性、时效性等当天必发新闻，时间更加紧迫。

二、人才不足

目前海伦市融媒体中心存在年龄结构偏大、年轻血液不足的现实因素，中心很多人都是一人多岗，工作压力大、工作繁忙，往往是忙完一项工作就开始另一项工作；尤其很多记者、制作员都是半路出家、后天学习，专业知识不足，工作中大多是摸索前进，拍摄、撰稿、制作等方面存在不足；在新媒体方面同样缺乏专业人员，虽然新来了几名年轻同志，但均为实习生，对专业知识同样缺乏，接受新事物较慢，新媒体制作水平不高，尤其是原创能力不强，需及时补充一批高层次专业人才。

第四节　提高融媒体中心舆论引导能力的路径与方法

除做好传统媒体的舆论引导工作外，应着重强化各新媒体平台的舆论引导能力，因为新媒体覆盖面更大、更广，传播速度更快，往往只需发一条讯息，瞬间可能就有几十人、几百人甚至几万人知晓，所以更应该在提升新媒体舆论引导能力上下功夫。

一是加强官方网站和官方新媒体平台的建设，配备专门的维护、编辑和管理人员，明确"三审""追责"等制度，定时定期通过网站和新媒体平台公开信息，并及时更新。

二是完善舆情收集和及时回应制度，配备具有一定素质、一定业务能力的网络评论员，遇到突发事件实时发布信息，允许网民参与讨论，加强与网民的互动，并及时做到答疑解惑、及时辟谣，弘扬主旋律，让主流声音占领舆论高地。

三是必须改革和完善体制机制，改善县级融媒体中心的建设和发展环境，实行事业单位企业化管理的运行机制，既要牢牢抓住这一基层舆论宣传阵地，在政策和资金上大力扶持，优先配置政务服务、公共服务等资源给融媒体中心；又要授予其独立的人事考核和激励、项目经营和管理等权限，充分调动员工的积极性，增强自负盈亏的生存发展能力。

四是做好人员定期培训工作，全面提升编采播制人员业务能力，提升制作各类产品的能力和水平。

五是做好各类服务，优化引导方式。充分利用特色文化、资源优势，做好媒体服务、党建服务、政务服务、公共服务、增值服务等，在手机APP信息平台的基础上打造社会治理体系的综合平台和产业转型升级的推动平台，同时便民查询、便民支付、医疗服务、健康养老、家政服务等民生服务和文化服务也在各个基层融媒体中心迅速展开。这是县级融媒体中心聚拢用户、延伸价值、扩大影响力、增强引导力的增长点，是创新盈利模式、实现自我造血的关键，也是县级融媒体中心发展的根基。

第二十一章　河北省香河县融媒体中心基层舆论引导能力建设研究报告

史长城[①]

河北省香河县融媒体中心自2018年成立以来，始终秉承习近平总书记"抓好县级融媒体中心建设，更好引导群众、服务群众"的总体要求，站位京津冀协同发展大局，积极探索传统媒体和新兴媒体融合发展路径，强力推进县级融媒体中心建设，以"最权威的新闻发布平台、最智能的社会服务平台、最全面的文化信息传播平台"为发展定位，致力打造县域内"上接天线、下接地气，围绕中心、服务大局"的强势主流媒体，不断提升舆论引导能力，开创了基层主流媒体建设的全新发展模式。

第一节　融媒体中心基本情况

作为香河县融媒体中心的前身——香河广播电视台，自2014年起就开始大胆尝试，探索媒体融合改革发展之路。从小屏到大屏，从传统媒体到移动客户端，实现广播、电视、地面数字、网络直播、IP电视、手机客户端、手机报等多平台同步播发，新媒体影响力不断增强，优秀作品层出不穷，形成了一套独具广电宣传特色的全方位、立体化传播体系，真正实现了"一次采集、多点发布、快速传播、更广覆盖"格局。

香河县融媒体中心以原广播电视台为主体，于2018年11月6日，在廊坊

[①] 史长城，河北香河县融媒体中心主任。

市率先挂牌成立，成为廊坊市首家挂牌运营的县级融媒体中心，并承办了廊坊市县级融媒体中心建设现场推进会，经验做法在全市推广。同时，香河融媒体中心建设模式制成课件，得到了中宣部县级融媒体中心建设课题组充分肯定，并作为教材向全国推广。

香河县融媒体中心为县委直属正科级公益一类事业单位，归口县委宣传部管理。目前，按照国家广电总局的标准和要求，整体运转良好。中心现有员工128人，其中专业技术人员64名，下设办公室、新闻部、新媒体部、节目制作部、播发部、技术运维部、节目生产部、财务室、后勤保障部、微波站、运营部11个内设机构。

中心以"最权威的新闻发布平台、最智能的社会服务平台、最全面的信息传播平台"为发展定位，高效整合县域内优质公共媒体资源，全面探索"互联网+广播电视+报纸+网站+客户端+智能户外+楼宇社区"的多平台矩阵，全力打造县域内上接天线、下接地气，围绕中心、服务大局的强势主流媒体，开创和建构基层主流媒体建设的全新发展模式。

中心于2019年9月正式取得《中华人民共和国互联网新闻信息服务许可证》，成为廊坊市首家县级具有从事互联网新闻信息服务业务资质的单位，是河北省首批获得此证的七家单位之一。2020年、2021年，中心连续两次入选河北省广播电视媒体融合先导单位。2020年3月，香河县融媒体中心媒体融合经验做法成功入选全省广播电视媒体融合典型案例，是廊坊市唯一一家入选的县级融媒体中心，也是全省广电系统中10个入选广播电视媒体融合典型案例中唯一的县级融媒体中心。中共廊坊市委宣传部专门印发通知，在全市各县（市、区）委宣传部、融媒体中心推广香河县融媒体融合经验成功做法。在2020年省委宣传部对县级融媒体中心建设情况考核验收中，中心顺利通过考核验收，考核分值在全省名列前茅，被省委宣传部列为全省重点宣传推介的10家县融媒体中心。在中国电视艺术家协会组织的第八届全国市县台推优评选活动中，中心喜获"全国市县媒体融合先导单位"殊荣。

第二节　融媒体中心发展的亮点和启示

　　一年之计在于春，春天播种下希望，秋天才能收获金色的丰盈。对于香河县融媒体中心来说，有风有雨是常态，风雨无阻是心态，风雨兼程是状态。无论前路是晴是雨，是坦途还是坎坷，香河融媒人都通过超乎寻常的努力和奋斗，毫无畏惧，上下同欲，直面困难和挑战，变压力为动力，善于危中寻机、化危为机，准确改变、科学应变、主动求变，磨砺责任担当之勇、创新发展之智、统筹兼顾之谋、组织实施之能，多用情、多用心、多用力，开拓进取，砥砺前行，营造出充满生机与活力的春天，为香河添上一道靓丽的风景。

一、把握导向，践行初心，是融媒体中心健康发展的根本前提

　　牢牢把握"党媒姓党"、坚持以人民为导向、营造正确的舆论氛围是香河县融媒体中心始终如一坚持的原则和宗旨，下大力量建设培养讲政治、顾大局、高素质的融媒队伍，更新观念、拓展平台、创新方式方法，用脚力、眼力、脑力、笔力，不断提升宣传的引领能力，用百姓听得懂的语言、看得明白的视频、喜闻乐见的节目，真正发挥县级主流媒体在基层宣传文化和舆论引导中的主导性、关键性作用，围绕中心、服务大局，引导群众、服务群众，举旗帜、聚民心、育新人、兴文化、展形象。

　　以深入学习宣传贯彻落实习近平新时代中国特色社会主义思想和党的十九大及十九届二中、三中、四中、五中全会精神为指针，以保通航、优环境、促发展、庆百年等县委、县政府的中心工作为切入点，组织开展全方位、多角度、立体化宣传攻势，为香河经济社会高质量发展营造良好的舆论氛围，提供强大的思想舆论保障和精神文化支撑，先后在香河电视台、香河广播电台、《新香河》报开设了《中国共产党成立100周年——不忘初心　牢记使命》《在习近平新时代中国特色社会主义思想指引下——学党史　悟思想　办实事　开新局》《百年本色　初心使命》《京畿首驿　如意香河》《学党史》《我为群众办实事》等专栏，刊播一大批优秀稿件，组织拍摄大型系列历史文献纪录片《香河·印记》16集，抗疫专题视频《战"疫"香河答卷——香河疫情防控纪实》、专题片《学

深悟透百年史 砥砺前行新时代》和红色组歌快闪《最美歌声献给党》等优秀作品在县内外引起强烈反响。

二、高端站位，夯实基础，是融媒体中心健康发展的坚实保障

工欲善其事，必先利其器。媒体行业是重装备、高投入的行业，一流的宣传服务必须有一流的软、硬件技术来支撑，特别是基础设施建设必须要过硬，才有可能打造出一流融媒中心。为此，在县委、县政府的大力支持下，香河融媒体中心立足高起点、高站位、高科技、高质量，以打通基层宣传"最后1公里"为主旨，全面探索"互联网+广播电视+报纸+网站+客户端+智能户外+楼宇社区"的多平台矩阵，高标准建设了平台指挥调度中心、节目生产中心、信息发布中心和短视频拍摄基地，夯实了发展基础。

高起点建设平台指挥调度中心。基于大数据、智能化、云计算等技术，发挥集中指挥、采编调度、高效协调、信息沟通等"一站式"指挥调度作用，在此基础上，搭建全新的"一体策划、一次采集、多种生成、多元传播"管理系统，实现全媒体运作、全终端覆盖、全方位服务。

高标准建设节目生产中心。全媒体演播厅和融媒全景演播室，融合广播电视、IT等先进实用技术，能够满足时政、专题访谈、综艺娱乐等多种类型电视节目的演播与制作要求，具备线上线下互动、网络直播和远程实时互动等智能化功能。

高质量建设播发中心。具备广播、有线网络电视、地面数字电视、网络直播、IP电视、手机客户端、手机报等七大平台同步播发功能，播发信号能够达到香河行政区域内100%的覆盖率。

高覆盖服务民生发展。致力构建大众化普及性媒体网络，充分发挥巩固主流舆论阵地、提升社会治理水平的重要作用。在县委政府机关、便民服务中心、文化艺术中心、县人民医院等处首批安装了20台融媒体高清电子新闻大屏，全天候滚动播出优质节目，真正让高质量信息资源触手可得；在改扩建县人民广场和新城广场中，同步建设文化符号式高清智能户外大屏，对接5G技术和智慧城市平台，与扎实推进智慧城市建设相融合；在县域内文化、教育、金融、医院、宾馆、车站、社区等重要公共场所投放高清电子新闻屏，根据百姓需求

时时更新内容和板块，实现党的声音在县域内具有最高覆盖率。

三、拓展领域，组建矩阵，是融媒体中心健康发展的重要途径

直面新形势、新任务，香河融媒体中心坚持解放思想、更新观念，跳出传统媒体的固定思维方式，积极探索新时代基层媒体健康发展的新思路、新途径，以全新的发展理念、思维方式、工作方式开拓新时期宣传工作新领域。

以互联网思维为导向，积极适应分众化、差异化传播趋势，全力打通网上网下、版面页面传播渠道，积极构建集约高效的全媒体传播格局。目前，香河融媒已拥有包括电台，电视台，"香河融媒发布""香河融媒直播频道"微信公众平台，《新香河》报纸，"冀云香河"手机APP，"香河县融媒体中心"微博，"发现香河"抖音号、快手号、头条号、视频号，环京津新闻网，生活家周刊及央视新闻移动网、央视频、人民日报人民号等媒体品牌及发布渠道，打造出香河融媒体矩阵。

广播电台拓展升级，部分栏目相继开通了蓝鲸直播、融媒体直播、抖音直播，多种传播方式和渠道使电台节目不仅能在收音机里听见，又能在手机里看见，增添了更强的传播力量。

《新香河》报纸成功借助河北广播电视报廊坊《生活家周刊》拓展香河版，开办新闻、文化、健康养生、诗书画原创作品乐园及中小学生作文等板块，成为青少年和中老年受众群体的最爱。

官方微信公众平台目前关注人数10万人，2019年曾荣获廊坊市政务新媒体"十佳号"称号，今年4月，优秀作品《手绘长卷：致敬劳动者》荣获2020年全国区县融媒体中心优秀案例提名奖，香河县融媒体中心也是河北省唯一一家获得此项殊荣的单位。

手机APP"冀云香河"在"舆论引导性、新闻传播性、社会服务性、观众互动性"具有独特优势，不仅可以及时跟踪报道县域重大新闻，展示香河的历史人文、精神文化，还可以实现电视、广播在手机端的直播、点播、评论互动等功能，有效推广广播、电视的收听、收视范围，便民、问政等板块，为群众提供了便捷的政务服务和民生服务。

"直播香河"频道已累计直播各类活动和晚会百余场，粉丝突破28万，

访问量突破 620 万。

短视频领域，倾力打造了抖音号、快手号、今日头条号、视频号、火山小视频、西瓜小视频"发现香河"账号，同时，短视频内容还在人民日报人民号、央视频、央视移动网、冀云香河、新华社现场云、冀时客户端等平台同步更新，打造了"发现香河"短视频品牌矩阵，累计发布作品 480 余条次，点赞量超千万，总浏览量突破 4 亿次。其中，浏览量突破千万的作品 10 部，突破百万的 33 部。"发现香河"抖音和快手平台粉丝量均突破了 21 万。今年 3 月，快手融媒学院公布了"2020 年快手区域媒体年度奖项"，"发现香河"快手号获得最佳媒体融合奖。

实现媒体资源共享，中心融媒体指挥平台端口实现了与省长城新媒体平台端口和市台融媒体端口成功对接；与新华社河北频道签订协议，取得央媒资源分享发布权。

四、突出特色，服务于民，是融媒体中心健康发展的有效补充

香河是久负盛名的"京畿明珠"，区位优势得天独厚，经济发展日新月异，连年入选全国综合实力、投资潜力、科技创新、绿色发展和新型城镇化质量五个百强县，发展前景十分广阔。为更好地宣传香河，服务于民，香河融媒体中心于 2021 年 4 月在香河渠口微波站创立了中国（京津冀）广播电视媒体融合发展创新中心（香河）短视频拍摄基地。

新建基地面积约 760 平方米，着重打造富有历史文化气息、诗情画意般的情境、质朴的田园风格等多个拍摄场景，整体环境塑造清新雅致、绿色生态，可满足多样化短视频创作的拍摄需求。同时，为进一步丰富场景，提升拍摄质量，又对县域内农业产业和种植园等特色产业基地进行全面归纳梳理，优中选优，融合拓展了香河农耕教育基地、蒋辛屯镇水岸潮白田园综合体、菊香小镇、渠口镇大爱农场、安头屯镇千年古葡萄庄园、安平镇北运河文化公园、刘宋镇万亩荷塘湿地公园等作为基地的拍摄分部，统筹组建成立中国（京津冀）广播电视媒体融合发展创新中心（香河）短视频拍摄基地运行中心。

基地立足打造香河乃至廊坊农产品电商的培训基地，根据本县果菜农的需求，利用直播带货宣传，帮助广大农户拓宽销售渠道，让农户学会"吆喝"；

并依托香河融媒体平台百万粉丝号，为本地农产品进行推广引流，成为广大农户的经纪人。同时，以资源节约、结构合理、差异发展、协同高效的全媒体传播体系高质量推动媒体深度融合发展，重构新时代媒体的引导力、传播力和影响力。

第三节 融媒体中心提升舆论引导能力的有益探索

不积跬步无以至千里，不积小流无以成江海；太山之高，背而弗见；秋毫之末，视之可察；千里之行，始于足下。香河融媒体中心坚持从小处入手，从细微之处做起，努力提升中心的生产效能和传播力、影响力，致力提高舆论引导能力，传播正能量，营造良好发展环境。

一、全力做优新闻宣传主业，坚持守正创新，认真践行"四力"，充分发挥全媒体传播平台聚合效应，做大做强积极向上的主流思想舆论

特别是2020年疫情期间，从首发疫情提醒，仅一个半月时间，香河融媒共采集编发相关新闻稿件1850篇，制作专题片和短视频72个，为夺取疫情胜利起到了压舱石作用。中心被廊坊市委宣传部、市文明办授予奋力夺取疫情防控和经济社会发展"双胜利"主题宣传最美新闻人（团队）荣誉称号。2019年中心荣获河北省"新春走基层"活动增强"四力"先进集体荣誉称号。2021年以来，中心紧紧抓住全县保通航、优环境、促发展、庆百年等重点工作，利用广播、电视、报纸、微信、短视频等全媒体平台，通过开设专题专栏等多种形式进行了大量宣传报道，为工作开展营造了强大的舆论声势。多部图文和短视频作品先后被环京津新闻网、央视移动网、央视频、人民日报人民号及新华社现场云等平台、客户端多家媒体转载发布。5月3日，新闻《千年运河再现生机》在央视一套《新闻联播》播发。5月14日，由河北广播电视台公共频道、香河县委、县政府、香河县融媒体中心联合制作播出的"直播河北"，聚焦北运河旅游通航工程进展情况进行了持续一个小时的展示。

二、坚持以人民为中心的创作导向，紧紧围绕群众需求创新内容生产，精心打造有角度、有温度、有深度的优秀节目

短视频《大十五的吃什么方便面呀》迅速创造了 2800 万的点击率，引起河北省广电局和河北省记者协会高度关注，分别在其官方微信平台，向全省推介香河县融媒体中心疫情防控宣传的系统做法。短视频《香河疾控检测人员舍小家为大家》的播放量突破 1000 万，点赞量达 40 万，该作品被"梨视频""北京交通广播""凤凰周刊""南方都市报"等多家媒体转载。大型政务服务栏目《阳光问政》，从人民群众关注的热点、难点问题入手，督促相关部门履职尽责、担当实干，提高"以人民为中心"的责任意识，引发了强烈社会反响。拍摄制作的大型系列历史文献纪录片《香河·印记》，对标《中国影像方志》，对香河历史文化、社会民情进行全面、深入、系统的梳理，是以影像存志的大型系列历史文献工程，目前已被新华社客户端转载 5 集，被学习强国河北学习平台转载 9 集。2020 年香河县文化旅游产业发展大会（云会议）大型融媒体直播活动，采用了"智慧化平台+网络直播+云会议+云展览+云导游"的全新方式，引发了社会的广泛关注，各新媒体平台在线观众超过 200 万人次。

三、建设智慧媒体，科学谋篇布局

在县委、县政府的大力支持下，香河融媒体中心有效整合县域媒体资源、文化旅游、公共服务、社会大数据、政务服务、行业管理等本地资源加以综合利用，建成智能多元的社会综合治理平台，形成商业化网络媒体不具备的综合优势，坚持群众在哪里，融媒体平台的服务就到哪里。同时，充分借助 3DGIS、VRAR、AI、IoT、MEC（边缘计算）等新一代 ICT 技术，发挥融媒平台优势，为"智慧香河"的建设提供有力支撑，将香河县级融媒体平台建成香河"县域社会治理"最有效的支撑平台，占领新型融合媒体传播体系的制高点。

第四节　融媒体中心舆论引导面临的问题

近年来，在推进融媒体中心健康运行和发挥主流媒体引导群众、服务群众作用的过程中，香河县融媒体中心坚持脚踏实地，立足开拓创新，做了大量的工作，取得了喜人成绩，但也存在着一些问题和困难，制约了媒体融合的发展速度和质量。

一、专业人才短缺

香河县毗邻京津，但在工资、福利等方面与京津地区有较大差距。因此，受人才"虹吸"效应影响，近几年，10余名优秀的编导、记者等专业技术人员相继参加各类招聘考试或跳槽到其他单位，造成了人才流失。当前，媒体宣传整体环境发生了深刻变化，"一体策划、一次采集、多种生成、多元传播"的传播格局，对从业人员的业务技能提出了更高的要求，移动化、可视化和智能化的传播趋势，更离不开相应的技术保障人才。特别是从"互联网+"到"智能+"的传播形态的快速发展，以微视频、短视频为主打传播形式的出现，使得中心更加凸显出专业技能人才明显不足的问题，急需加大"一专多能"的复合型人才引进和培养力度，包括全媒型新闻记者、编辑、编导、主播和专业制作人才，特别是互联网宣传专业人才。

二、发展资金不足

当今社会，科学技术日新月异，新设备、新技术层出不穷。特别是信息技术的快速发展，中心要想在新媒体领域创新突破，需要大量资金保障。同时，因体量增大、广告市场疲软等因素，目前融媒体中心自身造血功能仍显不足。

三、管理体制尚不完善

香河县融媒体中心在建设和发展过程中，逐步探索实践，初步建立了多劳多得、优劳优得的绩效激励机制，但受体制和现实影响，非在编人员不能参加县考核，与在编人员收入相差较大，影响积极性和工作效率。而这些人员同样是融媒体中心健康发展的中坚力量，特别是近些年所招录的专业技术人员都是目前所需要的紧缺人才，他们大多被安排在重要的专业技术岗位工作，主要从事新闻采编、节目制作、新媒体运营、编导、播音主持等核心岗位。受各种政策上的制约，中心的管理体制及激励机制还存在一定的不合理性，还不能充分激发全体职工的工作积极性、主动性，需要进一步依据相关政策修改完善。

四、部分项目推进受阻

县级融媒体中心建设是个系统工程，庞大而复杂，在资源整合层面，是以广播电视台为主体，涉及报社、新闻中心、政府信息中心等部门；在建设推动层面，涉及宣传部、组织部、人社局、财政局、编办等单位的部门协同；从职能层面看，融媒体中心将逐步整合县域内新闻报道、政策宣传、党群社区服务、公共信息服务等。如融媒体政务服务、民生服务功能问题，为群众基本需求提供网上一站式服务，是县级融媒体中心建设考核验收的重要内容，也是融合媒体服务深度融入"县域社会治理"格局的重要方面，要更好实现此项功能，需与县域各部门加强合作，单靠融媒体中心自己去推动，速度缓慢，还需要县委县政府全面把握、统筹协调。

第五节　提高融媒体中心舆论引导能力的路径与方法

明者因时而变，知者随事而制。思想有多远，路就能走多远。而梦在心中，路在脚下。直面新形势、新挑战，必须坚定必胜之心，汇聚磅礴之力，大力推进技术创新，着力壮大新极点，形成发展新动能，在抢抓机遇中赢得更大的发展空间。

一、站位高端布局，最大限度地争取政策支持

从发展的角度出发，科学论证，高端布局，争取县委、县政府和上级主管

部门全方位的支持，特别是政策、资金的支持，为融媒体中心的发展提供不竭动力源泉。争取县委政府从加强社会治理的角度，有针对性地出台指导方案、扶持政策，使县域各职能部门主动打破信息壁垒，开放数据、信息、服务等功能，将可以开放的数据、信息、服务等优先向融媒体中心开放，各部门便民信息服务平台优先由融媒体中心承建，户外广告业务、文化产品采购等优先由融媒体中心承办等，使融媒体中心在发挥好思想引导、舆论引领作用，成为县域基层巩固和壮大主流思想舆论根据地的同时，更好地发挥文化服务、社会服务、商业服务等重要作用，更好服务于政务管理、基层治理，更好服务于经济社会发展和民生福祉。

二、加大专业人才引进培养力度

针对融媒体中心高度专业性的行业要求，争取县委政府给予相应人才政策倾斜，让融媒体中心能够根据融媒体发展需要，引进、培育各类急需人才，同时能够留住人才，补齐专业人才短板。同时，进一步加强对职工的思想教育和全媒体转型培训，增强职工的融媒意识，全力培养善用现代传播手段的全媒型的记者、编辑、主持人等人才队伍，为融媒体中心健康发展提供人才支撑。

三、创新管理模式，优化运行机制

中心将从有利于事业发展的角度，研究制定科学合理、可操作性强的绩效和薪酬方案，健全高效、公正的考评体系，让能力、业绩、效益真正挂钩，最大限度激发职工的工作积极性和主观能动性，提高县融媒体中心内生动力。

四、强化新闻敏感意识，突出地域特色，努力践行"引导群众、服务群众"

作为县域内的官方主流媒体，落实好习近平总书记"扎实抓好县级融媒体中心建设，更好引导群众、服务群众"的重要指示精神，就必须提高媒体人的新闻敏感意识，立足本县实际，围绕中心，引导群众，服务群众，真正发挥并逐步提高融媒体中心的舆论引导能力。香河历史悠久，历史名人众多，可以充分挖掘的内容很多，加之千年古运河重焕生机，城镇化和美丽乡村建设有序推进，只要用"实际、实用、实效"的工作作风，创造出一大批"香河人、香河事"的经典作品，并在尽可能大的范围内广泛传播，融媒体中心的舆论引导能力就会得到显著的提升。

第二十二章 北京市海淀区融媒体中心基层舆论引导能力建设研究报告

佟海融[①]

在媒体融合的时代潮流中,北京市海淀区融媒体中心牢记"看北京首先从政治上看"的要求,以更好引导群众、服务群众为指引,以建设主流舆论阵地、综合服务平台、社区信息枢纽为方向,以对内深融、对外互融为抓手,充分发挥北京国际科技创新中心核心区优势,勇担区县融媒体中心建设的排头兵、领头羊,开启了脱胎换骨、涅槃重生的新征程,不断提升传播力、引导力、影响力、公信力,逐步形成"海淀模式"。

第一节 海淀区融媒体中心概况

2006年,海淀区将报社和有线电视合并,成立海淀区新闻中心。2016年4月,海淀区新闻中心承办海淀区政府网,实现一区一网,这是区内媒体融合的重要探索。2018年7月21日,海淀区融媒体中心正式挂牌成立,成为海淀区媒体融合的里程碑。

海淀区融媒体中心成立以来,聚焦宣传群众、凝聚群众、服务群众,着力打造基层宣传工作和精神文明建设的重要平台,打造为民排忧解难、做群众思想政治工作的重要平台。全国宣传干部学院组织编写的《宣传思想文化工作案例选编(2020年)》中,《北京市海淀区:深化探索 守正创新 全力推进媒

[①] 佟海融,北京海淀区融媒体中心主任。

体融合》入选媒体融合板块。海淀区融媒体中心还荣获北京新闻奖、北京市广播电视媒体融合先导单位、北京市广播电视媒体融合典型案例、北京市广播影视协会年度优秀电视新闻等奖项。

目前，海淀区融媒体中心传播矩阵有一家报纸——《海淀报》，一家电视台——海淀数字频道，一家网站——海淀网，一本杂志——《中关村》，一个移动客户端——"掌上海淀"等自有平台；同时开通了人民号、央视频、现场云、北京号、时间号等中央和市属媒体账号，以及微博、微信、抖音、快手、百家号、今日头条等商业平台账号。中心坚持移动优先战略，持续把优质资源要素向互联网主阵地聚合、向移动端倾斜，抢占移动端用户。截至2020年底，海淀区融媒体中心传播矩阵30多个平台、账号总用户量超过1300万，同比增长超过300万。目前，"海淀融媒"抖音号粉丝接近350万，"海淀抖一抖"抖音号粉丝接近295万，"海淀融媒"快手号粉丝超过250万，"北京海淀"微信号粉丝40多万。"掌上海淀"移动客户端累计下载量超过300万。2020年3月，海淀网、"掌上海淀"移动客户端、"海淀新闻"微博、"北京海淀"微信取得互联网新闻信息服务牌照。2021年3月，海淀区融媒体中心获颁《信息网络传播视听节目许可证》。海淀区融媒体中心运营的"学习强国"海淀区学习平台即将上线。

第二节 守正创新探索媒体融合海淀模式

成立三年来，海淀区融媒体中心勇于创新，在体制机制、内容生产、经营管理、人才激励、媒体技术、政务服务、民生服务等方面亮点频现，取得了有益经验。

一、机构改革再造媒体形态

2021年4月起，海淀区融媒体中心开启了2006年原海淀区新闻中心成立以来规模最大的机构改革，组建"行政、指挥、采访、编辑、技术、运营、发展"

七个业务中心，构建"一核"即指挥中心，负责统筹指挥调度；"三驱"即采访中心、编辑中心、运营中心，组成核心业务科室；"三支撑"即行政中心、技术中心、发展中心，进行综合业务保障的运行体系，横向上破除媒体平台壁垒，纵向上形成开放式、扁平化管理格局，提高中心的整体运行效率和核心竞争力。

二、优化流程转型全媒体生产

海淀区融媒体中心设置了由经济科技新闻部、社会民生新闻部、街镇综合新闻部组成的采访中心，由报刊编辑部、电视节目编辑部、新媒体编辑部组成的编辑中心，以及由政务服务科、时政报道部、学习强国编辑部组成的运营中心。采编团队全面开展全媒体理念和技能培训，着力打造"一专多能"的全媒体人才队伍。原文字记者、摄影记者、摄像记者、电视编导等一线岗位全部调整，新组建的具备"采、写、编、评、摄"能力的全媒体记者队伍，活跃在全区新闻采访一线。为提升装备水平，中心为记者配置了全媒体背包。在考评方面，实行主观评价与客观评价相结合，在客观评价中引入技术手段统计全网传播效果，其中传播占比超过50%。改革彻底改变了按照报、台、网等分配资源的传统模式，通过物理整合催生"化学反应"，建立全媒体队伍、专业化平台，推动传统媒体的全新升级。

三、瞄准市场增强造血机能

海淀区融媒体中心落实中央、北京市有关工作要求，增强品牌运营能力和下属企业市场经营能力，坚持采编经营两分开，打通线上线下、提升造血机能。区融媒体中心指导下属企业承接各类群众性文化、体育、科普、公益活动，开展各类商务、会展、节庆活动，拓展服务渠道和服务领域。

四、人才为宝激励员工干事创业

海淀区融媒体中心在人才使用上打破身份束缚，在部分岗位上依据市场状况和实际需求，设置薪酬待遇，对于聘用人员在政策允许的范围内设置出口，通过中心层面可以担任科室聘用副职，公司层面可以担任部门负责人，为职业发展提供晋升渠道。为了用待遇引人留人，每年投用资金用于绩效工资发放，并设置社会聘用及购买服务人员岗位满足用人需要。

五、技术引领打造区域媒体平台

2020年，海淀区融媒体中心上线自主可控平台"海淀云"和"掌上海淀"智能移动客户端，并联合中科大脑、中国电信、科大讯飞建立全国首个区级"智慧城市融媒实验室""5G融媒实验室""AI融媒实验室"，为"海淀云"和"掌上海淀"智能客户端提供技术支撑和应用实践。"海淀云"的前身是2019年荣获王选新闻科学技术奖的海淀区新媒体云服务平台，全新上线后通过综合应用大数据、人工智能技术，整合区域内的人、事、物信息，形成智慧全媒体生态体系。"掌上海淀"移动客户端作为全区为民、为企服务"总入口、总平台、总枢纽"，致力于建构群众离不开的平台和渠道。海淀区先后将"新媒体云服务平台"全面升级为"海淀区融媒体平台"，将"掌上海淀"移动客户端全面升级为海淀区移动服务门户。

六、锤炼品牌精耕政务服务

海淀区融媒体中心承接了区政府门户网站、区级政务新媒体运维职能，作为开展政务服务的重要平台。"掌上海淀"移动客户端接入政务服务事项5252件，同时提供便民查询、互动等功能，其中有2584件事项全程网办。对于委办局和街镇定制化的政务服务需求，海淀区融媒体中心发挥传播区域化特色，精心策划制作《服务手册》，重点推出八项服务方案，打造一批特色品牌活动。如2020年、2021年，海淀区融媒体中心连续两年承办了两岸青年交流合作北京峰会，为区县融媒体中心承办活动提供了一个样本。

七、心系民生为群众办实事

"掌上海淀"移动客户端作为海淀区网上"接诉即办"入口，2021年3月启动了"学党史 办实事 海淀在行动"党媒牵引计划，升级"接诉即办"栏目，作为为群众办实事的载体，通过线上线下联动，发挥党组织的战斗堡垒作用、党媒的牵引作用、互联网公司的主场作用、技术创新的民生作用，以北京市为群众办实事的重要阵地"接诉即办"为切入点，深度参与社会治理，体现党媒的时代价值。利用海淀区政府网、"掌上海淀"移动客户端等平台，为群众办理民生实事，方便居民生活。及时关注民生信息，大到地铁站、公路建设，小到超市开业、老年食堂开张、公园变化，第一时间通过全媒体传播矩阵进行发布，做好精细化服务，成为居民生活的好帮手。

第三节　海淀区融媒体中心舆论引导实证研究

在媒体融合实践中，海淀区融媒体中心坚持效果导向，围绕中心、服务大局，解读党的理论政策，讲述海淀群众生产生活故事，参与重大危机事件舆论引导，做好外宣传播强化区域公众情感认同，形成了一批有代表性的生动案例。

一、走好群众路线让主题宣传走心

在解读党的理论路线方针政策和市委市政府、区委区政府决策部署时，海淀区融媒体中心注重走好新时代群众路线特别是网上群众路线，运用群众喜闻乐见的形式让主题宣传走心。

为庆祝建党百年，举办"红耀海淀谱新篇——庆祝中国共产党成立100周年"系列活动。以区域党媒海淀区融媒体中心为平台，聚集海淀区党组织和党员代表，开展"学党史　办实事　海淀在行动"党媒牵引计划、"红色海淀"融合传播计划、红色香山新时代"赶考"计划。通过该活动充分调动海淀区域内红色资源，发挥海淀区互联网平台企业聚集优势，以及海淀区融媒体中心的媒体优势，共同为群众办实事。

诠释科教兴国战略、科技自立自强，把科技创新宣传作为重中之重。海淀区融媒体中心设置了经济科技新闻部，连同《中关村》杂志，专门报道海淀区科技创新和经济发展实践和成果。利用主办、承办的各项活动展示前沿技术成就，如北斗、自动驾驶、"城市大脑"等，培养忠实"粉丝"。推介百度智能测温系统、推想科技的肺部CT影像快速筛查系统、东华医为火神山信息化系统等，赋能疫情防控。其中，海淀科技企业的"白犀牛"无人车，经"北京海淀"

微信公众号报道后，受武汉方舱医院邀请前往支援。

落实脱贫攻坚精神，精心打造《海淀扶贫印迹》系列纪录片。从初秋到严冬，从城市到乡村，从山区到草原，海淀区融媒体中心纪录片拍摄团队兵分5路，跨越上万公里，拍摄收集7000多个素材。从最初的沟通调研、原创剧本、制作筹备、拍摄实施到最终完成，共耗费近半年时间。在"学习强国"2021年第2期全国县级融媒体中心优秀作品双月赛中，海淀区融媒体中心报送的《海淀扶贫印迹》专题原创作品荣获一等奖。

引导广大市民响应中央、北京市委市政府就地过年号召，策划"我在海淀过大年"系列活动。针对牛年春节市民纷纷选择就地过年，而庙会等大型活动取消的现象，2021年春节前，海淀区融媒体中心利用网络直播海淀首届网络春晚等"我在海淀过大年"系列活动，营造热闹祥和幸福的过年氛围。系列活动全网传播量超过2.1亿，仅微博话题访问量就超过9400万。

二、讲好海淀群众生产生活故事

在疫情防控的"大战大考"中，海淀区融媒体中心围绕如何巩固壮大主流舆论阵地进行深入思考和摸索，区域宣传力量进一步整合，传播形式和手段更为丰富，党媒的号召力日益增强。

部署建立"1（区融媒体中心）+N（融媒体分中心）"组织体系。海淀区融媒体中心持续向街镇、社区（村）下沉，已在上地街道等九个街镇和委办局，成立了融媒体中心（海淀融媒分中心），并先后联合12家街镇和委办局运维政务新媒体账号。

创新传播形式使受众爱看、爱听、爱传。《你"戴"起来真好看》短视频画面是居民熟悉的抗疫镜头，歌曲是海淀区融媒体中心记者改编和演唱的，在快手平台播放量超过4600万。此外，中心采编人员还原创了快板《快来听，海淀战"疫"这么干！》、动感健身舞《海小融带你动起来！》等贴近群众、贴近生活的作品。

发力网络直播深度连接受众。疫情期间开始的网络直播业务已经成为海淀区融媒体中心一种现象级产品。从2020年4月开始至年底共开展了98场网络直播，总观看人次达2.9亿，场均观看人次近300万。其中，"才聚云端"系列云招聘 12 场直播，共有 300 多家中关村科学城领军企业参与，区委书记、区长等 5 位区领导走进直播间，4500 万人次网友观看。"云招聘"创新模式吸引了央视《新闻联播》等中央及市属媒体报道。2021 年的"才聚云端"系列活动第二季，430 家企业提供 4.8 万个岗位。截至 8 月 20 日，已成功举办农业专场、航天专场、重点高校专场、国际化人才专场、企业"云探秘"等 14 场线上招聘活动。

自主策划、实施、落地"你好，北区"宣传推介活动。以"场景+体验+互动"形式带领网友走进中关村科学城北区，成为北区重要的展示平台、宣传平台、服务平台，人工智能、IPv6、石墨烯等前沿技术大量"圈粉"，6 场活动总访问量超过 3000 万。

上线北京市首个区级"融媒+"线上发布平台"海淀融媒发布厅"。作为新型的移动式、可视化、多平台的全方位立体式发布厅，聚焦海淀区新政策、新项目、新科技、新产品、新经验，及时、专业、高效、权威发布海淀区重要信息，满足政府、企业、基层需求。2020 年一共开展了 9 期，网络直播总观看量超过 3300 万。

三、有效应对区域重大危机事件

应对区域重大危机事件，海淀区融媒体中心主要从及时辟谣阻止谣言扩散、发布重大突发事件进展回应社会关切、针对热点事件主动引导舆论三个方面入手，发挥媒体澄清谬误、引导舆论、凝聚共识等作用。

履行海淀区政务新媒体运维职能，针对谣言及时刊发区委宣传部等部门发布的辟谣信息，传递真相。如 2020 年 2 月中旬，个别网民在网上发布海淀医院出现院内多人感染、中关村的公寓酒店出现新冠肺炎病人死亡的传言。2020 年 2 月 20 日，"北京海淀"微信号发布了海淀区卫生健康委的辟谣信息。2020 年 7 月初，关于"海淀一大型冻库从阿根廷进口的牛肉检测出新冠病毒"的消息在网上流传，引发网友关注。"北京海淀"微信号第一时间辟谣阻止了谣言的传播。辟谣信息通过其他媒体转发，很快达到终结谣言扩散的作用。

出现重大突发事件时，海淀区融媒体中心作为区域权威媒体，及时发布处理进展。2021 年 7 月 27 日 18 时 30 分许，海淀区香山道路护坡坍塌致老年公寓受损，2人遇难，3人搜救中。海淀区融媒体中心第一时间发布消息，主动公布情况避免了各种不实的猜测信息满天飞。8月16日夜间，海淀区出现局地强降雨过程，旱河路铁路桥下短时严重积水，一辆小汽车经过该路段时被困，车内两人经救援人员和群众救出后，由120及时送往医院救治。8月17日2：01、6：58，海淀区融媒体中心分别发布两条信息，通报事件进展。

面对纷繁复杂、公众充满疑惑的热点事件，海淀区融媒体中心通过记者现场探访的形式解疑答惑。2020年3月，海淀区机场转运专班从新国展将境外返京人员转运至集中观察点，时间长，环节多，涉及面广。海淀区融媒体中心派出记者几次穿防护服进入新国展转运大厅采访，消除误解鼓舞士气，获得了区委组织部等部门以及市民的认可。2021年8月，国兴家园出现外地进京人员传入的疫情。海淀区融媒体中心派出记者全程跟踪报道，引导舆论风向，传递正能量，展示海淀群众开放包容的精神风貌，避免排外情绪干扰。

四、外宣传播强化群众情感认同

利用北京市中央媒体、市属媒体、互联网平台聚集的优势，海淀区融媒体中心在做好自身宣传的同时，也积极通过中央媒体、市属媒体、互联网平台精准宣传海淀，增强居民的归属感、获得感、幸福感。

"海淀融媒发布厅"邀请中央、市属媒体担任体验官。北京电视台、北京青年报等媒体记者体验了智能测温、自动驾驶等前沿技术，并进行报道，进一步扩大了活动和技术的声响。

重要活动邀请国际友人现身说法"代言"海淀。利用海淀区国际友人多的条件，邀请国际友人参加相关活动，提升传播效果。如"才聚云端"云招聘网络直播，邀请国际友人介绍在北京的工作、生活、防疫情况；海淀首届网络春晚，邀请国际友人畅谈在北京和同事一起过年的经历和体会；抗疫宣讲，邀请国际友人分享参与志愿服务的感受。

联系涉外媒体参与报道进行国际传播。海淀首届网络春晚，邀请中国国际电视台法语频道通过视频直播的形式，对国外网友进行宣传，展示中华优秀传统文化。直播中，采访了国家京剧院、中央歌剧院、北京交响乐团、北方昆曲剧院艺术家，展示了舞狮、皮影戏等中国传统节目，与歌手、主持人谈创作体会。

对外讲好中国故事，海淀首届网络春晚中，众多的传统、现代、国际、科技元素，让世界从海淀感受到中国的魅力。

第四节　县级融媒体中心舆论引导面临的问题与困境

县级融媒体中心成立时间还不长，一些县级媒体长期存在的问题尚未完全解决，转型中也会遇到新的问题。这些问题在一定程度上影响着县级融媒体中心引才留才、内容生产、持续发展等。

一、内容生产有高原缺高峰始终存在

近年来，海淀区融媒体中心的自身建设项目，以硬件建设和信息化系统开发为主，对精品内容生产的扶持较为薄弱，内容上有高原缺高峰的现象始终存在。海淀区融媒体中心顺应未来传播趋势，在内容布局上侧重移动化、视频化、直播化、社交化，开展重大主题报道、精品创作，发动用户尤其是优质专业团队参与内容生产，有待持续加大投入。

二、参评新闻奖、评职称有难度

《海淀报》是内刊，稿件无法参评北京新闻奖，编辑无法参加职称评定。海淀网、"掌上海淀"移动客户端、"海淀新闻"微博、"北京海淀"微信虽然已经取得了互联网新闻信息服务牌照，但采编人员仍然无法参评北京新闻奖。区级融媒体中心记者证尚未发放，跟中央、市属媒体相比，记者身份略显尴尬。

三、待遇方面差异明显

跟中央、市属媒体以及商业网站相比，区融媒体中心在专业水平、薪酬待遇等方面都还有不小的差距。海淀区融媒体中心采编团队的薪酬，仅相当于市级媒体同岗位人员的约40%。待遇差距导致人员流动较快，对中心的业务开展

和日常管理有一定的影响。

四、移动传播素材储备有短板

落实移动优先策略，需要大量的短视频、直播、图片、素材作为支撑。由于没有统一的线上数据库，导致自有素材调用困难，再利用程度低。同时，因为版权等原因，获取外部素材成本较高，风险较大。

第五节 提高融媒体中心舆论引导能力的路径与方法

立足海淀区实际，面向"十四五"，海淀区融媒体中心努力打造融"主流舆论阵地、综合服务平台、社区信息枢纽"于一体的全国标杆性区级融媒体中心，大幅提升主流媒体内容生产力、信息聚合力和技术引领力。

一、内容为王，打造全媒体精品新闻知名品牌

应坚持移动优先战略，建构优质创作团队、广大用户参与的PUGC内容生产体系，实施精品新闻创作行动计划，形成以"掌上海淀"为平台、海淀融媒矩阵为阵地、"1（区融媒体中心）+N（融媒体分中心）"组织体系为渠道，百花齐放的多元开放内容生产格局。

二、技术为先，建设适应趋势的现代化融媒体中心

坚持以先进技术引领驱动融合发展，发挥海淀区是北京国际科技创新中心核心区的优势，依托"海淀云"和"智慧城市融媒实验室""5G融媒实验室""AI融媒实验室"，利用5G、大数据、人工智能等技术，优化采编流程，完善平台终端，改进管理手段，升级资源数据库，重塑媒体格局，建设现代化融媒体中心。大力运营"海淀云"平台、"学习强国"海淀区学习平台和"5G+4K/8K"高速传输超高清制播平台，实施"内容＋技术"双轮驱动战略。

三、自主为要，构筑区域群众网上家园

加大"掌上海淀"融合新闻资讯、政务服务、民生事项的智能化客户端推广力度，开启社会治理和社区管理线下场景的线上化进程，建立完全自主可控的用户矩阵和运营体系。按照"委办局办事、街镇个人办事、区块链服务、主题服务"等，整合政务服务事项，实现群众管理服务线上化，打造"指尖上的政务服务中心"。持续升级"海淀云"和"掌上海淀"客户端，打造更加贴近群众的区域平台体系。

四、市场为基，发展可持续的经营体系

发挥市场机制作用，以"新闻＋政务服务商务"为抓手增强造血机能，参股或控股互联网企业、科技企业，以创新型产品的"首台套"落地应用和品牌推广为引领，形成高质量、可持续的发展模式。构建"融媒＋"生态体系，实现事业产业有机统一、良性互动。积极整合区域街镇、委办局、企业、协会、产业等资源，拓展渠道。以"展、会、节"为抓手，承办各类区内外大型活动，继续办好已有品牌活动。

五、治理为媒，担当第二主角推进社会发展

主动对接海淀区"两新两高"战略实施、中关村科学城建设、新时代文明实践中心建设、智慧城市建设、美丽乡村建设等，加快成为服务经济社会治理和发展的"枢纽"平台，在拓展服务供给中育新机开新局。融入社会治理全过程，运用中心的技术、品牌、人才等综合优势，开展相应服务。通过社区信息枢纽建设，下沉社区，直接服务基层社会治理，成为党在基层的重要执政资源。

第二十三章 北京市大兴区融媒体中心基层舆论引导能力建设研究报告

马宪颖[①]

北京市大兴区融媒体中心（以下简称"大兴融媒"）自挂牌成立以来，立足融媒特点和区域特色准确定位，围绕区委中心工作，主动参与重大历史性事件宣传报道，利用新技术、新手段，生产一批融媒爆款产品，形成较强的舆论引导能力，逐步提升媒体公信力，助力基层治理。

第一节 大兴区融媒体中心基本情况

2018年6月12日，按照北京市媒体融合改革的相关要求，大兴区整合原区广播电视中心、区委宣传部所属大兴报社成立融媒体中心，属于北京第二家挂牌的区级融媒体中心。大兴区融媒体中心是区政府直属事业单位，机构规格相当正处级，归口区委宣传部领导。融媒体中心实现统一策划、统筹安排，一体研究部署和推进，按照"策采编发"的新闻生产模式重新调整科室设置。整合后，大兴报、大兴电视台、大兴人民广播电台和"北京大兴"APP、"这里是大兴"微信公众号等一体纳入区融媒体中心，全区形成"1+3+3+226＋N"的大传播格局（1个融媒中心，3家传统媒体，另一个3是以"两微一端"为主的新媒体平台，226是区内新媒体平台，N指区外宣传力量）。2020年大兴区融媒体中心各平台阅读量、播放量累计突破30亿次。截至2021年8月，中

---

① 马宪颖，北京市大兴区融媒体中心党组书记、主任。

心微博@北京大兴粉丝数量 145 万+，"北京大兴"APP 实名注册量 137 万+，抖音"大兴融媒"粉丝 100 万+，快手"北京大兴"粉丝 138 万+，各新媒体平台用户已突破 700 万+，宣传舆论阵地进一步夯实。

第二节 融媒体中心发展亮点

一、高端支撑推动"顶层设计"

大兴区的媒体融合改革，一直是区委区政府重点推动的内容，融媒体中心的改革纳入区委专题会议高位推动，并成立了由区委书记担任组长，区长任第一副组长的大兴区媒体融合改革领导小组。2021 年，为贯彻落实中央、北京市关于媒体深度融合发展的要求，大兴区深改委议定了《关于加快推进大兴区媒体深度融合发展的实施方案》，推进"融媒体中心+国有公司"的运行体制改革，通过"一体化"思维来重塑组织架构、创新管理体制、调整运营模式、统筹考核激励，推动各媒体终端实现从结构、内容、平台和传播效果的整体融合。

二、"五化"组合加速内容生产

破除原有固化的新闻生产模式，把握全媒体时代的特点，坚持内容为王，坚持移动优先，坚持守正创新，立足产品系列化、报道立体化、直播常态化、媒体平台化、联动经常化，加快推进融媒生产创新。2021 年，大兴区融媒体中心的每日新闻生产量在 200 多条，年均直播 100 多场，2018 年的 5 倍。《我们一起学党史》《平南记忆 红色大兴》等系列短视频播发在学习强国平台，建党系列"红直播"活动打造党史学习教育网红打卡地图，"致敬百年 百日打卡"融媒活动等都成为 2021 年的亮点融媒产品。

三、"融媒+"理念"开门办媒体"

上接天线下接地气，融合多方渠道，构建共同策划、渠道对接、平台共用、线上线下结合的新格局。中心内部的报纸、广播、电视在 APP 上一端呈现；联合区委宣传部和区委网信办，将区内各类网站、新媒体和国内有影响力的网络大 V 统一纳入融媒矩阵。2021 年北京大兴 APP 上开发"大兴号"，并成立大兴区融媒体分中心覆盖全区街镇和重点委办局，构建新闻发布的"同心圆"，形成"1+N"的多层多点分中心架构。与人民日报、新华社、光明日报、光明网等中央、市属媒体建立合作机制，主动策划选题，联动"报、网、端"三维度推送信息。与光明网合作连续两年成功举办全国政务新媒体论坛，并成立大兴区融媒发展专家智库委员会，发起京津冀融媒联盟，参与全国县级融媒体中心智库委员会暨乡村振兴信息共享平台建设。

四、APP 建设助推"三个中心"贯通

坚持推进"新闻＋政务＋服务"的模式，全力做好"北京大兴"APP 建设，将新时代文明实践中心、融媒体中心和政务服务中心"三个中心"贯通，实现"一端在手、天下全有"。北京大兴 APP 成为大兴区居民的新闻端、政务端、民生端和志愿端。新闻平台运用图文、视频、直播等形式多角度展现新国门、新大兴；政务方面成功上线区级事项 1612 个，镇街事项 1730 项，多数事项均可网上办理和视频咨询，实现大兴区政务服务的"一网、一门、一次"改革。APP 融合了大兴区新时代文明实践中心网络互动平台，实现新时代文明实践所站的可视化展示和一端查询，打造成为舆论宣传和公共服务的"一站式"平台，线上线下同步，打通了宣传、教育、关心、服务群众的"最后一公里"，截至 2021 年 8 月底，共发布各类项目 8356 条，线上点单人数超过 18 万人。

五、不求所有、但求所用的技术支撑

大兴融媒前身以广电中心为主，以电视新闻和电视栏目生产为重点，呈现重资产的特征。融媒体改革中高清技术改造、5G、4K 甚至 8K 等技术应用，"中央厨房"、APP 后期运维、新媒体技术支撑，如智能演播室系统、人工智能技术、人工智能写稿设备、用户数据分析等都需要大量资金支持。这在区级融媒体中心难以实现。大兴融媒坚持"不求所有、但求所用"的原则，积极对接北京市广电局及相关企业，引入 AI 主播、听见 APP、VR 等新技术应用，让记者尽早

熟悉融媒技术与产品，提升传播效果。

第三节　融媒体中心舆论引导实证研究

一、参与北京大兴国际机场通航等重点历史事件报道

2019年9月25日，北京大兴国际机场建成通航。北京大兴国际机场作为首都重要标志性工程和国家新的动力源，如何宣传好建设过程和科技成果？如何立足区县融媒视角，讲好新机场与大兴区故事？新机场建设成为大兴融媒的年度宣传重点。大兴融媒集中优势力量，完成机场策划文案，内容涵盖了典型人物、重大事件、工程进度、技术特色等方面，传播方式横跨电视新闻、两微一端、全景 VR、H5 等多种媒介。结合机场建设进度，抓住新机场竣工验收和通航投运两个重要节点，大兴区融媒体中心与首都机场建设集团合作，以项目制形式，派出专题小组持续跟踪报道，并利用多种新技术、新手段、新方式，从机场交通、建筑风格、高科技等方面，不断给受众新闻爆料，取得良好效果。

VR、VLOG 和 H5 等应用技术支持新机场持续报道。从新机场通航倒计时开始，大兴融媒尝试"交互性"强，可以自主选择视角、点位，能够留言互动、打卡的 VR 全景作为载体，制作了全网第一个全景看机场 VR，在各平台推广下 4 天时间阅读量超过 50 万，点赞量 4500 余人次。利用微博@"北京大兴"发起"北京大兴国际机场，你最想看哪里？"的投票征集活动，该条微博一经发布，阅读量达 32 万余次，并获得 900 人次的点赞和参与评论，创下"北京大兴"微博新纪录。VLOG"视频日志"形式以"大兴融媒小姐姐带您看机场"主题直播，大兴融媒创作 H5 互动游戏《机长的行李箱》等持续掀起传播高潮。

主题活动策划推流新机场。与新浪微博合作，围绕新机场通航，新中国成立 70 周年，推出"大兴 70 号"微博话题活动，并邀请百万级的各行业网络大 V 走进大兴，参观北京大兴国际机场，走进航食基地、老宋瓜园、魏善庄钧天坊古琴基地等大兴网红打卡地，打造出多维度的原创内容，借助社交媒体放大城市品牌、讲好大兴故事，突出大兴新地标、传播新大兴精神，形成网络声势，

展现"首邑之区、腾飞之域"的新大兴、新国门形象。自2019年9月16日推出到10月1日，15天内话题阅读量突破1亿次，在全网形成良好互动效果，成为"遇见京彩"北京城市文化网络传播活动创新案例之一，同时荣获"微博十年·政务V影响力峰会"中的"创新应用与传播案例奖"。

系列爆款产品彰显原创能力。以"你好，新国门！你好，新大兴！"为主题的3分钟原创短视频，观看量257万余次，制作推出的《机场驱鸟人》等相关系列短视频被首都机场、新华社等多平台转载。在新机场首飞仪式当天，大兴融媒是唯一能与中央电视台一同进入机场飞行区拍摄采访的媒体。独家的拍摄视角、最全的新闻素材，大大激发了记者的工作积极性。《大兴报》印发机场通航号外，编辑制作新闻《京津冀交通一体化格局基本成型》在12月8日的《新闻联播》中作为头条新闻播发。《北京大兴国际机场》获第28届北京新闻奖二等奖、《机场建在家门口》获第29届北京新闻奖二等奖。

二、聚焦重大宣传节点讲好"大兴故事"

1. 献礼国庆70周年。2019年在全国上下隆重庆祝新中国成立70年之时，大兴融媒主动挖掘本地特色新闻，策划"我与祖国共成长音频故事""我与大兴国际机场的故事"等主题活动，精编祝福海报表白祖国，推出一批反映大兴区干部群众喜迎国庆的系列短视频，如整合推出活动形象片主视频和70秒城市印象视频，推广大兴整体城市形象等。特别是在了解到区内旧宫镇张强、高杨夫妻继国庆60周年结缘、结婚后，又同时在国庆70周年参加阅兵训练的新闻线索后，融媒记者多方协调，利用训练间隙跟踪采访拍摄，并制作成短视频《阅兵夫妻同台受阅》，在国庆当天的人民日报"沙场点兵"栏目播发，总阅读量突破3.5亿，这对阅兵"夫妻档"也成为当年的网红。此条短视频也获得了北京市广播电视局2019年度最优短视频奖。

2. 助推全面脱贫攻坚。尝试多种融媒产品展现全面小康和脱贫攻坚成果。2020年大兴融媒主动聚焦大兴区的低收入村长子营镇小黑垡村通过党建引领、第一书记、科技小院等方式成功脱贫的事实，创作"走向我们的小康生活"4集系列纪录片，并制作出品微电影《又见花明》。纪录片被学习强国平台播发，微电影《又见花明》2021年成功入选市委组织部优秀党员电教片。大兴融媒还积极参与新华社"2020年千城早餐"主题策划，《大臧村有个大臧村拉面》获最佳创意奖，《美好生活从这里开始》获优秀奖；大兴区委宣传部和大兴融媒获最佳组织奖。

央地合作组织媒体大型集体采访。2020年，大兴融媒与光明网合作，开展中央媒体京蒙扶贫合作大型集体采访，中央媒体网友走进"大美内蒙"，走进大兴区对口合作支援地，看北京大兴区的特色农业技术在内蒙的特色化发展。同时，选取具有内蒙古特色的直播地点，通过文化、科普介绍带动当地特色化产品（手工艺品、农副产品等），开展线上营销，通过@北京大兴、快手、光明网直播专题页面和一直播平台发布，光明网微博、三农频道首页焦点图同步推送。在1小时17分钟的直播时间里，各平台累计浏览及在线观看近500万人次。光明网、中国产经新闻、工人日报等8家央级媒体网站发布及转载的："乌兰察布：'巾帼'返聘绽芳华""京蒙帮扶见真情 跨越近400公里的医疗援建"等16篇文字及视频新闻报道。同时采取新闻、短视频、一镜长图等形式创作发布融媒产品近70个，各平台阅读量近300万人次。

3. 赋能党史学习教育。2021年在全党开展党史学习教育期间，大兴融媒策划了系列融媒产品赋能学习教育，推出全媒体报道"致敬百年 百日打卡"活动，在微信设置开发小程序组织网友每日打卡，累计参与人数12万余人，并形成线上线下互动，在"七一"打卡结束后，印制打卡海报并在大兴区各镇街进行巡展，组织主持人，录制"我们一起学党史"系列短视频50期，在电视、电台上同步推出，在全区各单位视频大屏和社区联播平台滚动播出，并在学习强国以专题形式播发；开设"党史百年天天读"专栏，已发布内容百余期，阅读量30万+。利用好区内红色资源，挖掘平南红色文化，推出5集纪录片《平南记忆 红色大兴》，结合大兴历史推出15集原创评书《千年风雨话大兴》等。制作H5《星火地图》《建党百年手绘》、在政务微博设置#我们一家都是党员#、#我的第二生日#、#北京红色印记#等互动话题，组织开展网上访谈，回应网民关切的话题；推出建党系列"红直播"活动六期，打造大兴区党史学习教育网红打卡地图，让踏寻"红色之旅"成为群众生活新风尚。

三、全方位战疫宣传中淬炼成长

2020—2021 年，大兴区先后经历了湖北武汉疫情、北京新发地疫情和大兴区天宫院疫情等三轮疫情，大兴融媒记者队伍也在全方位战疫中不断成长。

2021 年 1 月 20 日，大兴区发布北京市首例确诊新冠病例，区融媒体中心立即启动应急机制，成立防控专班，快速形成战疫时期一体化媒体运行模式。大兴融媒记者全员取消春节假期，全力依托"中央厨房"移动采编平台，突出"新闻＋服务"，全面开展科学防控、一线抗疫等宣传，在全方位战疫情中赢得先机。如何进行防疫？春节期间居民返兴后如何向社区登记？疫情和节日期间，大兴区的生活物资怎么解决？大兴融媒利用"两微一端"及时回应这一系列问题。"大兴区公布各属地联系电话，请居民主动联系"等多条微信，阅读量达 10 万+。@北京大兴微博主动设置话题引导，日均阅读量频超百万次，如《团圆有期 武汉加油》阅读量 200 万+，疫情期间一直位居全国及北京市政务排行榜前列，并两次跃升至全国政务排行榜第 6 名、北京市政务排行榜第 1 名。北京大兴 APP "来（返）京人员请主动登记"等新闻阅读量突破 5 万+。特别是大兴融媒与快手合作，首选直播采访抗疫一线的医护人员，让网民和群众了解大兴区医护人员战疫的真实情况，本次直播观看量达 309 万+，点赞超 58.5 万次。大兴融媒还推出系列"助农战疫"直播，主动帮助大兴区农民解决蔬菜滞销问题。《大兴 6000 余名党员走上防疫一线》《白血病患儿妈妈捐出 960 个口罩》《大兴就业"不打烊"线上指导不间断》《战疫有我 大兴在行动》等系列短视频迅速成为网红"爆款"产品。《抗疫时刻战疫工作五步走，大兴融媒尽显融合传播优势》，大兴融媒在战"疫"时期的做法，发表在全国党媒平台。2020 年"北京大兴"快手号获区域优秀传播力奖。

2020 年 6 月，北京新发地疫情暴发，大兴区紧邻新发地，需要配合防控和流调的区内群众数量超过 20 万人。大兴融媒与区经信局合作，第一时间在新媒体平台发布提示信息，请区内群众配合防控。《这里是大兴》的微信文章 1 小时阅读量突破 10 万+，总阅读量突破 40 万。"北京大兴"微博号和"北京大兴"APP 随时发布，三平台日均发布 80 余条，累计发布信息 5000 余条，总阅读量超 4000 万。策划制作 50 余部有温度、有态度的融媒产品，迅速成为网红"爆款"产品。其中，10 余部短视频在快手、抖音平台播放量累计突破 2.5 亿次，获赞百万+。录制大量公益短视频《主持人说防控》《主持人说复工》，与教委合作的推出"同心战疫空中课堂",与商务局推出的《兴食记》,与公安分局推出小李警官、穿警服的副书记"云入户"等,与组织部推出系列培训云课堂,与老干部局推出"兴云讲堂"等,立足覆盖更多受众人群。针对疫情特点,大兴融媒推出抗击疫情系列、云游大兴系列、美食大兴系列、战疫助农系列、产业发展系列、公益宣传系列等六大系列直播活动。大兴区也是最早启动境外隔离酒店的区。大兴融媒围绕隔离点的典型人物,制作系列短视频21集《国门卫士》,并在新华社客户端推出,每条视频阅读量都200万+,有效宣传全区工作。微博话题"#大兴战疫一线#"获评"主流舆论阵地传播作品"2021年6月优秀案例。@北京大兴微博在北京政务新媒体发布厅的微博影响力在17个区级融媒中长期排名第一位。

2021年1月,大兴区天宫院疫情期间,大兴融媒再次启动应急响应机制,主动发声,微信公众号"这里是大兴"争取到一日五发,集中发布防疫要求,回复涉疫新闻诉求,报道广大社区工作者、志愿者、物业、保安等万余人战斗在抗疫一线的精彩故事,特别是对集中隔离观察师生的情况用抖音、快手等渠道发布出去,为打赢疫情防控阻击战贡献融媒力量。大兴融媒采制的8条新闻在《新闻联播》中播出,并主动通过微博和微信留言了解隔离群众的相关诉求,推动了隔离家庭宠物照顾的相关防疫要求,大兴区人性化的防疫要求和措施得到各界人士的肯定和认可。同时为疫情期间大兴区核酸检测和疫苗接种等工作赢得时间和主动,大兴区率先开展疫苗接种工作,接种覆盖率在全国率先达到80%,作为北京经验在全国视频会上介绍推广。大兴融媒各平台作为"官媒",越来越多得到大兴区群众的认可。

四、媒体监督与问政栏目促进基层社会治理

大兴融媒立足"主流舆论阵地、综合服务平台、社区信息枢纽"的定位,坚持媒体监督推动基层社会治理。自2019年10月以来,大兴融媒创办《融媒内刊》《记者观察》等内部刊物,对区内社会秩序、城乡环境、创城文明等内容开展持续媒体监督,一年多来出刊90余期,获领导批示百余次。在APP平台不断完善党建同心、网上随手拍、网上信访等党务政务服务,与12345、信访办等单位密切合作,形成群众诉求收集、整理、处置、评价的闭环式管理机制,

发挥媒体的蓄水池和拦河坝的作用。2021年，在区委区政府支持下，大兴融媒又结合区内重难点工作，拍摄城乡环境、安全生产督察系列视频，推动城乡环境整治和创城创卫工作。结合党史学习教育，为破解百姓急难愁盼的事情，大兴融媒体中心2021年打造一档对话栏目《言之有理》，依法理、说道理、讲情理，打造政府部门与群众对话的平台，目前已经录制3期，围绕垃圾分类、物业管理等关键小事，全力打造共商共建的"大兴品牌"。

第四节　融媒体中心舆论引导面临的问题与困境

一、复合型融媒人才依然匮乏

随着网络技术的发达、媒体形态和媒体平台的日益多元，媒体深度融合后对融媒人才的思维观念、能力素质都提出极高的要求，需要新闻采编、图片处理、视频剪辑、大数据应用等方面的综合能力，但是这在区县级融媒体中心难以实现。以大兴融媒为例，现有人员平均年龄超过40岁，很多人员由广电转型，难免受传统媒体桎梏，主动学习转型的动力难免不足。其次，随着新闻通稿、相关资料获取比较容易，很多记者满足于"出点子"，满足于对基层提要求，满足于对二手资料的加工，容易出现"坐编"的问题。长期下去会影响记者编辑的新闻采访能力，也影响平台的客观性和全面性。再次，融媒改革过程中，聘用人员流动性增强，核心骨干流失，新招聘人新闻经验不足，专业新闻训练不够，在马克思主义新闻观、意识形态等方面专业性不够，许多作品的水平和质量也是参差不齐。能够"一专多能"，多渠道多平台创造流量的媒体人才，能够掌握最新融媒科技应用的技术人才和创新经营管理的人才仍然大量缺乏，造成新闻策划和创新动力不足。

二、资源的整合利用能力依然欠缺

融媒改革的关键是内容生产能力，是创造高质量的融媒产品。目前大兴融媒的大部分精力依然在服务政府和时政新闻上，很多新闻资讯依然借助于转载和发布各委办局、各镇街的素材。工作、会议报道偏多，深度调研性文章、研究性内容不多。各融媒分中心认识到新闻宣传的重要性，但是内容不够丰富，内容一旦比较多了以后，审核的工作量会比较大，质量上难出精品。区内相关单位仍然是分配任务式要求融媒体加大宣传，但是能够给予的资源支持不够，加之记者和工作人员沟通不足，造成资源整合利用不足。

三、对区内群众的影响力依然有限

大兴区自媒体发展较早，影响较大，虽然大兴融媒有较好的平台和趋势，但是公益一类的特点束缚了经营和运作，公司刚刚筹建，对用户的创新服务差距就更大。虽然成立了大兴"老街坊"社区记者团，但是刚刚处在起步期，仍未发挥出自身特点。在社区服务方面，缺乏精准地用户分析和贴心服务，因此对群众的影响力还远远不够。

第五节 提高融媒体中心舆论引导能力的路径与方法

一、提升媒体记者自身能力，培养全媒体人才

践行好"脚力、眼力、脑力、笔力"，提升融媒人才的内容策划和新闻生产能力，仍然是第一位。2021年大兴融媒按照区委区政府要求提质增效，建立以区委常委、宣传部长的重点选题调度制度，每半月对重点选题进行调度和调整，每月必须有深度报道和调研性报道。通过"融媒+公司改革"，解决聘用人员同工不同酬问题，不断调整和完善激励制度和绩效方式，引导融媒记者的双脚行走在大兴区这个首都南部发展新高地上，用报道、镜头、视频记录生活和实践，讲好"大兴故事"。大兴区成立了融媒学院和媒体融合发展专家智库委员会，邀请专家、业内同行赋能，通过走出去请进来的培训、考察、到中央和市属媒体挂职、参加研讨会等多种方式，开展人才素质提升工程，不断增强用户思维和互联网思维，提升队伍整体素质水平，培养懂互联网、懂新闻媒体的全媒体人才队伍。

二、整合区域化资源，持续做好服务

坚持立足本地化、区域化，不追求大而全，深耕"新闻+政务+服务"，有效实现政务服务中心、新媒体实践中心建设和融媒体中心贯通发展，从全区层面全面提高融媒体中心改革的认识和支持力度，不断完善党建同心、网上随手拍、网上信访等党务政务服务，发挥媒体的蓄水池和拦河坝的作用，把这些功能变成推进工作的闭环。继续在北京大兴 APP 客户端，为区内部门和单位开发入驻平台，整合更多本区域资源，让智慧城市、雪亮工程等政务资源精准连接用户，增加企业服务和消费促进等内容，形成城市运行和社会服务的大数据平台、城市大脑、聚合平台，为本地社会治理、智慧城市等提供更有效的价值和服务。

三、提升价值意识，精细化用户管理和运营

在现有"中央厨房"模式下，依托大数据进行用户分析，为本地化群众和用户提供更加精准的营销推广服务，让用户能够感受到媒体，特别是主流媒体带来的权威性和及时性。同时，让更多的用户参与新闻提供和内容运营，广泛发动群众，用好大兴"老街坊"记者团和社群运营，不断加大生活服务类收集力度，加大活动营销频次，把大兴区融媒体中心变为本地获取信息的最主要渠道和平台。

第二十四章　河南省项城市融媒体中心舆论引导能力建设研究报告

田维林[①]

项城位于河南省东南部，是一个农业大市，1993年撤县设市，辖15个镇6个街道，人口126万，2020年一般公共预算收入14.2亿元。在一个资源、资金不占优势的县级市，为什么项城融媒体中心能在媒体融合中走在前列、形成县级融媒体的"项城模式"？首先是习近平总书记提出媒体融合战略的指引；其次就是中宣部、国家广电总局、河南省委宣传部的大力支持和帮助；第三就是从媒体融合初期的阵痛，到融合发展的抉择，再到全媒体传播的坚定，项城融媒体中心始终勇于改革、敢于创新。

第一节　基本情况

项城市融媒体中心是中宣部县级融媒体建设五个的样本之一，成立于2016年10月，员工126人，下设指挥中心、视频部、音频部、图文部、电商部、技术部、总编室等12个科室，融合广播、电视、报纸、杂志、"两微一端一网"八大平台、80个融合号、上千个微信工作群，以及公交车站牌等户外宣传资源，形成了纵向与央视、新华社、河南卫视等主流媒体，横向与抖音、快手、微博等商业平台融合相通的全媒体传播矩阵，实现"一体策划、一次采集、多种生成、多元传播"，成为主流舆论阵地、综合服务平台、社区信息枢纽的基层治理平台。

---

① 田维林，河南项城市融媒体中心主任。

全国广播电视媒体融合先导单位、首届全国 20 强市县电视台、全国县级广播电视系统十佳电视台、奋勇当"县"县（区）域平台优秀案例、"指尖融媒榜"最具响力县级融媒体中心、县区最强融媒品牌等。中央政治局委员、中宣部部长黄坤明到项城调研融媒体中心建设给予充分肯定。几年来，有 30 个省（直辖市、自治区），600 个县市、8000 多人到项城参观交流。

第二节 改革创新推进媒体深度融合

项城融媒体中心成立之初，存在着人员老化、思想僵化、能力退化、设备陈旧、体制不顺、机制不活等问题，人员年龄在 40 岁以上，新媒体人才严重匮乏、业务骨干流失严重、员工长期存在吃"大锅饭"现象，没有活力，没有动力，更没有创新力。特别是受到新媒体的冲击，创收断崖式下跌，有一个月广告创收只有 1.8 万元，连水费、电费都不够，员工连续三个月没有发放工资。员工不愿干、不想干，干的不如看的，看的不如混的，人心不稳，犹如一盘散沙。面对困难和问题，中心在六个方面进行改革创新。

一、体制创新

体制的突破是融媒体发展的关键。项城融媒体中心打破身份限制，打通编外人员成长通道。坚持去机关化、去行政化，打破官本位，体制内外一样，员工能上能下，优胜劣汰。对于改革出局的人员，从政策上允许事业编制的员工保留事业身份，退休后依旧进入事业体制。今天干不好，明天就待岗，这已经成为常态。招聘有朝气、有思想的年轻人，多次公开招聘播音员、主持人、编辑记者，优化人员结构，团队平均年龄在 26 岁。目前，融媒体中心的中层领导，多是富有开拓创新精神的"90 后"。

二、管理创新

实行事业单位企业化管理，以岗定人，以岗定薪，实行绩效考核制、零工资制、全员竞聘制、数据考核制、末位淘汰制、项目负责制等，解决人浮于事、在岗不干活问题，多劳多得，不劳不得，工资拿几百元、几千元、上万元不等，激发了大家工作的积极性。

1. 零工资制。无论事业体制人员，还是招聘人员，都是一样，没有基础工资。员工全部零工资，同工同酬，同岗同酬，彻底打破身份、年龄、资历、职称等界限。

2. 全员竞聘制。部室主任由全员进行选举，主任挑选副主任，主任和副主任挑选员工。兵选将，将挑兵，双向选择，让每位员工找到适合自己的位置，让媒体融合发展稳定推进。

3. 数据考核制。在考核机制上，对一线记者、编辑，不仅考核数量，还考核质量，质量一切由数据说话。数据考核体现在项城云上、掌上公众号上，抖音、快手号等平台新闻稿件的点击量、转发量、评论量，作为质量考核指标。小屏的考核占到60%。

4. 末位淘汰制。每个部室每周评出最后一名，连续三次落后者，就要待岗一个月，待岗期间工作照常，给予一定生活补助。如果待岗期间，工作仍然处在最后，就要被淘汰。今天干不好，明天就待岗，这已经成为一种常态。

5. 薪酬倾斜制。坚持薪酬向一线倾斜，一线员工的工资要高于后勤的10%；薪酬向业务带头人、业务骨干、项目负责人倾斜，建立长效的激励机制。

三、人才创新

县级台普遍缺乏人才，而且人才流失严重，制约着媒体融合发展。因此，中心采取多种形式打造人才团队。

1. 聘人才。人才不为我所有，但却为我所用。聘请全国30多位专家组成智囊团，聘请的有广播、电视、新媒体、运营等方面的专家，比如中国人民大学新闻传播学院宋建武教授、广播专家凡音、营销专家肖小敏等，定期来中心把脉问诊，解决发展中遇到问题，及时研发新的发展模式，为融媒体中心发展提供了强有力的智力，实现借船出海、借梯登高。

2. 请人才。广泛邀请业界大咖，针对媒体融合转型的痛点难点授业解惑。邀请抖音、快手等头部短视频平台的专家，对新媒体产品生产传播进行授课。同时也走出去，到沿海地带的头部媒体以及新媒体进行学习，引进他们的先进经验。

3. 育人才。中心与中国人民大学新闻传播学院、中南大学、郑州大学、河南大学、浙江传媒学院等战略合作,大力培养全媒体记者、编辑和管理人才,由一人一岗为一人全岗。自报选题、拍摄、配音、传播等都是独立完成。

建立首席记者、首席编辑分享会,周末案例分享会,阅读分享会,业务研讨会,分享经验,分享快乐,锻造团队精神,提高业务能力。

四、内容创新

无论传统媒体,新媒体,还是融媒体,内容为王,任何时候都不会改变。没有了内容,融合也就失去灵魂。主流媒体的看家本领,就体现在内容的权威性、准确性上,因此要始终保持内容定力,坚守媒体的职责和使命,围绕引导群众、服务群众,据不同平台的传播规律,生产有品质、能刷屏的内容。

第一,做优栏目,也就是做好栏目,把每个栏目做精品。把传播党的声音作为首要政治任务。创新宣传,全媒体开设全媒体开设《一起来学习》《向总书记报告》等20多档栏目,用心用情制作有品质、有格调的作品。1059传习广播,全国首家,每天滚动播出习近平总书记原声音频。

第二,设置议题,通过喜闻乐见的让全民参与。在党史学习教育和建党100周年宣传中,开办了百名党员讲初心、红色记忆、奋斗百年路、我家的革命故事等多形式传播党的光辉历史,弘扬党的优良传统,抖音、快手、头条、视频号、梯影等多平台传播,向网民渗透、向楼宇延伸,一个个爆款时政微话题,更快、更广、更生动地使党的声音植根于百姓心间。

第三,围绕中心,服务大局,讲好新时代项城故事。在战疫战贫两个主战场,项城融媒唱响了项城声音、讲好了项城故事,彰显了项城力量。在疫情防控的主战场,项城融媒先后开设近20个栏目,深入挖掘抗疫一线的典型人物、感人事迹。疫情防控期间,播发相关新闻8000多条,短视频3000多个,公益广告200多个。举办各类直播431场,观看人数累计9000多万人次。坚持与党委政府工作步调同频共振,迅速吹响复工复产号角。开设《抓"六保"促"六稳" 育新机 开新局》《复工复产加速度》等专题专栏,积极做好政策解读,助力各项举措落地见效,为推动全市复工复产、复商复市贡献力量。在脱贫攻坚战中,全媒体开设《决胜脱贫攻坚》《决胜小康 奋斗有我》《扶贫Vlog》《脱贫故事》

等16多个专栏。派出36人的采访团队进村入户，聚焦一线，记录精准脱贫之路，讲好脱贫故事，在全市上下形成决战决胜脱贫攻坚的强大合力。

第四，紧紧把握"三城两高地一家园"发展定位，开设招商引资、项目建设、优化营商环境、乡村振兴、安全零距离、万人助万企等多个政务专栏，把党委政府的工作部署传递到基层，凝聚起全市人民的共识。

第五，做精短视频。短视频是当下媒体融合路径之一。项城融媒把短微视频作为主要生产内容，短视频的传播平台主要包括项城云、微博、抖音、快手、视频号、头条号、百家号等，通过这些平台，目前每年有2000条以上的短视频生产能力，爆款短视频产品层出不穷，全年流量达10亿+，单条12小时的点击量最高突破一亿次。

疫情期间，项城援鄂医疗队平安归来，项城交警以最高规格欢迎他们回家，项城融媒通过策划、采访，制作成短视频，在项城云客户端、掌上项城微信公众号、项城融媒抖音号发布，瞬间燃爆朋友圈，一个小时的播放量超过300万。

在2021年汛情、疫情宣传中，项城融媒体中心制作了上百条有关汛情、疫情防控的短视频，在各平台播放，收到了很好的传播效果。

项城市委政府提出打造生物医药、职业装、调味品、防水四大基地，项城融媒就围绕职业装，调味品，打造了抖音、快手号，通过短视频的方式把项城的职业装、调味品宣传到全国。

栏目主要是大屏的生产内容，短视频主要以移动端小屏为主，拥大屏推动小屏，小屏反哺大屏，大小屏融合发展。项城融媒每一个专题节目，在大屏上播放的同时，也可以在短视频平台利用直播的形式与用户充分互动。

一是做强直播。以手机直播为主要生产内容，项城云客户端下载量48万，微信公众号掌上项城粉丝37万，抖音、快手号矩阵粉丝量300多万，小屏率先发力，实现直播常态化。2021年直播300多场，每次直播点击量在20万以上。

二是互动直播。在疫情期间，为丰富群众宅在家里的生活，开设"项城名师空中直播课堂"，让18万中小学生停课不停学、离校不离教，降低了疫情对学校教育教学的影响。2月3日的直播，新媒体的播放量达58.89万次，手机APP的粉丝量增加2.3万，互动量达3000多条，加上广播、电视的直播，覆盖城乡。同时，开通"同城直播"课堂，满足各类人群需要。举行书法、亲子、绘画、摄影、舞蹈、心理等各类直播课堂431场，观看人数累计9000多万人次。

三是矩阵直播。在项城市庆祝建党100周年晚会上,通过新华社现场云、央视新闻+、抖音号、快手号、视频号同步直播,各大平台累计播放量400多万人次,在互动传播中有递了正能量。在2021年防汛中,洪峰将在7月22日下午四点经过项城,经过策划,三点开启直播,通过项城云、抖音、视频号、快手等多个平台直播,直播一个半小时,观看人数超过100万。

四是融合直播。利用演播大厅,开展广播、电视、手机融合式直播,主持人、专家、粉丝互动,在互动直播中传播正能量。在市法院抓捕老赖活动中,派出多路记者通过手机直播报道,主持人在演播厅时时和记者连线,报道进展情况,律师和网友进行互动,解答他们提出的问题。广播、电视同时开启直播,达到了融合直播,宣传效果非常好。32位老赖看到直播后,主动到法院交上欠款。省高院对这种做法给予肯定,并为法院记二等功。

五、服务创新

群众在哪里,服务就到哪里。总结这几年的发展,项城融媒最大的亮点就是服务。延伸"新闻+政务服务商务",融媒体就要做党委政府的"店小二",群众的"贴心人"。

1. 服务党委政府。把服务贯穿于宣传、发展之中,做强主流舆论,围绕中心,服务项城。可以说,在项城任何一项中心工作的开展,都是舆论先行,通过舆论监督推动工作,积极为政府分忧。围绕"六稳六保",多种形式加大宣传,着力营造统筹推进一手抓疫情防控、一手推动企业复工复产的宣传舆论环境,助力企业复工复产。在创建全国文明城市中,项城融媒全媒体对非法营运三轮车的危害进行深入宣传,群众不但拒坐三轮车,而且积极举报。短短两个月的时间,全市一万八千多辆非法营运三轮车顺利取缔,没有出现一起上访,直到现在也没反弹。

2. 服务群众生活。围绕群众柴米油盐、衣食住行,立足生活服务,开设群众喜闻乐见的节目,改变群众生活。93·6广播贴地飞行,及时播报交通路况信息,为群众出行提供方便,听众几乎覆盖了周边的县区,成为了豫东南的一张名片。为群众时时播报路况。开展帮助菜农销售包菜、为困难群众筹集善款等公益活动,打造融媒体的影响力和公信力。关注百姓饮食安全。微信公众号、微博、手机客户端每天就热点新闻发表看法,并根据受众反馈的微博线索再进行追踪互动,让受众在传播中互动和参与,并得到贴心服务。在项城云 APP 上设置了多个贴近民生的便民服务板块,提供与用户生产生活息息相关的服务,开通网上水、电、气缴费,购买车票、网上挂号等生活服务项目,为群众提供了"掌上的便利"。

3. 舆论监督服务。成立的"维权哥""帮帮团""爆料团",成为群众信赖的"贴心人"。开设《马上就办》栏目,成为帮助本地群众解决问题的常态化服务平台。群众一有"爆料",《马上就办》栏目就带领职能部门现场问政,全程直播,把问题解决在一线,化解在基层,倒逼干部作风转变,被群众称为项城的"焦点访谈"。

4. 应急服务体系。面对自然灾害,中心和项城市应急管理局、气象局、卫生局建立了一套应急预案,第一时间发布权威信息,为群众提供服务。特别是在 2021 年的汛情应对和疫情防控中,及时发布信息,为群众应对汛情,做好疫情防控发挥了重要作用。

六、经营创新

产业是融媒体实现可持续发展的关键,只有不断提高自身造血机能,才能推动媒体深度融合发展,以建立融创文化产业园为主要创收模式,致力于房产、音频制作、视频制作、项目策划、活动会展、少儿培训、文化产品、直播电商等为一体的文化产业平台。

1. 房产销售。房产是中心的主要产业,分为包销模式、提点分成模式、宣传销售模式,成为中心收入的重要来源之一。

2. 联办栏目。和 16 个单位联办栏目,由政府或联办单位购买服务,成为中心收入的又一主要来源。和市直单位联办栏目,由政府或联办单位购买服务,每个栏目平均 60 万元,成为中心收入的又一主要来源。比如:和纪委联办电视问政、和政法委联办法治在线、和中医院联办健康 365 等等,同时打造栏目 IP 产业链,做好一个栏目,成就一个产业,实现栏目产业化,产业栏目化。长期举办小主持人、小记者培训,每年培训近千名。

3. 活动会展。融媒体中心和新时代文明实践中心深度融合,同频共振,举办了快乐星期天、乡约小康、讲习课堂、国旗下的宣讲、道德模范颁奖典礼、广场舞大赛等各类公益活动,等活动,举办文明实践活动、项城春晚、少儿春晚、集体婚礼、虫草消费节、海参消费节、净水机节等商业活动，每年商业活动达到200多场次。文明实践活动，市委宣传部拨给中心经费30万元；2021年举办的建党100周年晚会，不但提高了项城融媒的影响力，而且市财政拨款100万元。承接市委政府的活动，比如观摩、专题片、PPT、大屏等。

4. 直播带货。拥有抖音、快手官方河南区域课程代理权，抖音、快手等官方认证的MCN机构，是抖音、快手、斗鱼、微视直播公会。目前团队人员30+，孵化主播100+。项城融媒把直播间进到商超，进到企业，进到田间地头，形成了"直播电商+乡村振兴""直播电商+大型商场""直播电商+企业"等多种模式，打造了以莲花健康为主的调味品、庄吉服饰为主的职业装等直播经济新业态。

第三节　把握正确舆论导向　提高舆论引导能力

习近平总书记明确指出，要牢牢坚持党性原则，牢牢坚持马克思主义新闻观，牢牢坚持正确舆论导向，牢牢坚持正面宣传为主。项城融媒体中心始终坚守媒体责任，牢记职责使命，坚持团结稳定鼓劲、正面宣传为主，着力提高舆论引导能力，为项城社会发展稳定营造良好的舆论环境。

一是巩固壮大舆论阵地。为深入学习贯彻习近平新时代中国特色社会主义思想，融媒体中心开办了开设了《好好学习》《学习进行时》等专栏，线上互动、线下活动，组织开展赛诗会、小品、诗朗诵、知识竞答等丰富多彩的线下"新时代实践活动"，使学习宣传习近平新时代中国特色社会主义思想真正入耳、入脑、入心；举办"学党史 强信念 跟党走""让党放心"等知识竞赛、演讲比赛10场；举办红色文艺轻骑兵巡讲、让红船精神飞进校园、童心向党、经典诵读、最美读书声等活动76场次，凝聚了强大力量。

利用新媒体传播特点，中心把总书记的思想与老百姓日常生活相融合，精心策划选题，比如策划了"拍拍项城上空的云"，几万人参与，把这些素材制成节目在各平台播发，节目的最后，提炼到总书记说的"绿水青山就是金山银山"，让老百姓自己感受到总书记讲的就是他们身边的事。把当地党委政府的政策、重点工作，分解成不同的主题，策划不同的选题，让全民参与互动，话题喜闻乐见，群众都爱参与，在互动中把党委政府的工作部署传递到基层，凝聚全市人民的共识。

项城融媒开设"不忘初心、牢记使命"进行时、党员讲党课、初心和使命等系列专栏，及时报道全市主题教育进展成效，让主题教育飞入寻常百姓家。利用传习广播开展"百名书记谈初心"特别活动，邀请市直各单位、镇、街道、社区书记做客直播间，在项城云APP开办了"不忘初心、牢记使命""一起来学习"等栏目，组织党员干部、各类专家开展在线访谈、讲微党课等活动，把党的声音传播到千家万户。刊发主题教育新闻稿件200多篇，举行各类直播活动46场。制作《歌唱祖国》《不忘初心》等快闪，播放量上百万。在项城云APP、微信公众号设置了"不忘初心 牢记使命"全民学习有奖知识答题，6万多人参与；加强与"学习强国"、央视新闻等媒体平台的联系衔接，及时上报推送项城市典型经验，在学习强国平台发稿12篇，在省级以上主流媒体发稿26篇，形成强大声势和浓厚氛围。

二是强化舆论引导。融媒体是党和政府的喉舌，必须直面热点难点问题，回应社会关切，做好舆论监督。在中心工作中、在重大舆情面前，全媒体主动发声、响亮发声。一旦发现舆情，融媒体快速反应，并运用网评队伍及时回帖，相互联动，正面引导，深刻感受到融媒体所发挥的社会"减压阀"和"稳定器"的重要作用。

在"三违"整治中，融媒体中心舆情监控平台发现，某个活跃的微信群里，有人打算组织几百人到市委上访，融媒体中心当即组织全市网评员通过多种渠道对这一舆情进行引导，为群众解疑释惑，对流言进行回击，同时组织记者深入拆迁户家中采访，了解其所想所盼，并全媒体连续报道，传递党和政府的声音，弘扬正能量。市委、市政府根据采访情况，及时把拆迁的相关政策在融媒体中心发布。通过各方共同努力，及时平息了大规模上访事件，有效维护了社会大局稳定。在拆迁过程中，微信朋友圈则疯传一段视频，视频当中显示几位妇女向两位官员模样的人下跪。而视频当中配发的文字称，这是项城公园对面的邝庄拆迁现场。后经证实，该视频中的地方根本不是项城。融媒体中心派出全媒体记者，通过广播、电视、网络的宣传，迅速澄清了事情的真相，而散布这一谣言的李某某，被依法行政拘留。

三是树立项城对外形象。开展多领域深度合作，进一步发挥好融媒体的优势。和新华社、大河网签约，上线了项城频道，与大象融媒签订战略合作协议，开启"媒体合伙人"模式，进行深度合作。开展主题宣传活动，邀请中央电视台、新华社、人民日报来项城专访，开展驻豫媒体采风、网络媒体看项城等活动，每年在中央级媒体刊发外宣稿件100多篇，在省部级媒体刊发稿件2800多篇，更好地宣传推介了项城，树立了项城良好的对外形象。对全市各行业中涌现出的典型人物，联合新华社、人民网、中央电视台、河南电视台等主流媒体，深入挖掘典型人物、典型事迹，集中在域外新闻媒体进行宣传推介。

在疫情防控期间，项城融媒推出的《好消息 武大中南医院用ECMO技术成功救治新型冠状病毒患者》在抖音24小时播放量2591.1万，点赞量75.9万；《众志成城 齐心协力共同对抗新型冠状病毒 项城在行动》，播放量411.7万，点赞量3.9万。《一场20分钟的相见》在新华社、人民日报、中央电视台等全国200多家媒体转发，点击量破亿，受到了中宣部、省委领导的充分肯定。

第四节 舆论引导面临的问题与困境

一是舆观点多元化。随着新媒体不断涌现，传播的信息也日益丰富，从传播形式到传播内容均呈现多元化的发展态势，所以大众舆论的焦点也在不断变化。随着观点交锋的日益活跃、传播主体的变化、信息诉求的不同，受众的角色及受众的价值观也发生了转变。面对舆论声音向多元化的转变，县级融媒体在进行舆论引导时，如果传播单一，势必会丧失原有的受众，失去舆论引导能力。

二是自媒体的兴起对主流媒体造成巨大冲击。过去，传统媒体一家独大，占领舆论市场，舆论引导非常方便。但随着新兴媒体的日益发展壮大，为自媒体提供了更多的话语权必然会对主流媒体的话语权产生威慑力量。比如在一些热点问题上，主流媒体出于诸多限制，则明显处于劣势。自媒体的话语会明显具备一些主观的色彩，加之受众多等影响，这样就会对热点问题的最终解决留下隐患。因此，只有真正解读网民的情绪以及自媒体的语言，才能进一步增强传统媒体的舆论引导能力。

三是舆论取向出现了情绪化的发展现象。日益发达的互联网为任何一个人提供了发表自己的意见和观点的场所，使得网民们参与话题讨论的积极性也在不断增强。人们可以借助不同的传播平台将自己的心情传播到网络之中，随着参与者的增多，必然会导致观点的情绪化，使得传统媒体的舆论引导工作更加难以开展。

第五节　提高融媒体中心舆论引导能力的路径与方法

一是创新观念，提升服务意识。随着新媒体的受众不断增多，传统媒体在舆论引导时，必须创新服务观念，提升服务意识，摒弃传统思想，放低姿态，勇于面对新媒体下舆论引导的困境，运用新媒体技术，创新观念和服务方，紧抓目标和受众，针对不同的信息需求，有效地开展信息服务，从而获得舆论引导的先机。

二是完善制度，把握舆论导向。结合工作实际制定更加完善的管理制度和办法，主动与新媒体进行对接，规范好、处理好传统媒体和新媒体之间的权利和义务关系，明确各自的职责、相互协调沟通，保证舆论引导更加科学高效；主流媒体要客观公正的对事实进行报道，帮助公众提高分辨能力。要加强对新媒体网络语言的监督和监管，避免网络语言的泛滥而影响舆论导向，在法律范围内对一些恶意引导舆论的行为给予打击。

三是发挥优势，创新传播模式。传统媒体在资源、平台、政策及公信力、舆论引导等方面占有一定的优势，因此，要取长补短、优势互补，在进行官方信息传播时，进一步创新模式，积极借鉴成功案例，不断完善信息传播方式，确保舆论引导的时效性和真实性。在对一些重大的突发事件进行宣传报道时，可以借助于新媒体平台发表一些官方意见和观点，引导正确的舆论，避免出现舆论的偏差，造成社会的恐慌。充分发挥自身的优势，与新媒体强强联合，探索新的传播模式，创造良好的环境，从而实现更大更好的发展空间。

第二十五章　四川省成都市双流融媒体中心舆论引导能力建设研究报告

徐麟　韩国梁[①]

1950年，根据新闻总署《关于建立全国广播接收网》的决定，双流县建立收音站，后转建为双流县人民广播站；1992年12月，撤销双流县人民广播站，建立双流县电视台、双流县人民广播电台、双流县有线电视台；1998年2月，双流县电视台、双流县人民广播电台、双流县有线电视台合并为双流县广播电视台。

1988年7月，四川省第一份县级企业报《双流乡镇企业报》创刊；1996年7月成为县委、县政府机关报；先后更名为《双流企业报》《双流报》《新双流》《双流》《空港双流》；2004年3月《双流报》社更名为双流新闻中心。

2016年2月，双流撤县设区，"双流县广播电视台"更名为"成都市双流区广播电视台"；"双流新闻中心"更名为"成都市双流新闻中心"。

2019年，双流区委、区政府对原成都市双流区广播电视台和原成都市双流新闻中心进行优化整合，组建成都市双流区融媒体中心。5月22日，成都市双流区融媒体中心正式挂牌成立。

---

① 徐麟，四川省成都市双流区融媒体中心原主任；韩国梁，四川省成都市双流区融媒体中心执行主任。

第一节　成都市双流区融媒体中心基本情况

一、平台建设

目前，成都市双流区融媒体中心加挂成都市双流区广播电视台牌子，为区委直属正局级公益一类事业单位，归口区委宣传部管理。现有员工164人，其中在编人员85人，外包人员79人，下设策划中心、采访中心等12个科室，共有新媒体、电视、报刊、广播等12个传播平台。

其中，新媒体包含2个自持平台（空港融媒APP、空港融媒网站）；1个微信（双流发布）；2个微博（双流发布、空港融媒）；1个今日头条号（双流发布）；3个其他第三方平台号（抖音双双范儿、微信视频号双流发布、知乎号双流发布）等9个平台，新媒体粉丝共计230余万。电视开设《双流新闻》《特别关注》《清风领航　双流观察》《阳光问廉　双流面对面》《委员讲堂》《双流党建》等6档新闻和专题节目（后5个非常态推出），日播时长18.5小时。报刊《空港双流》对开八版大报，每周二、周五出刊，发行量2万份。广播FM100.9空港之声在全国首创空港广播定制概念，开设《飞行早餐》《可可C哩》《空中潮我听》《空中π队》《快乐直达》《忽然之间》等6档直播节目，直播时长每天12小时。

二、职能职责

第一，负责贯彻执行党的宣传思想工作方针政策，把握正确舆论导向，为全区经济社会发展提供舆论支持，更好地引导群众、服务群众。

第二，负责贯彻落实媒体融合发展相关政策、法律法规和发展规划，做好理论研究与运用。

第三，负责实施"媒体+"战略，构建"媒体+政务+服务"模式，促进媒体与公共服务融合发展。

第四，负责舆论监督、舆情收集、舆论引导，将有重要参考价值的现实情况编写成内参，为区委、区政府决策提供参考。

第五，负责实施"网底工程"，将传播端口向基层拓展，向楼宇延伸，向群众靠近。

第六,负责建立双流图片库、音(视)频库及其他数据库,服务智慧城市建设。

第七,负责完成上级下达的各项外宣、创优任务,做好通联工作。配合完成上级媒体和新闻单位来双的重大采访采风活动及其他重要活动。

第八,通过组织开展各类群众性文化、教育、科普、公益等活动,丰富群众文化活动,强化为民服务功能。

第九,完成上级交办的其他任务。

第二节 成都市双流区融媒体中心发展亮点

一、体制机制方面

一是推进机构融合。将原两家媒体18个内设科室进行优化整合,按采编流程设为12个,新闻宣传实现"一盘棋"管理。

二是推进平台融合。对原两家媒体41个传播平台优化为12个,建成以新媒体平台为传播主体,广播、电视、报纸为内容支撑的"一体三翼"融媒体矩阵,传播载体实现"精细化"运营。

三是实现矩阵式融合传播。实现本土重大资讯的电台频率上线、电视频道进网、微博微信发布、手机实时体验、线上线下互动的移动融合传播格局,不用打开电视也能看电视,不用打开收音机也能听广播,不用翻开报纸也能看报纸;与四川省县级融媒体技术平台实现了数据对接,实现传播平台垂直融合。

二、内容生产方面

一是着力打造自持平台"空港融媒"APP。依托"空港融媒"APP,初步实现"媒体+政务+服务"功能。集纳看电视、读报纸、听广播、点播节目、看网络直播、看微电影、读电子书等功能,媒体信息实现"一端通览"。邀请60余家政务服务承办单位入驻"空港融媒"APP,开设政务分端,实现行政审批事项、办事流程等政务信息及时发布、实时查询,举报投诉、咨询建议等政务诉求迅速回复；搭建线上基层社区治理平台，充分发挥网格员末端优势，展示基层工作风采，积极引导市民参与社区治理，政务服务实现"一端通联"。为群众提供医院挂号、社保公积金查询等40余项日常生活服务，智慧生活触手可及，便民服务实现"一端通用"。

二是采编机制实现"流水线"生产。建成"中央厨房"，建立"一次采集、多种生成、多元发布"工作流程，采编机制实现"流水线"生产，大大降低了内部各平台的沟通协调成本，一条新闻信息从策划到播发比原来节约了30%的时间，有效提升了采编播发的生产效率。

三是媒体传播力不断提升。其一是稿件量大幅上涨。"中央厨房"24小时实时反应、接受各类爆料及热点推送，全员生产创新活力被激发，报道形态不断出新，报道节奏迅速加快，稿件数量有了较大幅度的提升，原创稿件总数日均约100篇，较融合前增长约5倍。其二是精品佳作不断涌现。外宣数量和层级创历史新高，如2020年，全年外宣稿件1020条，其中66条稿件上央级媒体，18次上央视、4次登上《新闻联播》、2次上《人民日报》；"学习强国"平台采用中心供稿稿件650条，其中全国平台采用103条，采用量位列成都市区（市）县第一，并在全市作经验交流发言。另外，55件作品获得国家、省、市新闻奖，其中国家级5项、省级18项、市级32项，获奖数量、等级位列全省区（市）县第一。其三是影响力不断加强。媒体融合方面取得显著成绩，走在了全省乃至全国的前列，中宣部舆情局局长琚朝晖、国家广电总局传媒机构管理司副司长刘朝荣等国家、省、市相关领导均前来调研；山东莒南县、湖北荆州市、宜宾翠屏区、绵阳三台县等省内外融媒体中心先后前来考察学习；四川大学、四川师范大学、江苏紫金传媒智库等省内外传媒研究机构前来调研；成都地铁公司、武警警官学院、市自媒体协会等行业机构前来考察学习，先后接待100余个调研、考察、学习团队。

三、人才激励方面

一是加强绩效考核。实施以分级设岗、按岗定酬、以绩计酬为核心的外包人员岗位绩效考核机制改革，有效地对记者的供稿模式进行了升级，着力引导现有人员向融媒体记者转型，不断提升记者、编辑全媒体策划采编能力，采编人员实现"一专多能"。

二是出台激励措施。推动出台区委、区政府《关于支持双流区融媒体中心高质量发展的十条措施》，从加强人才队伍建设、建立健全激励约束机制、着力强化阵地建设三个方面，拟制了提供人才编制保障、跨部门跨系统干部交流、建立人才委培学习机制、增设专业特聘岗位、设置精品力作专项奖励、严格落实淘汰管理机制、建立中层干部退出激励机制、打造一体化智慧型融媒体空间、加大技术设施设备投入、打造基层治理新平台等十条措施。

四、媒体技术方面

利用新技术加强自身能力建设。

一是抓提质，完成"中央厨房"建设。在成都市率先建成全流程贯通的融媒体指挥调度平台"中央厨房"，打造集报道指挥、智能采编、传播分析、舆情监测、权威供稿、媒体监管六大功能于一体的线上指挥调度平台，实现"一次采集、多种生成、多元发布"。

二是抓增速，完成新华智能云建设。利用最新的人工智能AI技术，植入媒体生产流程，实现视频编辑提速50%—80%。

三是抓扩容，完成全媒体矩阵建设。建成以新媒体平台为传播主体，广播、电视、报刊为内容支撑的"一体三翼"融媒体矩阵，构建网上网下一体、内宣外宣联动的主流舆论格局。

下一步，将对新媒体、电视、报纸、广播等传播平台所需的硬件和软件设施设备进行升级换代，购买4K超高清编辑工作站、高清播出系统、编辑后台系统等电视播出及制作设施设备，演播室服务工作站、演播室摄像机等新闻演播直播系统、数字广播直播系统、报纸全媒体资源服务平台、AI人工智能等设施设备。

五、政务服务方面

一是政务服务实现"一端通联"。依托"空港融媒"APP，打通政务服务毛细血管，初步实现"媒体+政务"，邀请60余家政务服务承办单位入驻"空港融媒"APP，开设政务分端，实现行政审批事项、办事流程等政务信息及时发布、实时查询，举报投诉、咨询建议等政务诉求迅速回复；搭建线上基层社区治理平台，充分发挥网格员末端优势，通过媒体平台及时上报所发现的问题，展示基层工作风采，积极引导市民参与社区治理，打造共建共治共享的社会治理新格局。

二是着力打造"企业咖啡时""航空经济大讲堂"等政务服务品牌。紧扣成都国际化营商环境建设，以"咖啡"为媒，建立政企沟通常态化机制，每月承办一期"企业咖啡时"线下主活动，并与区行政审批局合作建立"企业咖啡时"政企互动网络平台，把线上流转、线下办理贯通起来，2020年共承办12场主活动，线上线下累计收到企业诉求共4168件，办结4150件，办结率99.57%，满意率99.16%；同时，通过线上服务，促进企业平等获取发展机会，在已有的政策咨询、诉求回复等功能基础上，新增项目申报、机会清单等模块，共发布10批城市机会清单，主动释放政府资源；"企业咖啡时"被人民日报誉为"最解渴、最提神的咖啡"，连续两年被全市评为成都国际化营商环境建设创新案例。承办18期"航空经济大讲堂"，邀请行业专家为全区党员领导干部授课，提升建设航空经济之都能力，解决产业发展中的问题，收集城市发展的意见建议，共收集意见建议1200余条，并报区委研究运用。

六、民生服务方面

一是便民服务实现"一端通用"。依托"空港融媒"APP，推动便民服务触手可及，初步实现"媒体+服务"，为群众提供医院挂号、社保公积金查询等40余项日常生活服务，智慧生活触手可及，便民服务实现"一端通用"。

二是着力打造"舆情蓄水池"，构筑本地社群生态圈。依托"空港融媒"APP建立11个社群，以多元化的活动、丰富的本地资讯、便捷的服务增强用户黏性，构筑本地化社群"生态圈"，解决市民"留得下"的问题；利用媒体平台，月均收集转办回复社情民意300余件，理顺社会情绪，构建本地舆情"蓄水池"，解决舆情"看得见"的问题；通过舆情转办、12345互通互联、"双双帮忙"、《阳光问廉·双流面对面》特色栏目等多种手段，将收集到的舆情及时化解，建立群众诉求"排水渠"，解决困难"办得了"的问题。

第三节　成都市双流区融媒体中心舆论引导实证研究

一、解读党的理论路线方针政策及上级各级党委政府精神

各传播平台始终把中央、省、市、区最新方针政策和安排部署放在宣传第一位，及时向群众传递党的"好声音"。一是高举旗帜，持续推进习近平新时代中国特色社会主义思想深入人心。始终把真信真学真用放在第一位，在学思践悟上下足功夫，努力把各级党员干部和群众的思想统一到习近平新时代中国特色社会主义思想上来，切实把武装头脑、指导实践、推动工作统一起来，持续增强"四个意识"、坚定"四个自信"、做到"两个维护"。二是围绕中心，持续宣传省、市重要决策部署。围绕省、市重要会议、重要文件精神等，开设专题专栏，从不同阶段、不同视觉、不同表达方式、不同渠道，营造强势舆论氛围。三是服务大局，持续为建设中国航空经济之都凝聚意志力量。建设中国航空经济之都是区委和全区各界共同的奋斗目标。及时将区委想"干什么"、融媒体中心应该"讲什么"和群众想"听什么"贯通起来，将工作话语体系和大众话语体系融通起来，将线上和线下联动起来，将自身传播与借力借智结合起来，讲好新时代双流发展篇章。

双流区融媒体中心在电台常态化开设《党的理论飞入寻常百姓家》栏目，邀请专家学者、机关干部解读新思想。如2020年为深入宣传党的十九届五中全会精神，双流区融媒体中心特别策划了全会精神专题党课，通过广播"微音频"的形式传递党的"好声音"，有声党课设置"主题领读、辅导百问、学习声音"三个板块，"主题领读"和"辅导百问"板块主要对《中共中央关于制定国民经济和社会发展第十四个五年规划和二〇三五年远景目标的建议辅导读本（节选）》《党的十九届五中全会（决定）学习辅导百问》进行宣讲，而"学习声音"板块则邀请全区各级党组织党员谈心得、讲体会，展示双流区党员干部"重塑荣光再出发"的新风貌、新作为。又如为宣传《习近平谈治国理政》第三卷，双流区融媒体中心依托"空港融媒"APP，搭建"互联网+党建""有声书"学习平台，把学习内容转化为语音，方便党员干部多渠道学习《习近平谈治国理政》第三卷。

二、讲述本地老百姓生产生活故事

双流区融媒体中心坚持"内容为王",尤其是坚持做最"土"的内容,关注本区、本镇街、本村社的新闻,讲述群众身边的故事,关注群众最关心的事。

一是加强典型宣传。如 2020 年 2 月 25 日,正是疫情防控最吃劲的时候,双流双流区融媒体中心微信"空港融媒"的一条消息《老婆,辛苦了!女儿,爸爸欠你一个拥抱……》,感动和激励了全区干部群众,双流区公安分局交警大队辅警张林在一次凌晨检查车辆时,错过妻子生产的消息,愧疚的他只能通过微信视频安慰刚刚生产的妻子,战"疫"中迎接女儿的出生,张林的事迹通过双流双流区融媒体中心的宣传后,他在疫情防控期间的典型事例被迅速发掘和放大,张林本人也因此被评为双流区新冠肺炎疫情防控先进个人。

二是解决群众问题。如 2020 年 4 月 15 日,双流双流区融媒体中心各平台先后以《水压"力不从心"居民叫苦不迭》《改造施工已进场 居民用水将不再难》报道了双流区东升街道永福社区新桥街 33 号小区居民反映自来水水压小的问题,岷江自来水厂东升分厂赓即前往该小区查看水压不足的问题;4 月 29 日,通过岷江自来水厂东升分厂的技术人员进行为期一周的努力,新桥街 33 号小区居民终于用上了压力十足的自来水。为此,新桥街 33 号小区全体居民到双流双流区融媒体中心送来了锦旗。又如 2021 年 5 月 3 日,网友在"空港融媒"APP上反映迎港花园小区大门左手边垃圾场污水横流,恶臭扑鼻,中心将问题通过区行政审批局转至东升街道进行处理,后来,网友对这个问题进行了反馈说:"经过上次反映的迎港花园垃圾场问题,'空港融媒'通知速度必须点个大大的赞,当晚回来就看到社区和小区的领导在垃圾场商量解决方案,第二天就开始大改造了,现在基本都清理好了,期待美好的生活环境,点赞!"

三是关注企业需求。如为配合疫情防控工作,倡导文明、卫生、健康的用餐方式,增进社会文明、提升市民素养、促进大众健康。2020 年 4 月 23 日,双流区融媒体中心联合区餐饮协会,举办了"公筷公勺"文明餐厅联盟授牌仪式暨助力餐饮行业媒体公益推广资源发布会,通过开展"媒体公益推广活动""健康餐饮倡议活动""免费发放公筷活动"助力全区餐饮行业复苏,并倡导使用公筷、健康就餐。

三、重大危机事件干预

双流区融媒体中心在本区域的信息传播途径中，一直扮演着主导者角色，特别是在重大危机事件中及时响亮发声，引导舆论向正确的方向发展，避免危机事件导致的危害性扩大。如2020年1月27日，正是全国疫情防控最吃紧的阶段，"双流白家大市场没有蔬菜肉类供应，即将关闭"的消息在朋友圈疯传，双流区融媒体中心获悉这一情况后，迅速与区商务局取得联系进行核实后，通过广播、电视、报纸和微博"空港融媒"微信"双流政事"等多个平台迅速辟谣，全面传递白家大市场供应充足，市民完全不要担心，不必抢购屯货的信息。

又如，2019年，双流区融媒体中心在"空港融媒"APP上获悉，花样年别样城小区内开设营利性医院引起小区上千业主的强烈反对。空港融媒工作人员立即联系相关主管部门，同时记者第一时间前往求证此事并得到相关回复：2018年9月6日，成都双流华府医院提出申请，拟在双流区公兴街道黄龙大道二段333号花样年别样城2栋2层、3层及4层设立双流华府医院第二病区，用于内科免疫学专业门诊（该栋楼产权属于成都市花样年房地产开发有限公司，性质为商业）。2018年9月13日，原区卫计局工作人员到选址现场进行初审，并在拟选址醒目位置进行了公示，公示期内未收到群众投诉举报。2019年5月12日，该医院启动装修后，小区业主反映强烈，反对在花样年别样城2栋2层、3层及4层开设病区，医院立即停止施工。通过双流区融媒体中心的努力，2019年5月16日上午，由区卫健局牵头，召集公兴街道办、成都双流华府医院、花样年开发商代表、花样年业委会及物业代表召开协调会，达成一致意见：成都双流华府医院尊重业主诉求，决定不在此处开设医疗机构，并形成备忘录，在花样年别样城小区业主群内进行公告。

再如，2020年8月17日，成都暴雨致黄龙溪古镇受灾严重，景区暂停对外开放，受连续强降雨影响，千年古镇黄龙溪区域内街道大面积进水，所处府河和鹿溪河水位超出警戒水位，沿江商户损失惨重。双流区融媒体中心立刻启动舆情预警，组织媒体矩阵各平台以多种形式进行信息发布、宣传报道。一是启动舆情监测，快速研判暴雨带来的网络舆情影响。本次分析的监测时间为2020年8月2日12点至2020年9月1日12点；查询的关键词为全部包含"黄龙溪"，部分包含"洪水、救援、抗洪、救灾、暴雨、灾害、被淹、清淤"。渠道来源中"网站"2265条数据、"APP"1384条数据、"微博"950条数据、

"微信"924 条数据、"短视频"45 条数据、"论坛"24 条数据、"电子报纸"18 条数据、"Twitter"4 条数据。二是根据分享结果，进行策划宣传报道，综合采用多种方式，全方位、整体布局。对群众关注高、传播不对称的信息进行及时报道。在微博、微头条、广播上用图文对最新汛情进行播报；在空港融媒 APP 用视频和文图直播的形式《现场直接 双流闻汛而动 全力以赴》展现抗洪实况，让消息及时透明传播，让群众安心；在微信公众号和电视节目《双流新闻》《空港双流》内刊上对暴雨中正能量进行宣传；在空港融媒 APP 开设专题，让全区市民能全方位了解防汛抗洪情况。三是在汛后恢复阶段，全平台联动，多种形式进行报道，提振士气，展现成果。在报刊、电视、新媒体等多平台进行动态报道，另外在 APP 开设话题"洪水退却后，这些身影真美"，让广大市民发图发文，分享身边抗洪清淤工作人员的奋战点滴，彰显社会正能量。除此之外，制作海报，在微信群和微信朋友圈进行传播，讴歌正面典型。

四、外宣传播强化本区域公众认同形成凝聚力向心力

双流区融媒体中心不断强化对外宣传，更好地展示双流形象，2018 年 6 月 6 日，官方微信以《若尔盖看草，红原看花？真的 out 啦！双流这 1 万多亩草原花海……太壮观！》为题，对空港花田项目的总体情况、航域景观、农业景象、川西林盘景观、美丽新村风貌、健康绿道风光、打造进度等内容进行了详细的报道，网友阅读量突破 10 万+，空港花田成为了双流人、成都人新的游玩点位，经过网友传播，甚至成为了全川乃至全国新的"网红地"，游客络绎不绝。

一是关注中心工作重点工作，挖掘报道双流做法。2020 年 2 月 27 日，由双流区融媒体中心拍摄策划的中电熊猫在疫情防控复产工作两手抓的新闻在央视《新闻联播》中播出，标题为《四川：分区分类管理推动企业复产开工》，新闻充分展示了四川双流在帮助企业复工复产中的创新工作举措。中电熊猫企业在疫情期间得到了区委区政府和相关部门的大力支持，通过向企业派专员，捐赠防疫物资，提供专业防控技术指导等工作，让中电熊猫在 2 月份及时进入了复产阶段，及时止损赢利。

二是关注民生民情民意民事，提前做好新闻策划。春节是中华民族最重要的节日。聚焦这一重要节日，双流区融媒体中心认真策划，记者深入全区各镇

街挖掘年味，对群众团聚、过年等丰富活动进行报道，营造浓浓的春节氛围。其中，对黄龙溪镇"火龙灯舞"（又称"烧火龙"）民俗进行挖掘，对群众烧火龙祈福、欢天喜过新年的热闹氛围进行报道。2021年2月17日，央视13频道《新闻直播间》以《欢喜过大年：四川成都黄龙溪 火龙灯舞闹新春》为标题，对黄龙溪镇"火龙灯舞"闹新春进行了新闻报道。

三是五项措施提升"学习强国"平台发稿质量。通过从制度机制入手形成供稿"生态链"、平台需求入手保障备稿"提货仓"、资源优势入手培植稿源"活水源"、技术特点入手增添素材"生力军"、创新思路入手内容取胜"中奖率"等5个方面，不断增强"学习强国"平台的供稿质量，深入学习宣传贯彻习近平新时代中国特色社会主义思想，充分展示双流学习新思想、践行新理念的生动实践，展示双流形象，讲好双流故事。

第四节　成都市双流区融媒体中心舆论引导面临的问题与困境

一是高精尖人才缺乏。现有干部职工中，真正精通融媒体业务特别是全媒体采编、运营、维护、5G技术、大数据方面的高端人才较少；再加上受体制机制制约，无编制、待遇低、上升空间缺乏，导致不易招聘到优秀的专业人才，且容易流失，严重制约媒体融合转型。

二是新技术运用不够。推动媒体融合发展的新技术层出不穷，但由于财政资金的限制，无法强化在新技术的运用上的投入，同时，自身技术队伍的建设滞后，在前后端开发、客户端开发、运维等基础技术方面过多依附第三方公司。

三是自身造血功能不足。在融媒体中心组建以前，双流台从2012年起全面停播各类医药广告；2013年，双流划出12个镇街到天府新区，区域面积缩小；再加上专门服务广播电视节目生产和产业经营的区属国有公司双流现代传媒公司与电视台进行了管办剥离，对经济效益造成了一定的影响，广告收入近3年来下降趋势明显，产业营收上需寻找新的渠道。

第五节　提高融媒体中心舆论引导能力的路径与方法

一、坚持党媒姓党不动摇，强化永跟党走政治力

以"党媒姓党"的光荣感、使命感和责任感，围绕高质量建设践行新发展理念的中国航空经济之都奋斗目标，及时将区委想"干什么"、融媒中心应该"讲什么"和群众想"听什么"贯通起来，将工作话语体系和大众话语体系融通起来，将线上和线下联动起来，全力投身新闻舆论工作，持续为建设中国航空经济之都凝聚意志力量和舆论支撑。

二、坚持引导群众不跑偏，凝聚社会强大正能量

坚持团结稳定鼓劲、正面宣传为主，坚定不移地唱响主旋律，把党和政府的声音传播好，把改革发展的主流展示好，把人民群众的心声反映好。宣传凡人善举，推动社会主义核心价值观在群众头脑中扎根，成为百姓日用而不觉的行为准则；弘扬双流"敢为人先、只争一流"的城市精神，不断增强凝聚力、向心力、创造力，激发全区人民共同奋斗的精神力量。

三、坚持服务群众不打烊，不断提升群众获得感

在做强做精新闻宣传的同时，充分利用媒体优势，围绕区委、区政府中心工作和重点工作，聚焦经济社会发展痛点、难点和堵点，收集社情民意，强化舆论监督，推动问题解决，当好民生问题"减压阀"；积极拓展服务领域，深入推进"媒体＋政务＋服务"工作，着力打造区级综合服务平台，全面实现机构职能从单纯宣传型向综合服务型转变。

四、坚持目标导向不歇脚，推动媒体融合作示范

为把双流区融媒体中心建成"立足双流、辐射成都、走向全国"的新型主流媒体，应在平台建设、宣传筹划、报道质效、活动打造等方面下功夫，坚持新闻宣传和特色活动"两条腿"走路，"扎实抓好县级融媒体中心建设，更好

地引导群众、服务群众",推动媒体融合向纵深发展。

五、坚持创新为要不松劲,实现改革发展新突破

新的传播技术正在深刻改变人们的信息获取方式、交流方式和生活模式,融媒体中心要顺应互联网发展大势,勇于创新、勇于变革,利用互联网特点和优势,把握现代新闻传播规律和新兴媒体发展规律,推进理念、内容、手段、体制机制等全方位创新,因势而谋、应势而动、顺势而为,以变应变,扬长补短,在融合发展中创造新优势、赢得新空间、实现新突破。

六、坚持对标发展不气馁,实现跨越赶超争一流

不满足于小胜即安,不满足于种好自己的一亩三分地,对标媒体融合先进地区,在对标的维度上注重纵向对标、横向对标;在对标的内容上注重全面对标、单项对标;在对标的标准上注重务实对标、跳高对标;在对标的方式上注重阶段对标、动态对标。突出问题导向,知道自己的长短、知道问题的根源,"眼睛向外"开拓视野、"刀刃向内"自我革命,在破立并举、知行合一上狠下功夫,实现跨越赶超。

七、坚持前沿思维不懈怠,勇当融合发展先行者

媒体融合走过了"相加"的阶段、正在进行"相融",但从未来来看,应该是从基因进化角度推进融合,也就是智媒体,让信息传播跟人工智能相融合,最终实现传播的蝶变。目前,智能手机成为人们交流、沟通、分享的主要媒介和渠道,可以肯定,未来相当长一段时间这也必将是主要媒介,在 AI 的支撑下,信息传播的移动化、社交化、智能化特征更加明显,大势不可逆转,推动媒体融合向纵深发展,必须紧跟科学技术前沿,充分借助大数据、人工智能等最新科技成果,探索其在媒体传播各阶段、各领域的应用,才能找准融合转型的方向。

第二十六章 四川省仁寿县融媒体中心舆论引导能力建设研究报告

汪俊灵[①]

仁寿县融媒体中心成立以来，已有来自北京、上海、河北、吉林、安徽、江西、青海、西藏、广西、云南、湖北等省市县领导和同行参观调研、学习交流。共接待中宣部、国家广电总局、中央级媒体19个批次，51个省级部门、269个市级部门、502个县级部门共3000余人次的考察调研、交流。先后应邀参加2019年光明日报组织的媒体融合经验交流会、中宣部组织的媒体深度融合工作推进会、国家治理协会和中国传媒大学举办的第二届"融媒体与公共治理"经验交流会等，受西藏、青海、江西省委宣传部邀请，参加"融媒大讲堂"授课。

第一节 基本情况

仁寿县融媒体中心是由原来分属县委宣传部、眉山日报仁寿版、仁寿县广播电视台管理的人员、资金、技术、平台等全面整合组建而成的。2017年开始由宣传部牵头，县编办、财政、国资、网信、文广新、电视台等部门参与筹建，2018年9月挂牌，2019年2月机构改革后正式成立。县委直属事业单位，正科级，由县委宣传部代管，挂仁寿县广播电视台牌子。现有在岗职工109人，其中在编职工52人，聘用57人。

仁寿县融媒体中心认真以习近平总书记关于"加强县级融媒体中心建设，

---

① 汪俊灵，四川仁寿县融媒体中心主任。

更好引导群众，服务群众"的要求为指导思想，坚持提高新闻舆论传播力、引导力、影响力、公信力，坚持营造风清气正的网络空间，坚持讲好仁寿故事、传播好仁寿声音。建设以"大美仁寿"客户端为主要平台，其他平台兼顾的融媒平台。其中电视用户 41 万户，广播电台覆盖近 200 万听众，大美仁寿 APP 客户端 80 万+用户，微信、微博、抖音、快手粉丝 80 万+。

2018 年仁寿县融媒体中心被中宣部列为全国重点支持推动的县级融媒体中心，被四川省委宣传部列为全省唯一的思想文化提升行动县级融媒体中心建设示范县，被四川省广电局评为广播电视媒体融合创新十佳案列。2019 年被四川省人民政府新闻办公室、四川省人民政府信息公开办公室、四川发布评为 2019 年度优秀融媒体协作政务新媒体。2020 年 10 月仁寿县《"四个一批"建好县级融媒体中心》的经验做法在中宣部《加快推进媒体深度融合发展专题》刊发，《四川省仁寿县：用好"加减乘除"法算好基层治理明白账》入选中宣部 2020 年度《全国宣传思想文化工作案例选编》。获得（第六届）中国广播电视媒体融合发展 2020—2021 年度融合创新全国区县（市）融媒体中心十佳案例。2021 年 5 月，中心平台"大美仁寿"客户端入选全国 7 个更具示范意义的县级融媒体客户端。

中宣部副部长、国家广电总局党组书记、局长聂辰席和四川省委常委、宣传部长甘霖等领导先后莅临考察调研，就仁寿县抢占舆论主导权，走好网上群众路线的经验和做法给予了充分肯定。四川省县级融媒体中心建设现场推进会、中国传媒经济 2019 年年会先后在仁寿成功召开。2020 年 9 月 15 日四川省县级融媒体中心建设现场验收会在仁寿县召开，仁寿县以全省最高分通过验收。

第二节　改革创新促发展

在体制机制上，打破常规，创新举措。仁寿县委把融媒体中心建设列为县委深化改革重点事项，明确融媒体建设应涵盖宣传舆论、便民服务、基层治理内容，由三位县委常委共同推进。成立仁寿县融媒体中心，由县委常委、宣传部部长兼任中心主任，强力推进。充分尊重融媒体中心要求，科学安排"三定"

方案。组织、宣传、人社、财政等多部门积极支持媒体融合，从机构、人事、财政、薪酬等方面，进行深化改革。机构设立纳入全县机构改革优先同步进行。

在内容生产上，坚持"移动优先"。充分发挥好新型主流媒体压舱石、风向标的作用，在及时性、权威性、准确性、思想性上下功夫，不断提高正面宣传和舆论引导质量水平。变事后报道为事前引导。长期以来，基层媒体由于策划能力弱，对新闻的报道多是事后报道。2019年，仁寿县融媒体中心开始变事后报道为事前舆论引导。为提升城市品质，仁寿县委县政府决定开展"拆违行动"和"县城区人力客运三轮车退市行动"。这两项工作关注面广，利益牵扯人群复杂。为营造良好的舆论氛围，中心精心策划，采取前期采访相关部门和相关当事人、市民，讲述人力三轮车在中心城区运营和违规建筑的危害，揭露修建违章建筑就是侵占公共资源的性质，积极发动相关部门以及中心干部职工开展留言评论引导，形成必须取缔、必须拆除的共识和舆论攻势，助推工作顺利推进。多为政府办事，让政府感受到中心的重要性，"有为才有位"领导才会重视你，为你摇旗呐喊，给予你更大的支持。

变深度报道为深浅结合同步发力。互联网时代是一个以"快取胜"的年代。持续转作风，坚持"短、实、新"与"深度"相结合，对重大活动、重要新闻、主题报道推行"1+N+N+N"的直播模式即一个新闻事件采用"一条精编的电视新闻（或者短视频）+N条APP图文快讯+N条评论+N条广播新闻"播发模式（力求做到报道与事实同步直播），实现新闻的首发和深度报道相结合，提高了新闻的舆论引导力。而对于一般性新闻事件采取有选择性的发布。

在经营管理上，政府、市场双管齐下。中心充分利用好政府资源，牢牢吸附用户。新冠肺炎疫情期间，仁寿县政府两次发放千万元消费券都是通过中心"大美仁寿"客户端来抢券，同时采集平价口罩，也通过中心客户端抢购，线下定点取货；另一方面，大胆面向市场，通过市场创收，增强造血功能。

在人才激励上，打破身份界限，同工同酬。仁寿县融媒体中心实行"事业单位企业化管理"。建立完善适应媒体融合、竞争发展需要的内部人事管理制度，打破职工身份界线，编内编外，同岗同酬、多劳多得，能进能出、能下能上。以融媒体中心为主进行人才招聘，共开展两次吸引59名年轻的新媒体人才。

在媒体技术上，另辟蹊径，合作共赢。技术缺乏是县级甚至市级媒体的难堪，受制于人的最大难题。仁寿县融媒体中心一开始就选择的第三方技术公司和自已的技术合作研发系统平台建设，后来，发现还可以一起创收。于是，仁寿县融媒体中心通过与第三方技术公司合股成立新的技术公司，中心出资源出需求思路，技术公司出研发，参与全县智慧城市建设，化解中心后期平台升级运维的技术、资金难题，不再存在每次升级和每年的维护费。通过成立合股公司的模式化解技术难题。

在政务服务上，坚持"能进则进"原则，逐步推进。将企业开办、项目投资建设等 25 个高频事项申请办理"搬"到"大美仁寿"客户端。为职能部门搭建服务栏目，开放后台，由他们使用、管理。如为组织部开设"党建"栏目，为国资金融局开设"金融"栏目等。主动为职能部门搭建网上服务平台。已完成财政查询、军人之家联络、农民工之家服务等 16 个平台建设。差旅报销平台，出差在线申请、审批和报销提供一站式服务，规范公职人员报销行为，让全县干部职工每天都会使用大美仁寿客户端。

在民生服务上，坚持"需求定制"原则，贴心服务。新冠肺炎疫情防控期间，"无接触购物"栏目，联合县内商超累计派送超过 3 万单，解决群众宅家急需生活用品。本地电商平台已经上线运行。开设"生活"栏目，在手机上建设一个"零摊儿"，方便网民发布各种生活信息，展示百姓生活状态，满足各种需求。

第三节 舆论引导力增强

随着媒体融合改革的深入，仁寿县融媒体中心正稳步向着新型主流媒体发展，传播力、影响力、引导力在逐步增强。

仁寿县融媒体中心采取转发上级媒体和上级精神本地化策划采访报道等措施，及时解读党的理论路线方针政策及上级各级党委政府精神，让上级精神落地落实。2020 年 2 月 26 日，中共中央政治局会议：要求各级党委和政府精准稳妥推进复工复产。中心及时转发中央、省级各媒体的相关报道，同时跟进报道本地党委政府的落实政策，报道本地企业的贯彻执行情况，海采群众的看法。通过一系列的报道让中央的声音尽快"飞入寻常百姓家"。在今年开展的党史学习教育宣传工作中，中心开启"四云"党史学习教育模式，推进党史学习教育入脑入心。"云课堂"开启党史学习教育自学模式。根据人们的不同收视习惯，依托传统媒体广播、电视新闻、标语和新媒体大美仁寿客户端、仁寿头条微信公众号，每日以文字、图片、短视频等形式实时推送党史知识、党史日历等。"云宣讲"让党史学习教育"声"入人心。推出《红领巾讲党史》广播音频栏目和音频作品，开设《仁寿记忆》系列短视频栏目，通过烈士家属和烈士后人讲述烈士生前故事；开设《诵读红色经典》系列视频栏目，让青少年了解党史知识、感悟信仰力量；策划拍摄MV，以歌曲的形式通过唯美的镜头语言，展现了仁寿人民永远感党恩、跟党走的决心。"云参观"让党史学习教育"活起来"。通过定制全县"红色教育路线图"，把全县爱国主义教育基地串联起来，制作视频，安排专业人员实地讲党史故事，通过视频和相关管理人员带大家线上参观。通过学习强国或者大美仁寿客户端并联其他市县客户端搜索转载县外红色基地参观视频。通过"云参观"，让大家足不出户瞻仰革命遗址，缅怀革命先烈。"云活动"让党史学习"动起来"。开展"百万妇女学党史暨党史知识有奖答题活动"。开展"百年辉煌劳动光荣"为主题的"庆五一"抖音短视频大赛，宣传和弘扬劳模精神、劳动精神，工匠精神。收到215件作品，评出获奖作品20件。总阅读量达500万+。与县退役军人事务局合作推出"老兵永远跟党走仁寿退役军人来报到"庆祝中国共产党成立100周年系列征集活动。通过"云活动"，激化广大干部群众主动参与党史学习教育的热情，使党史学习教育互动化，赢得社会更高认同。

全民通讯员是仁寿县融媒体中心讲本地老百姓生产生活故事的一大特色。所有用户都可以通过本地客户端发布内容汇聚海量信息。用户成为宣传员，成为内容生产者，成为编外记者。为部门、乡镇、村社区、医院、学校、企业等单位和个体注册"仁寿号"，为他们提供后台制作发布内容；为各职能部门开设栏目，并交给对方管理和使用，把他们变成内容生产者。目前大美仁寿客户端有503家单位、2596个体入驻，为16个智能部门开设农民工之家、智慧党建等栏目。对于中心新闻部来说，这些内容信息又成为新闻线索，成为中心讲好本地老百姓生产生活故事的新闻素材源。

实施"三主"管理是仁寿县融媒体中心对于重大危机事件干预的法宝。仁寿县在做大做强主流媒体的同时，创新实施"三主"管理。搭建舆论场，当好"场主"。开办"仁寿县有奖爆料"，与中心网络媒体平台打通，通过发放"红包"和解决问题吸引网民爆料,将舆情留在本地属地消化。有奖爆料自 2017 年 5 月开办以来,年均为群众解决问题 12000 多件。通过"问答",及时回应网民诉求。自 2019 年 4 月开通"问答"栏目以来,年均收到 1100 余条网民诉求,回应率 100%。收购境内发展最好的自媒体,用好其组建的三百多个微信群,收集舆情,当好群主。组建全县新媒体联盟,建成舆论统一战线,规范行业管理,实现重大事件统一发声,当好盟主。2018 年,仁寿县富加派出所民警遇袭事件,就是自媒体率先报告的。由于此事舆情掌握处置得及时,化解了重大危机。2020 年疫情防控期间,各自媒体每天统一转发中心平台发布的内容。

打造网络综合体——"大美仁寿"客户端,汇聚和吸附本地网民,强化本区域公众认同形成凝聚力向心力。自 2019 年 3 月,中心砍掉了已有 4 万用户的"视听仁寿",重新打造具有一定智能化的新型客户端——大美仁寿。一方面,推行网络服务"一地一端"模式,各部门把大美仁寿客户端作为网络服务的集中窗口,积极把自己行业内的网络服务系统平台与大美仁寿客户端实现平台技术对接,不断延展大美仁寿客户端的功能,吸附本地网民聚集于此,实现"聚民心先聚人气"。在互联网时代,已经淡化了内外宣的界限,通过入驻单位发布本单位贯彻落实县委县政府部署的中心工作的开展情况信息,从而影响全县其他单位及时推进此项工作,统一思想,实现基层治理。通过记者、单位、个人等各种角色,发布视频、图文、评论等各种产品信息,淡化行政体制刚性界限,实现不同主体的平等共同参与,更好地发挥媒体的上下联通角色,达到基层共享、共治的目的,从而也强化了本区域公众认同,进一步提高了主流媒体的凝聚力向心力。

第四节 问题与困境

一是互联网思维转变慢。在融媒体时代,平台的资源聚合、传播形式创新、新技术手段的运用等将是融媒体中心增强舆论引导力,抢占主流舆论的关键环节。如果不时刻关注、研究网民的喜好,加快互联网思维的转变,就会错失抢占舆论制高点的重要时机。目前,县级融媒体中心的职工大量是从原县电视台或者新闻报道组的职工，传统媒体思维根深蒂固，互联网思维弱或者说转变困难。

二是内容生产能力弱。基层媒体人才匮乏，新媒体人才更少。无论新闻策划、采访、制作都存在能力不足的问题。无论是图文新闻还是短视频、海报等形式的精品力作很少，大量的内容产品泛泛而谈，难以引发受众的共鸣和复利传播。媒体人才和技术人才如何引得进和留得住，是一大难题。

三是部门壁垒仍然存在。从内容生产和为民服务上双向发力，紧跟时代发展的脉搏，才能在媒体深度融合的路上不掉队。目前，各职能部门自上而下就没有拧成一股绳，缺乏一盘棋的思维，各自建设推广自己行业的服务平台，造成火力分散、影响力不足等问题，需要从上到下的政策支持。

第五节　路径与方法

一是参与就是最好的老师。互联网思维，它来自于时间，需要时间。互联网思维的培养不是一天两天就能解决的，也不是通过一次学习两次学习就能解决的，它肯定要在做的过程中慢慢培训，当然通过培训和学习这是必不可少的，一定是在做事情、开发APP、开发服务功能的过程中慢慢培养起来。在互联网思维的建立上，也不必太急，关键是要做。这里所说的做，应该就是要每一个融媒人一定要参与到中心的建设中来，一起干，在干的过程中慢慢积累、学习和潜移默化的转变。从仁寿县的实践来看，正好证实了这一说法的正确性。

二是激励机制是提升内容质量的秘钥。作为最贴近生活、贴近群众的基层融媒体中心，内容生产弱，归根到底是人才的问题。人才的招留，在基础条件不能改变的情况下，激励机制是关键。一定要让员工体会到，干不干不一样，干多干少不一样，干好干差不一样。也就是说一定要有个科学合理的制度，认真执行，并及时公布，让员工看得到。如果执行了没有及时公布，员工看不到，对员工没有多大感觉，久而久之，执不执行对员工来说已经不重要了，没有感觉，他的工作积极性就会受到打击，就不会用心工作。这一点作为具有创意工作性质的新闻工作来说，无疑是致命的。而相反，才是激化员工的工作激情和创意灵感。别人的绩效管理办法往往难以复制，真正适合自己的必须要结合自身的实际制定。

三是顶层设计是破除部门壁垒的关键。媒体融合是一次革命，不是哪一个部门的事，它是各地一把手工程，中央要求各地要做好顶层设计。媒体融合的关键是做好顶层设计，党委政府主要领导重视，部门齐心支持，这项改革工作，才能做得好。作为改革的主体的县融媒体中心不能"等、靠、要"，要明白"有为才有位"的道理，积极主动做好自己，积极为党委政府分忧解难，为部门创新线上工作，才能争取到领导真正重视，部门大力支持，从而破解部门壁垒。

第二十七章　广东省高州市融媒体中心舆论引导能力建设研究报告

谭庆茂[①]

2018年10月9日，高州市融媒体中心率先在茂名市正式挂牌成立。把高州市广播电视台、高州市新闻中心进行整合，组建高州市融媒体中心，明确融媒体中心为市委直属公益一类事业单位，正科级，归口市委宣传部领导。成立以来，高州市融媒体中心严格按照规范建设的要求，抓好软硬件设施建设和人才打造，积极发挥平台作用，壮大主流舆论声音。

第一节　融媒体中心基本情况

一、整合媒体资源，筑牢宣传阵地

1.资源优化，全媒整合。高州市融媒体中心以建设主流舆论阵地、综合服务平台、城乡信息枢纽为目标，把广播、电视、《高州新闻》报、"好心高凉"微信公众号、高州广视网等有机融合，对"高州组工网""高州宣传"等市内政府部门主办的媒体实现代管代运营，实现市内各种传媒要素有效整合，打造全媒体传播新格局。

2.夯实阵地，把好导向。加快建设第三方头部平台账号，拓展阵地，建设"广播电视报网端微屏"传播矩阵。通过不断拓展阵地，加快转型，传播矩阵不断

---

① 谭庆茂，广东高州市融媒体中心主任。

巩固壮大，从原来传统的广播电视、报纸，不断发展壮大，形成"报网端微屏"传播矩阵。目前已开设微信公众号、APP、抖音号、微视号、视频号、B站号、今日头条号、腾讯新闻企鹅号、微博、南方日报（高州视窗）、南方+（高州频道）、广东电视台触电+（高州频道）等，实现优质内容多渠道发布，形成传播声势。通过整合各平台信息，统一发布标识，强化版权管理，集成全市各委办局、各街镇新媒体资讯，梳理整合了全新的业务流程，坚持有融有分、统分结合。"一次采集、多种生成、移动优先、全媒传播"使融媒体中心成为全市唯一、权威的新闻发布端，形成了强大的宣传合力，切实围绕市委、市政府中心工作开展宣传报道，讲好高州故事，把握好宣传导向。

二、加快平台建设，强化人才培养

中心正式挂牌成立以来，以被省列为县级融媒体中心建设试点为契机，积极争取上级扶持资金和自筹资金投入，到目前为止，上级财政专项资金679万，已投入了800万用于中心软硬件各项建设。

1. 抓好基础设施建设。基础设施建设已投入资金213万元。2019年，市机构改革调配市区一幢建筑面积约1200平方米的办公旧楼给中心使用，中心争取了高州市财政专项资金46万元，自筹资金86万元进行整体修缮改造，并购置了空调、办公设备、会议室桌椅等设备，综合部等9个职能部门安置在2号楼办公。1号楼自筹资金81万元建设融媒体中心的指挥中心、演播大厅、虚拟蓝箱室、化妆室等土建部分，并对4至8楼宣传口部门外墙装修改造。

2. 强化业务培训。2019年以来，投入36万元进行业务培训。先后4次组织市直、各镇街的宣传委员、宣传干事、中心宣传口人员共170多人举办融媒体业务培训班，邀请省台、省传媒中心、触电传媒、暨南大学新闻传播学院等专家教授、技术权威进行授课；组织中心业务骨干前往湖南长沙、浏阳、省传媒集团、江门等地学习培训236人次，打造一支真正"综合融"的"全能型"采编播发人才队伍。

3. 配强设施设备。投入407万元采购了部分器材包括高清摄录器材、办公电脑、演播厅灯光、声学设备、空调、移动直播设备、调音台、音响和相关配套设备。

三、聚焦重点工作，提振发展动力

1. 围绕中心，服务大局。紧紧围绕市委、市政府的决策部署，全力做好主题宣传和重大项目宣传报道。全媒体中心策划开展了现场直播活动80多场次，其中"中国荔枝产业大会"点赞量100万+。

2. 全媒齐动，抗击疫情。在抗击疫情期间，新闻工作者下沉一线，加强组织策划，及时全面地展示全市干部群众团结一心，众志成城，抗击疫情的信心和决心。相关宣传的总点击（阅读）量近4191万次。摄制《您是最美那座山》歌曲作为抗疫优秀作品，在学习强国等全国性平台和广东等省级平台播出。

3. 把握导向，凝聚共识。充分发挥媒体舆论引导作用，2020年以来分别对扫黑除恶、农村人居环境整治和城市"创文创卫"进行监督报道，有效推动了工作的开展；大力宣传道德模范、身边好人事迹，营造崇德向善、见贤思齐的社会氛围。其中，"最美警花"罗冬妮惊心三秒勇救男童一稿先后在省、中央电视台播出，人民日报、新华社等央媒也相继转发。

4. 服务民生，助力脱贫。中心把全媒体建设与脱贫攻坚紧密结合，积极探索"直播+扶贫+助农""报道+推销"的工作方式，实现党建与"三农"深度融合，帮助贫困村解决农产品销路问题。2020年以来先后深入古丁镇马丽村、南塘镇大塘笃村等39条省定贫困村免费直播，主持人为乡亲当主播"带货"直播，为鲜活"好货"代言，助力高州市贫困村脱贫攻坚。

5. 聚焦乡村，助力振兴。高州市融媒体中心在乡村振兴工作中充分发挥"全媒调度、全网传输、全域覆盖"的优势，当好党的政策宣传员、思想观念引导员、农科技术指导员、招商引资助推员、农副产品推销员、服务民生的服务员，精心组织了"决胜全面小康""高凉乡风""乡村振兴看分界""广东高州荔枝美食厨王争霸赛"等专栏宣传报道及系列惠民活动，取得良好成效。

当好党的政策宣传员。在广播、电视、报纸、"看高州"APP、高州广视、好心高凉微信公众号等平台设置专栏，全方位宣传贯彻党中央、国务院关于乡村振兴的各项方针政策、决策部署，真正使党和政府的各项惠民政策家喻户晓、人人皆知。2021年5月以来，中心记者来连续发力，每天早出晚归，头顶烈日，用脚丈量全市乡村每一方热土，基本保持每天有一条乡村振兴内容的自采稿件，栏目组《乡村振兴看分界》播出9期，刊播新闻稿件和短视频160多条。

当好思想观念引导员。以百姓视角讲好乡村振兴故事，大力挖掘报道乡村振兴亮点成效和典型事迹,用听得懂、记得住的语言,用身边事激励身边人,引导村民转变思想观念,增强主体发展意识,激发工作信心和力量。

当好农科技术指导员。联合农、林、渔等部门开展技术培训和服务,拍摄制作农科技术讲解视频在各平台刊播,利用APP等平台同步上线网上课堂。组织农艺师等专家开展户外网络直播农技推广活动,走进田间地头,现场帮助解决技术难题,推广科学种养管理技术,提高农民群众致富能力。

当好招商引资助推员。借助融媒体中心平台的影响力,为农村制作刊播特色项目招商宣传片、短视频,在融媒体平台免费刊播招商广告,通过图文推送、专题报道、电视消息、短视频播发的矩阵式传播,推介优秀的自然生态、民俗文化资源,吸引乡贤企业家回乡投资,先后引进了鳄鱼产业、百香果种植、小龙虾反季节养殖等项目,为乡村振兴注入崭新活力。

当好农副产品推销员。结合荔枝、龙眼、香蕉等高州特色农副产品举办系列活动,通过现场直播推介,制作"短、新、奇"的小视频,软文广告等方式,为高州农副产品对接市场牵线搭桥。在2021年5月荔枝购销旺季,高州市融媒体中心举办了万众瞩目的"果乡·广东高州荔枝美食厨王争霸赛",吸引了城乡50多个餐饮单位和个人报名参赛,打造了一批"网红餐馆"、"网红厨师"和"网红菜式",带动了城乡荔枝饮食文化的兴起。他们精心制作出近百款以荔枝为食材的菜肴,通过高州市融媒体中心"报网端微屏"传播矩阵的直播和包装宣传,让舌尖上的美"荔"味道随着主流媒体的"渲染"后进入了百姓餐桌。这些"网红菜"的制作手法录制成视频在高州市融媒各平台广泛转发,开启了该市荔枝销售和深加工发展的加速"引擎"。据今年荔枝美食厨王争霸赛的冠军菜式得主——高州市长坡镇聚友农家菜馆表示,该餐馆在今年荔枝产销季节共采购近万斤优质荔枝用于餐饮食材,许多顾客慕名而来尝食冠军菜"贵妃寻梦",营业额比往年同期猛增了50%。

一个传播矩阵的支点,撬动了一个农业主导产业的发展。几年来,通过高州"广播电视报网端微屏"传播矩阵全方位、立体化的宣传推广,缓解了高州荔枝因密集上市造成滞销、果贱伤农的难题。据统计,高州市融媒体中心在各平台发布端推出与农业相关的新闻信息、推文、短视频、专题片、音频等产品达10000条以上,有效带旺了农副产品销售,增加了果农收入,助力了乡村振兴。

当好服务民生的服务员。中心结合地方农时实际和群众需求,组织节目到乡村进社区，将政策宣传、法律服务、农科普及与宣传结合，拓宽宣传服务广度，举办了生命一号最美乡村（社区）评比、文明实践等群众性服务活动 50 多场次；拓展"媒体+"渠道，在城市服务、电子商务、文化创意、政务服务等方面大胆创新，先后与高州仙人洞景区、高州古郡水城乐园等进行合作，开展全媒体推广和销售服务，让宣传更接地气。

6. 强强联合，优势互补。分别与暨南大学、广东财经大学华商学院传播与传媒学院共建实践教学基地，在学生实习、就业创业、教师实践、专业建设、技术研究创新等领域开展深度合作，实现互惠互利、优势互补、共同发展。2021 年 5 月，邀请江西省分宜县融媒体中心全媒体运营、采编 5 名权威到高州，全国先进县级中心为高州中心发展赋能。对中心班子、宣传各部门负责人进行培训，就媒体合作、事业创新发展进行深入探讨，加大横向交流合作，为高州加快打造全省标杆、全国一流县级中心注入新的动力。

第二节　融合改革不停步，力量重组生活力

一、探索机制创新，拓宽改革视野

1. 改革深化，力量重组。2021 年，按照省委宣传部的部署，继续加大融合改革的力度，总结过去两年来的建设实际，根据目前融合发展的需要对人员和部门进行了大胆灵活的调动组合，重组采编力量，重构中央厨房采编发流程，强化服务功能，深入推进机构融合、平台融合、数据融合、服务融合。

2. 分配改革，激活动力。2021 起，改变了以往编制内人员吃大锅饭的情况，除基本工资外，体制内外人员绩效同工同酬，全部参与量化考核；设立部门绩效奖励基金，激发全体人员动力和潜力。通过完善绩效奖励方案，最大程度调动干部职工的积极性。优劳优酬，多劳多得，更加激发了干部职工的创造力，增强了他们的归属感。

3. 自我完善，不断壮大。2020 年 6 月，在办公用房紧张的情况下，将中心 10 个部门搬迁至市机构改革新调配的 2 号楼办公，腾出 5 层办公楼作为融媒体

办公用房。此外，中心派人前往湖南长沙、浏阳、省传媒集团、增城等地学习培训213人次，2021年，中心专门购买了线上课程，每周集中全体人员进行学习培训。采编人员从单一的岗位向全媒体全能型人才转型，突破岗位专业壁垒，打造一支真正"综合融"的"全能型"采编播发人才队伍。

二、打造全媒平台，奏响时代强音

打造新型传播平台，建成新型主流媒体，扩大主流价值影响力，让党的声音传得更开、传得更广、传得更深入。

1. 为民服务有广度。与市文明实践中心有效对接，先后举办了广场舞大赛、电商讲堂、文明实践等群众性服务活动100多场次；拓展"媒体+"渠道，在城市服务、电子商务、文化创意、政务服务等方面大胆创新，先后与高州仙人洞景区、高州古郡水城乐园等进行合作，开展全媒体推广和销售服务，让宣传更接地气。并将加入国家数字乡村试点，创新服务群众途径。

2. 宣传方式有速度。"看高州"APP是按照"本土化定位、融合化宣传、平台化发展"的理念，把县域范围内分散的媒体资源集成、整合，用图文、音频、视频、直播等全媒体形式，全面提升舆论引导力，抢占新闻舆论高地，具有资讯丰富、传播力强、覆盖面广、受众认可度的传播优势，以最快速度及时传递党和政府的声音。

3. 宣传推介有深度。积极向"学习强国"平台荐稿，多角度展示高州形象，传播高州文化。2020年，共有96创视频和音频登上"学习强国"广东平台，其中《高州：红柚飘香 金果富民》《高州：现代农业架起群众"致富桥"》等10多则短视频登上"学习强国"全国平台；中心一直位居南方号茂名矩阵影响力第二，2019年被省广电局评为县乡融媒体中心"先导单位"，先后有33件宣传作品在省级评比中获奖。在2021年北京召开的全国"两会"，广东向全国推出《只争朝夕 看广东24小时》大型融媒直播节目。其中，中心制作的直播《高州让全国人民实现荔枝自由》《粤西最大的服装厂有序复产复工》表现出色获得在全国播出。

三、加强媒体合作，拓展传播途径

为让主流声音有效拓展传播途径，让主流媒体有效扩大覆盖范围，高州市融媒体中心注重加强与上级主流媒体的合作，有效拓展传播途径，弘扬主旋律，传播正能量。

1. 向上级主流媒体多层次推送作品。积极向广东电视台、"南方+"、《南方农村报》、"学习强国"等上级媒体和平台提供影音资源和稿件信息，传播高州好声音，树立高州对外好形象。

2. 加强与省市纸媒对接。2021年以来，在《南方日报》开设"高州视窗"板块，每周刊发一期，着力推送高州时政新闻、乡村振兴、城市建设、红色党建等内容。向《茂名日报》"高州观察"专版供稿，多层次、多角度宣传报道高州市各单位各部门工作的好经验、好做法、好成效。

3. 邀请全国先进县级中心为高州赋能。2021年5月，邀请江西省分宜县融媒体中心全媒体运营、采编5名权威到高州，对中心班子、媒体部门负责人进行培训，就媒体合作、中心事业发展进行深入探讨。双方聚焦发展问题、重点突破课题，加大横向交流合作，为高州加快打造全省标杆、全国一流县级中心注入新的动力。

四、创新"新闻+"思路，加强政企合作

在媒体融合的潮流下，重塑商业模式，在做大做强主业的同时拓展服务和营收能力，从而更好地反哺主业。

近年来，高州市融媒体中心发挥资源和人才优势，创新"新闻+活动""新闻+服务"等思路，以各种营销活动为切入点，整合电视、电台、报纸、新媒体等各平台资源，提供线上线下的策划、创意、推广、执行等专业服务，间接带动或直接参与产品销售，助力客户树立品牌形象、打开更大市场。同时，积极参与政府、企事业单位各类型的大型庆典、晚会、大型展览、展销会以及一些协会的专业活动、颁奖活动、成果展示汇演等，积极面向市场探索多元经营活动，探索更多的盈利模式，提升自我造血能力。

五、推进数字乡村建设，深化信息惠民服务

2020年8月，高州市入选广东省数字乡村发展试点县（市）；同年10月，又被列为首批国家数字乡村试点地区，是广东省三个国家试点地区之一。高州市已确定高州市融媒体中心建设数字乡村平台。平台建成后，将通过"看高州"APP提供政务公开、广东政务服务等政务服务；提供法院直播、护照通行证、广东省教育等公共服务；为本地精神文明建设以及新时代文明实践建设展示平台，打造乡村精神文明网络文化阵地，做好乡村价值引领的主心骨风向标。

第三节 舆论引导实证研究

一、解读党的理论路线方针政策及上级各级党委政府精神

1. 深挖地方资源，办活专题专栏。在党史学习教育开展中，中心以"融"为"媒"，通过"互联网＋电视＋报纸"的模式和平台，搭建起全市有声有色的"学党史动态图书馆"，营造全市各地灵活多样学党史、深耕一线办实事的浓厚氛围。《看高州》APP专门开辟《学党史 悟思想 办实事 开新局》和《"学党史·当年今日"高州、全国党史天天读》两个专栏，发布学党史推文700多篇。

2. 全媒融合报道，营造浓厚氛围。充分发挥媒体融合的资源优势，在高州广视、好心高凉、高州组工微信公众号开辟了党史学习教育专栏。向广东电视台、"南方＋"、《南方农村报》、"学习强国"等上级媒体和平台提供影音资源和稿件信息，传播高州好声音，树立高州对外好形象。今年以来，在《南方日报》开设"高州视窗"板块，每周刊发一期，向《茂名日报》"高州观察"专版供稿，多层次、多角度宣传报道高州市各单位各部门工作的好经验、好做法、好成效。目前，中心共播发各类学党史、办实事稿件近1300篇。

二、讲本地老百姓生产生活故事

讲述老百姓故事，传递社会正能量。2021年上半年，共摄制百姓新闻162辑，其中《来自台湾的他，扎根高州24年，建了个世外桃源》讲述1997年，刚40

出头的台湾青年杨炽惠，从遥远的台湾屏东孤身来到高州长坡大石冲村，他看好高州"三高"农业的发展前景，与村里签订了 500 亩山岭和 100 亩山塘的长年承包合同，自此便在这山旮旯里"安营扎寨"，成家立业，一待就是 20 多年。此外，还在那 100 亩的山塘放养罗非鱼、鲩鱼等。之后，便心无旁骛地做起了"山大王"，与这些果树、鱼儿日夜厮守，不离不弃直至现在，在这片希望的土地上，见证了人不负青山、青山定不负人的故事。《乡村振兴中的高州新农人：荔枝妈咪——梁永艳》，讲述在高州的荔枝圈有一位 33 岁年轻的"老前辈"梁永艳的故事。她早在 2013 年便开始通过网络销售高州荔枝，斯文柔弱的外表里藏着一颗敢干敢拼的心，一边照顾家庭，一边销售家乡农产品，把家乡荔枝卖到青海、吉林等地区，她被人称为"荔枝妈咪"。

三、重大危机事件干预

2021 年 5 月 25 日，茂名市政府新闻办举行疫情防控新闻发布会，通报 25 日发现的 1 例新冠病毒无症状感染者相关情况。部分群众因茂名出现了一例无症状感染者，引起心理恐慌，市内各大医院接种人群大幅增加，接种秩序混乱，疫苗一度缺乏。根据这一情况，按照茂名市的防疫要求，中心立刻启动应急预案，在全媒体及时刊发党委政府通告，正面报道接种进展情况，及时发布疫苗储备和接种安排，权威发布涉疫相关信息，分 22 期对全市各接种点安排情况进行动态报道。邀请疾控中心权威解读正在使用的三种不同疫苗，正确引导全市适龄人群科学接种全程一针、两针、三针的疫苗，切切实实解决群众的疑惑。其中，看高州 APP 推文《高州疾控提醒：7 月份不再集中接种新冠疫苗第二剂次》点击量达 8.3 万次，《关于做好近期疫情防控的倡议书》推文点击量达 4.6 万次。

四、外宣传播强化本区域公众认同形成凝聚力向心力

1. 服务中心大局，助力乡村振兴。2020 年，融媒体中心选派党员主持人冯秋慧担任高州市根子镇元坝村第一书记，筹划新农村建设，推介该村荔枝、人文景观、自然遗产，并为该村桥头村代言；同年 3 月，中心各平台推出《2020 高州荔枝品牌营销系列活动启动》《看南粤大地美丽乡村》《茂名高州荔乡元坝年轻党员用画笔描绘家乡美景助力乡村振兴》《高州大唐荔乡（元坝）景观

大道首轮评选进入全国前三名》等报道38篇；9月，冯秋慧作为第一书记，参加在广东电视台珠江频道的《乡村振兴大擂台》PK，高州元坝桥头村在全省推荐的32条村中脱颖而出，被评选为"广东省十大最美乡村"，一举成为粤西网红村。2021年4月，参加广东第二届《乡村振兴大擂台》茂名海选的分界镇以第一名胜出，代表茂名出征广东省第二届乡村振兴大擂台。在网络汇聚人气，向省、茂名推介高州分界镇过程中，全媒体重力推出《乡村振兴看分界》，展示分界镇秀美乡村，触摸乡村历史脉络，探寻产业振兴之中，感受分界镇实实在在的变化，目前已播发16期，全方位介绍分界镇作为高凉大地农耕文明的重要发源地、世界储良龙眼发源地、全国文明镇、中国桂圆加工第一镇、国家和省荔枝现代农业产业园的核心区地等。联合市农业农村局、市摄影家学会主办"乡村振兴.美丽分界"摄影大赛，增加知名度。

2. 聚焦主体主业，着力服务群众。2021年5月以来，全媒体全程参与"广东喊全球人民吃荔枝"、大力宣传"520我爱荔2021年茂名荔枝营销行动"、联合南方+网络直播"2021中国荔枝产业大会"等活动，全方位向世界展示大唐荔乡的独特魅力，同时利用《寻宝大唐荔乡》综艺节目，发起抖音、官方微博、线上博览馆和短视频，吸引国内大批电商、网红、收购商云集高州销售荔枝。其中，中心对2020年刚被获评"广东省荔枝专业镇"的平山镇进行重点包装推介，全媒体参与宣传平山镇发布的《荔枝采摘、收购倡议书》，制播新闻视频《打造靓"荔"头牌！平山镇的荔枝看他们！》，介绍平山特有的库区气候和新培育的翠玉绿荔、冰荔等新品种，使采购商、电商不断涌入，镇内2.5万亩荔枝销售畅旺，收购均价高出周边产区1—2元，据统计该镇今年荔枝收入接近3亿元。

3. 讲好地方红色故事，不断赓续红色血脉。2020年9月，中心推送和播出了曹江镇堂阁村抗美援朝老战士陈喜初保家卫国、不忘初心、勤奋务实又深藏功名的感人事迹。全媒体重点讲述这名"张富清式"老英雄、93岁的志愿兵轰轰烈烈战斗，勤勤恳恳工作，平平淡淡生活，以一名普通共产党员忘我无私、淡泊名利、坚守初心的高尚品格，顿时引爆朋友圈，形成刷屏之势，引起社会强烈反响和关注。《人民日报》、央视新闻网、"南方+"等中央、省级主流媒体纷纷前来采访报道。

第四节　融媒体中心舆论引导面临的问题与困境

一是融媒体宣传的传播力影响力不强。高州常住人口超过百万，但"看高州"APP下载量、日活率、最高阅读量等方面数值（2021年8月2日）显示融媒体宣传影响力仍处于低位。

县区	2020人口基数	县级融媒体中心APP下载量（人次）	APP用户日活跃量	8月份原创稿件单篇最高阅读量
高州	143万	14.5万	1000+	7000+

二是融媒体APP政务便民服务功能有待完善。目前融媒体APP设置了粤省事、婚姻、住房公积金、政务公开、志愿服务等政务便民功能，但仅是通过点击外部链接进入各党政部门政务页面进行办理，且水、电、燃气缴费服务及社保、汽车火车购票等与群众息息相关的服务未能设置提供，综合服务存在有而不实的现象。

三是融媒体中心造血功能薄弱。经济来源主要靠有线电视网络、广告、新闻专题业务收费及财政补贴维持运营，但网络、广告营收整体逐年下滑，资金缺口大。

四是融媒体中心建设专项资金投入不足。融媒体中心总收入下降、运营成本上升、新闻采编专业设备投入成本高、损耗大、更新快，在设备购置、更新升级、运行维护等方面存在较大资金缺口，中央及省级财政专项资金成为融媒体中心软硬件建设的主要资金来源。融媒体建设的后期需要大量的资金，专项资金投入仍然不足，导致融媒体中心被迫对建设项目进行删减，制约了县级融媒体中心的长期发展。

五是新媒体专业技术人员缺乏。中心新闻采编、播音主持67人中，初级职称16人、中级职称8人，无副高以上职称。

第五节 提高融媒体中心舆论引导能力的路径与方法

一、壮大主流舆论阵地，牢牢把握话语权

1. 牢牢把握正确舆论导向，改革采、编、播流程，使之适应新媒体的发展需求。综合运用多种编播技术，坚持移动优先策略，建构全媒体传播体系，进一步打造报、网、端、微、屏等多种载体全面融合的传播矩阵，全链条衍生图文、H5、直播、漫评、动漫、短视频等产品样式，提升县级融媒体在基层的传播力、引导力和影响力。融媒体中心已与省、茂名纸媒平台实现互联互通，在《南方日报》《茂名日报》设置"高州视窗""高州观察"板块，扩大影响力。

2. 打造特色提升活力。开设了一档电视端和APP端大小屏互动的民生类栏目"看高州"，栏目在电视和APP分别投放，市民通过观看栏目对反映的问题进行讨论，留言建言献策。将好的留言和建议在下一期的栏目当中跟大家分享，对留言和建议较好的，进行媒体公开奖励。通过民生关注，大小屏互动、市民参与，提高了影响力、权威性，达到两端融合，增加大小屏两个端的日活量。

3. 进一步抓好看高州APP平台建设。目前看高州APP下载量为14.5万，将通过活动、投票、抽奖拉动下载量，通过导读（例如天气预报、农业技术、旅游购物、时政新闻）、连续15天登录可抽奖小礼品等方式提高活跃度，力争年内下载量达到30万。

二、争取放宽平台权限，切实提升能动性

1. 把民生服务收费板块链接入看高州APP。进一步提升完善APP平台服务功能，抓好省级平台系统迭代升级，授权服务板块密码，加强与腾讯、阿里平台以及"粤省事"、i志愿等省内重点平台的数据对接，并集中开发一批实用功能板块统一投放。授权看高州APP账号密码，把有线电视收费链接到APP。

2. 对触电平台建设有一个清晰的定位，明确职责、权利、义务（收集各县市合理要求），再加大投入，做强新媒体及平台，扩大拓展融媒体中心在广告、服务+、电商平台（利用官方公信力的农产品平台）的收入。

三、探索多元化经营模式，提升"造血"功能

利用现有的媒体资源，通过传统媒体和新媒体线上传播，举办各种文化节、旅游节、农产品展销，商业推介活动；利用网络直播，主持人带货，网络销售地方农业鲜品及农副产品；做强专题片、代售景区门票、办好培训业务和开发纸媒业务创收；开展网络增值业务，改造现有网络，依托省网络公司的双向数字电视平台，着力推动"U互动"业务开展，包括4K电视直播、点播回看、视频监控、视频会议等业务；参与数字乡村、智慧城市建设，增加网络业务收入。

四、争取政府资金投入，加大"输血"力度

根据融媒体中心建设的需要，争取中央、省加大APP平台党建+微网格平台功能建设、新闻采编制分发舆情监测平台建设、智慧教育平台建设、平台维护等专项资金投入，并协调省触电传媒公司适当减免功能模块服务费用。根据中心目前的经济运行情况，积极向高州市委、市政府争取，把融媒体中心建设纳入民生实事工程，在财政上加大投入力度，支持中心建设和运营。

五、提升媒体人员"四力"，建强全媒体队伍

加强现有队伍的培训和继续组织各单位、镇、村、文明实践中心通讯员集中培训，扩大通讯员队伍，全面提高采、编水平；通过"走出去"与"引进来"，扩大与省内外高校合作，建强县级融媒体建设研究实践基地，以特聘、特邀、兼职等方式吸引外部优秀人才，为县级融媒体中心建设提供有力人才支撑；根据"三定方案"的规定，对照机构改革后核定的编制，通过职能部门分批招录中心缺编人员，重点向院校招录全媒体人才；根据全媒体发展的需要，把原设立的18个工作部门进行职能优化调整，按策划选题、统一调度、统一指挥三大架构职能，进行机构重置，提高工作效率。

参考文献

[1] 喻国明，姚飞.强化互联网思维推进媒介融合发展.前线，2014，(10)：54-56+58.

[2] 胡正荣.传统媒体与新兴媒体融合的关键与路径.新闻与写作，2015，(05)：22-26.

[3] 北京市新闻工作者协会，梅宁华，支庭荣.中国媒体融合发展报告(2019).北京：社会科学文献出版社，2019：001.

[4] 李良荣，辛艳艳.从2G到5G：技术驱动下的中国传媒业变革.新闻大学，2020，(07):51-66+123.

[5] 人民网.人民网研究院发布《2020全国党报融合传播指数报告》.人民网—传媒频道，http://media.people.com.cn/n1/2020/1224/c120837-31977898.html，2020-12-24.

[6] 廖祥忠.从媒体融合到融合媒体：电视人的抉择与进路.现代传播—中国传媒大学学报，2020，（01）：1-7.

[7] 陈昌凤.以全媒体战略构建新时代传播体系.新闻战线，2020，（05）：37-38.

[8] 聂鑫焱."做活棋眼"：以短视频推动融合发展——以上海广播电视台"看看新闻Knews"为例.传媒，2021，（04）：26-27，29.

[9] 陶秋石.传统电视新闻如何在移动端取得突破——以看看新闻Knews为例.视听界，2021，（04）：26-27，34.

[10] （丹麦）克劳斯·布鲁恩·延森.媒介融合：网络传播、大众传播和人际传播的三重维度.上海：复旦大学出版社，2014：17.

[11] 彭兰.数字时代新闻生态的"破壁"与重构.现代出版，2021，（03）：

17-25.

［12］彭兰.网络的圈子化：关系、文化、技术维度下的类聚与群分.编辑之友，2019，（11）：5-12.

［13］苟凯东.模型与路径：媒介融合的多元价值系统.当代传播，2019，（01）：83-84.

［14］Bücher T. Want to be on the Top? Algorithmic power and the threat of invisibility on Facebook. New Media & Society，2012，14（07）：1164-1180.

［15］吕延涛.内容为王掌控终端　积极推进融合发展——深圳报业集团新媒体发展情况概述.中国报业，2017，(13)：30-31.

［16］高兴烈，王庭僚.高奏改革开放主旋律——深圳商报记录、见证、推进改革开放报道的实践和探索.新闻知识，2018，(11)：47-51.

［17］汪波.让创意头版实现"互联网+"——以深圳商报与"读创"客户端为例.新闻知识，2019，(10)：20-23.

［18］人民日报全国党媒信息公共平台，https://www.hubpd.com/hubpd/rss/toutiao/index.html?contentId=4611686018427684185&appkey=&key=&type=0.

［19］微信公众号"新传播智库"，https://mp.weixin.qq.com/s/oNNAg9vx7y8k_J5002dLSg.

［20］中共中央办公厅、国务院办公厅印发《关于加快推进媒体深度融合发展的意见》.http://www.xinhuanet.com/politics/2020-09/26/c_1126542716.htm.

［21］丁时照，张玉斌，李迩.打造融媒爆款作品方法谈——以深圳商报读创客户端"深"份证为例.新闻战线，2020，(19):39-41.

［22］苏海强.深圳商报脚板底下"走"出崭新气象.新闻知识，2019，(09):91-92.

［23］深圳新闻网，https://www.sznews.com/news/content/2019-04/17/content_21632719.htm.

［24］丁时照，张玉斌，李迩.传统媒体如何打造融媒爆款助力主题宣传——兼谈深圳商报读创客户端"深"份证活动的成功秘籍.南方传媒研究，2020，(05)：13-20.

［25］鞠传森."齐鲁智慧媒体云"自主可控技术体系探索.传媒,2020，(17):67-68.

［26］大众网."筑梦"德州2021！大众网·海报新闻：创新联动融合传播网聚"两会"好声音.http://dezhou.dzwww.com/news/202101/t20210128_7769143.html.

［27］汤代禄."齐鲁智慧媒体云"支撑媒体深度融合发展.中国传媒科技，2021，（03）：14-17＋39.

［28］第46次《中国互联网络发展状况统计报告》.中国互联网络信息中心，2020-09.

［29］鞠传森."齐鲁智慧媒体云"自主可控技术体系探索.传媒，2020, (17):67-68.

［30］唐德强，杨艺.牢记职责使命 加快改革创新——大众报业集团推动媒体融合向纵深发展综述.传媒，2019, (24):17-20.

［31］齐鲁壹点.大众报业集团融媒体中心推出防疫大数据融媒系列产品.https://ishare.ifeng.com/c/s/7u1klafgeCx.

［32］王敏.数据赋能 智慧创新 构建数智时代县级"媒体+"新生态.城市党报研究，2021, (05)：14-16.

［33］崔忠芳.江阴融媒：探索建立"新闻+政务服务商务"模式.中国广播影视，2020, (10)：64-68.

［34］刘淑峰.欲"融"先"变"——探讨传统媒体的融合发展和创新.新闻文化建设，2021, (01)：33-34.

［35］黄玉迎.北京日报微信矩阵发展分析.新闻战线，2016，（6）：97-93.

［36］李蕾.媒体融合：探索与思考——以北京市属媒体的媒介融合实践为例.传媒，2018，（3）：65-68.

［37］周文韬，张晓红.我国党报经营融合发展路径研究.传媒，2018，（2）：28-30.

［38］左颖.政务新媒体的自主可控平台建设路径探析——以北京日报客户端北京号为例.新闻研究导刊，2021，（3）：243-244.

［39］张玮，王玺.浅谈县域媒体融合发展中的人才机制创新.传媒，2020（4）上.

［40］新华社、中共中央办公厅、国务院办公厅印发《关于加快推进媒体

深度融合发展的意见》.中华人民共和国中央人民政府网,www.gov.cn,2020-09-26.

［41］宋建武,陈璐颖,王泱.2019年中国新媒体行业发展报告.//中国新媒体年鉴2019.时代文艺出版社,2020:813.

［42］张光辉.媒体融合背景下经营转型策略与模式创新.中国报业,2021（04）.

［43］喻国明.传媒业的脱困之路与端口建设.新闻与写作,2016（03）.

［44］迟聪慧.西方"信息茧房"相关研究综述及思考.青年记者,2021,（06）:120-122.

［45］丁和根.媒体介入基层社会治理的现状、角色与维度.新闻与写作,2021,(5):4-13.

［46］姜晓萍.国家治理现代化进程中的社会治理体制创新.中国行政管理,2014,(2):24-28.

［47］熊光清.治理理论在中国的发展与创新.江苏行政学院学报,2018,(3):90-96.

［48］舒斌.现代社会治理中的媒体力量.传媒,2021,(3):12-15.

［49］周智琛.2021年传媒业有这20个预判（上）.中国新闻出版广电报,2021-01-12.

［50］俞可平.治理与善治.北京:社会科学文献出版社,2000.

［51］加强和改进乡村治理.人民日报,2019-06-24.

［52］李潇.县级融媒体的发展策略探索.传媒论坛,2019,（11）.

［53］谢新洲,黄杨.我国县级融媒体建设的现状与问题.中国记者,2018,（10）.

［54］孙海苗.县级融媒体中心人才队伍建设探析.中国新闻出版广电报,2019-10-29.

［55］杨瑾.县级融媒体中心建设策略分析.中国报业,2019,（10）.

［56］郑保卫,张喆喆.县级融媒体中心建设:成效·问题·对策.中国出版,2019,（8）.